现代企业卓越管理方法丛书

GUANLI BIANGE

QIYE GUANLI FANGSHI DE BUDUAN CHUANGXIN

管理变革

企业管理方式的不断创新

主编⊙舒天戈 邱卫东

本册主编⊙侯书生 邱卫东

四川大学出版社

责任编辑:黄蕴婷
责任校对:欧风偃
封面设计:刘建波
责任印制:王　炜

图书在版编目(CIP)数据

管理变革：企业管理方式的不断创新 / 舒天戈，邱卫东主编. —成都：四川大学出版社，2015.7（2025.4 重印）
（现代企业卓越管理方法）
ISBN 978-7-5614-8745-7

Ⅰ.①管… Ⅱ.①舒… ②邱… Ⅲ.①企业创新—创新管理 Ⅳ.①F270

中国版本图书馆 CIP 数据核字（2015）第 163024 号

书名　**管理变革——企业管理方式的不断创新**

主　　编　舒天戈　邱卫东
出　　版　四川大学出版社
地　　址　成都市一环路南一段 24 号 (610065)
发　　行　四川大学出版社
书　　号　ISBN 978-7-5614-8745-7
印　　刷　三河市天润建兴印务有限公司
成品尺寸　170 mm×240 mm
印　　张　15.25
字　　数　256 千字
版　　次　2016 年 1 月第 1 版
印　　次　2025 年 4 月第 3 次印刷
定　　价　40.00 元

◆读者邮购本书,请与本社发行科联系。
电话:(028)85408408/(028)85401670/
(028)85408023　邮政编码:610065
◆本社图书如有印装质量问题,请寄回出版社调换。
◆网址:http://www.scup.cn

前言

Preface

有专家预言，“21世纪是管理的新世纪，是以管理变革和管理新方法取胜的新世纪。”

毫无疑问，当今社会日益加速变化的节奏是史无前例的。而现代管理所面对的环境变化，不仅比以往更为迅猛，更加复杂，也更加彻底。全球化、信息化、网络化的巨大变化，给传统的管理模式和管理方法带来了空前的冲击。因而必然会引起重大的管理变革和管理模式的跃进。

变则通，通则明。任何一个组织都需要管理，任何一个企业的管理都需要变革。于是，在思路决定出路的大势下，管理变革已成为决定一个企业未来成败的战略抉择。

我们知道，管理科学的发展从来都不是孤立的，始终是与生产力的发展与生产组织方式的变化紧密相联的。时代的进步决定了管理思想的进步，环境的变化决定了管理方式的变化。现代管理科学就是在与传统的改造中、在与落后的决裂中、在现实的创新中不断变革、不断丰富、不断发展。即使我们面对着一个如此庞大、如此浩瀚的管理理论森林，但几乎所有的管理者与管理学家都把变革作为现代管理科学的核心。

管理变革要求管理者要有超前的创新意识，要敢于打破陈规陋习，要突出人在管理中的地位作用，要建立有效的管理机制，要根据企业内外环境的变化不断进行变革与创新，使管理更富有弹性和激情，更具有艺术和魅力，更能够为企业创造一个动态的、合谐的发展环境。基于这些认识，本书通过借鉴当代中外著名的管理学家的管理理论，通过总结大量成功企业的实践案例，富有创见地提出了一些管理变革的新理念、新模式、新方法、新武器。

首先，本书介绍了八种管理新理念。思想的革命是一切变革的基础，观念是行为的先导，管理变革首先须冲破旧观念的牢笼。本书重点介绍了以人为本、人性化的软管理、造物先造人、注重形象资本、建立学习型组织等八种新的管理理念。

其次，本书总结和阐述了八种管理新模式。这些新模式是实现卓越管理的新突破。从战略管理到整合管理，从模糊管理到权变管理，从立体管理到柔性管理，从逆向管理到知识管理，新的管理模式一旦被有创新意识的管理者所掌握，就能突破传统的框架限制，就会具有强大的生命力，就能实现企业的卓越管理，促进企业的飞跃发展。

再次，本书介绍了六种新潮的管理新方法。管理的出路在于创新，不创新的管理必定是失败的管理。本书简要介绍了流程再造管理、时效管理、物流管理、动态管理、供应链管理、客户关系管理这六种最前沿的管理方法，以使管理者在应对市场挑战中闯出新路。

最后，本书介绍了十种有效的管理新武器(新手段)。没有手段与方法的管理就变成毫无意义的空壳，惟有创新的管理手段才使管理变革更具实际意义。本书介绍了七步分析法、价值工程法、看板法、最优生产技术法、日清日结法、合同全面控制法、“高竞人”造就法、薪酬自助法、安全积分法等创新的管理手段，这些新的管理手段已成为广大管理者手中的新武器。

管理变革是一项系统工程，涉及到企业的方方面面。任何一种管理变革，若缺乏深刻的思想性，最多只能昙花一现；若缺乏具体的、有效的制度、原则和方法，仍然只是纸上谈兵。本书是一部创新与实用互相结合的指导企业管理变革的书，汇集了当代最有代表性的管理变革的信息，力图使管理者能够运用到管理实践中去。

编　者

2014年8月

修订于北京

目录

CONTENTS

第一章　管理变革让企业基业长青

一、管理变革：企业基业长青的营养之源

1. 管理变革：让企业永葆青春的活力 ……………………………… (2)
2. 实施管理变革是知识经济时代的呼唤 …………………………… (5)
3. 高新科技召唤着企业管理变革 …………………………………… (7)
4. 经济全球化促使企业进行管理变革……………………………… (11)
5. 激烈的市场竞争是企业管理变革的外在压力…………………… (13)
6. 不变革即衰败：企业经营中的沉痛教训………………………… (16)

二、管理变革的大趋势与变革法则

1. 企业管理所面对的环境巨变……………………………………… (18)
2. 人力资源管理在企业管理中的地位日趋重要…………………… (19)
3. 组织结构的变革趋势：网络化与扁平化………………………… (22)
4. 管理方式的变革趋势：从刚性走向柔性………………………… (25)
5. 追求和谐：企业管理变革的“法则” ………………………… (26)
6. 企业管理变革中的风险及其防范………………………………… (27)

三、管理变革对企业领导者的素质与能力要求

1. 管理变革对企业领导者的素质要求……………………………(30)
2. 企业领导者应具有管理变革的能力……………………………(34)
3. 企业领导者的创新思维……………………………………(38)

第二章　管理新理念与管理新模式

一、观念是行动的先导：八种管理新理念

1. 人力资源是企业的第一资源……………………………………(46)
2. 知识资本是企业新的重要的资本形态…………………………(48)
3. 硬管理正在转向人性化的软管理………………………………(51)
4. “造物先造人”，企业要成为育人的学校 ………………………(55)
5. 信誉是企业生存与发展的生命线………………………………(57)
6. 企业文化是企业经营的灵魂……………………………………(61)
7. 形象资本是企业的第四资源……………………………………(64)
8. 建立学习型组织是企业成长的…………………………………(67)

二、卓越管理的新突破——八大管理新模式

1. 战略管理：开创企业发展新局面………………………………(69)
2. 整合管理：发挥资源整体优势…………………………………(73)
3. 立体管理：全方位的管理………………………………………(76)
4. 权变管理：以变应变的管理……………………………………(79)
5. 逆向管理：从相反的角度去管理………………………………(82)

6. 知识管理：将知识转化为财富 ………………………… (86)
7. 情感管理：以情感铸造新管理 ………………………… (90)
8. 柔性管理：以柔克刚的管理 ………………………… (92)

第三章　管理新方法与管理新武器

一、创新的管理艺术——六种管理新方法

1. 流程再造管理：企业生命的再造 ………………………… (98)
2. 问题动态管理：使企业不断地健康发展 ………………………… (103)
3. 供应链管理：打造一条管理的金链 ………………………… (107)
4. 物流管理：获取第三利润的源泉 ………………………… (111)
5. 股票期权激励：让员工变成"老板" ………………………… (115)
6. 客户关系管理：建立牢不可破的"关系网" ………………………… (120)

二、有效的新手段：十种管理新武器

1. 商机"七步分析法"：新创企业的管理新思路 ………………………… (124)
2. ABC 分类管理法：科学管理的辅助工具 ………………………… (127)
3. 价值工程法：有效管理的科学方法 ………………………… (129)
4. 最优生产技术法：实现最优化生产管理 ………………………… (133)
5. 看板管理：实现精益化的重要手段 ………………………… (135)
6. 日清日结法：基础管理的创新设计 ………………………… (138)
7. 合同全面控制管理：责任清晰，条理分明 ………………………… (142)
8. "高竞人"造就法：企业的新希望 ………………………… (145)
9. 薪酬自助餐：用人管理的激励动力 ………………………… (149)

10. 安全积分法：安全管理的有效手段 ……………………（152）

第四章　最新潮的管理与最基础的管理

一、最新潮的管理：信息化管理

1. 信息化管理：使企业进入快车道 ……………………（156）
2. MIS：为企业插上腾飞的翅膀 ……………………（162）
3. DSS：提高企业决策的工作效率 ……………………（166）
4. 电子商务：千里商机一线牵 ……………………（171）
5. 网络营销：营销模式的革命 ……………………（174）

二、万变不离其宗：有效的基础管理

1. 基础管理：厚积薄发练内功 ……………………（179）
2. 制度管理：把公司放进“保险”箱子里 ……………………（182）
3. 绩效管理：提升企业生产力价值 ……………………（186）
4. 成本控制：降低成本求生存 ……………………（190）
5. 质量控制：把好企业的生命线 ……………………（194）
6. 客户服务：企业商战成功的基石 ……………………（203）

第五章　管理变革中的领导艺术

一、管理者要做变革型领导者

1. 变革时代呼唤着新型领导者 ……………………（212）
2. 管理变革对企业领导者的素质要求 ……………………（213）

二、在管理变革中讲求领导艺术

1. 施加影响力，实现领导功能 …………………………… (215)
2. 整合团队：实现整体优势最大化 ……………………… (218)
3. 充分授权：还自己一点轻松 …………………………… (219)
4. 巧妙引导：让员工快乐工作 …………………………… (222)
5. 有效沟通：促进信息交流与相互理解 ………………… (225)
6. 有效激励：促动员工不懈进取 ………………………… (227)
7. 激发"冲突"：让企业在斗争中新生 ………………… (229)

第一章
管理变革让企业基业长青

善变方能常胜，这是无数企业用自己的苦与乐、悲与喜、血与肉书写出的一条规律。纵观历史长河中的大千世界，每一个成功的企业无不是经历无数次变革才存活下来，尤其是那些百年老店。百年的生存与发展历史，即是一部不断变革图新的历史。企业在岁月沧桑中历练出的变革与创新智能，使自己永远走在市场竞争大军的前列。

善于变革才能生存，善于创新才能发展。这是企业经营管理实践验证的铁律。

一、管理变革：企业基业长青的营养之源

任何一个企业家，都会为谋得企业生存与发展而不懈努力。经营企业不是玩游戏，失败了不可能随意推倒重来。那么，如何才能让企业长盛不衰呢？

随着社会的不断发展，企业赖以生存的环境在不断地发生变化。每隔一段时间，企业所面临的外部环境便会除旧布新。反应迟钝的企业将会被市场打个措手不及，甚至被市场残酷无情地淘汰。企业只有主动求变图新，才能适应不断变化的外部环境。

1. 管理变革：让企业永葆青春的活力

我们已经进入了一个崭新的时代，这个时代的最基本的特征就是知识作为生产要素的地位空前提高。**知识不仅不再是资本生产的附庸，而且成为独立的生产要素，在经济发展中愈来愈起主导性作用。**正是在这一背景下，不仅社会经济组织形态、社会生活结构方式，而且包括人的价值原则，甚至仅仅适应工业文明要求的知识本身，都要围绕最有利于知识生产潜力的开掘——人的创新能力的最大限度发挥而进行空前和深刻的改造。知识经济之所以是一个继工业文明即以资本生产为中心的时代之后的又一次深刻的变革，其最核心的部分正在于此。在这个时代，企业的生产方式、经营方法、管理手段都将发生巨大的变革，企业家只有以新思维、新观念、新思路、新方法去创新经营，并紧随时代的步伐进行相应的变革，企业才能永葆青春的活力。

（1）企业管理变革的特征

企业管理变革是指企业家用新思想、新技术、新方法对企业管理系统（或企业战略、组织、技术、文化的某一个方面）进行重新设计与组合，以促进企业管理系统综合效能不断提高的过程。

企业管理变革的特征：全员性、全方位、全过程、全面效益。

①全员性。企业管理变革需要逐步形成以企业经营者为核心，企业全

体员工为基础的创新群体。有坚实的群众基础，管理变革活动才能持久。

②全方位。企业管理变革是全方位、多层次的管理创新活动。企业高层管理者进行企业管理系统总体创新方案设计；部门（分公司、战略经营单位、经营事业部）经理进行企业管理子系统（或管理的某一个方面）创新方案设计；企业员工开展小发明、小改造、小改革和小建设性活动。

③全过程。企业管理变革是全过程的。它要求企业家在经营过程中始终把握企业环境、企业目标与企业能力的动态平衡，在企业发展的各个阶段均要不断变革、把握机遇，以利于企业的生存与发展。

④全面效益。企业管理系统综合效能的提高表现为不断产出有特色的成果。在“硬件”方面主要表现为企业经济效益、人员素质、设备综合能力、主产品（主服务）技术与文化含量的不断提高；在“软件”方面主要表现为产生新的观念、新的理论、新的方法和由此组合产生的新的经济管理制度；在“形象”方面主要表现为企业整体形象、企业家形象、企业主产品（主服务）形象的提高。

（2）企业管理变革的主要内容

概括地说，企业管理变革的内容主要有以下五个方面。

①提出一种新经营思路并加以有效实施。新经营思路如果是可行的，这便是管理方面的一种创新。但这种新经营思路并非针对一个企业而言，而应对所有的企业来说都是新的。

②创设一个新的组织机构并使之有效运转。组织机构是企业管理活动及其他活动有序化的支撑体系。一个新的组织机构的诞生是一种变革，但如果不能有效运转则成为空想，不是实实在在的创新。

③提出新的管理方式与管理方法。一个新的管理方式和方法能提高生产效率，使人际关系协调，更好地激励员工，将有助于企业资源的有效整合，有助于达到企业既定目标和责任。

④设计一种新型的管理模式。所谓管理模式是指企业综合性的管理范式，是指企业总体资源有效配置实施的范式，这么一个范式如果对所有企业的综合管理而言是新的，则自然是一种创新。

⑤进行一项管理制度的创新。管理制度是企业资源整合行为的规范，既是企业行为的规范也是员工行为的规范。制度的变革会给企业行为带来

变化，进而有助于资源的有效整合，使企业更上一层楼。因此，制度创新也是管理创新之一。

总之，管理变革对于任何一个企业来说都是一个大工程，也是一个企业在发展的十字路口所面临的重大抉择。如何结合宏观经济环境与企业自身的微观环境及其他因素，为企业选好一条新的道路，是每个企业家所要面临的重大抉择。

（3）企业的发展贵在变革，贵在创新

企业是舟，管理是水。水可载舟亦可覆舟，管理可兴企业亦可毁掉企业。当代企业管理者无不深知：管理变革是现代企业顺应21世纪知识经济时代的客观要求，是企业谋求生存与发展的必然选择。

今天，在全球化浪潮的冲击下，在信息时代不断创新的压力下，企业管理正在发生着一场深刻的革命。以创新为灵魂的21世纪，必然要求企业管理不断地融合新知识、新技术、新理念，进行管理变革和创新。原有的经验管理、技术管理、制度管理等常规的企业管理模式，已远远无法适应企业发展的要求，管理变革势在必行。

实践证明：企业的发展贵在变革，贵在创新。**面对多变的市场与激烈的竞争压力，企业唯一的选择是培养和拥有自己的竞争优势。**而企业优势的主导因素是人才、技术、制度与组织。将这些因素优化组合，合理调配，最大限度地发挥其功能，其核心与根本是要依靠企业的管理变革与管理创新。

美国企业界长期以来所取得的成就来自重视发挥个人作用、富有开拓精神、重实效和革新精神的传统。这种传统仍然鼓舞着千百万人。这种传统培育了标新立异的精神、珍视青年人的作用、欢迎新手并且向来自基层的能力和本领敞开的大门。在19世纪，像卡耐基、弗里克、洛克菲勒和摩根都抓住了他们的机会。今天，他们的后人有比尔·盖茨、特德·特纳、拉里·埃利森克、雷格·麦考和其他许多人，他们都争相成为《福布斯》杂志列出的美国500名最富有者的前几名。

变革与创新是推动企业发展的强大动力，新的观念推动着企业的创造实践，企业的创造实践又造就了新的现代管理思想。守业不如创业，企业家应该是永远的创业者。而创业对既有企业来说无疑是一次重大的变革。

只有不断地激发员工的革新精神和开发全体员工的创造力资源，这才是企业生存与发展的最大源泉。

管理变革是推动企业发展的力量之源。管理者只有主动求变图新，企业才能适应不断变化的外部环境，才能促进企业的经营发展，从而使企业永葆青春的活力。

2. 实施管理变革是知识经济时代的呼唤

我们的时代已进入了知识经济的时代，在这一时代，生产方式、教育方式将会发生巨大的变革，企业也将面临生产方式、组织、管理观念的更新。纵观当今世界，超速发展的企业无一不是知识经济时代的弄潮儿。正因如此，**企业的管理变革必须紧紧把握住知识经济时代的脉搏，以适应时代发展的需要。**

（1）知识经济的概念及特点

知识经济，简单地说，是指以智力资源的占有、配置，以科学技术为主的知识的生产、分配和使用（消费）为重要因素的经济。

联合国经济合作与发展组织认为，知识经济是建立在知识和信息基础上的经济，是以知识和信息的生产、分配与使用为直接依据的经济，知识是提高生产率和实现经济增长的驱动器。显然，这是从经济发展的视角出发，按照知识和信息在经济活动中地位与作用的飞跃来界定的崭新的经济形态。

知识经济是在充分知识化的社会中发展的经济，其特点可概括为以下四方面：

①知识经济是以无形资产投入为主的经济。**传统工业经济需要大量资金、设备，有形资产起决定性作用，而知识经济则需要知识、智力，无形资产的投入起决定性作用**。当然，知识经济也需要资金投入，对于高技术产业甚至是风险资金投入，但是如果没有更多的信息、知识、智力的投入，它就不是高技术产业。目前，美国许多高技术企业的无形资产已超过了总资产的60%。无形资产的升值也将带来社会价值观的变化，拥有更多

知识的人获得高报酬的工作机会增多，知识强国的产出增加。

②知识经济是以知识决策为导向的经济。知识经济的决策和管理必须知识化，科学决策的宏观调控作用在知识经济中日渐增强。美国政府提出的一系列高技术经济导向政策，对美国经济的持续增长起了巨大作用。如美国汽车产业不是在世界市场的价格竞争中坐等被淘汰，而是由政府导向大公司向传统汽车产业注入高技术，从而又夺回了世界汽车王国的宝座。

③知识经济的价值体现在智力和知识的占有。农业经济的价值体现在劳力和土地的占有，工业经济的价值体现在资源和金钱的占有，而知识经济的价值体现在智力和知识的占有。要实现该价值，必须通过经济和社会体制改革，用法律体系和机构设置保障知识成为分配最主要的要素，促进“尊重知识，尊重人才”的真正实现，引导社会价值取向的变革。

④知识经济带来了新的市场观念。知识经济是在市场经济条件下产生和发展的，但它反过来又作用于市场经济，同时引起传统市场经济的变革，并随知识经济的发展而逐步深化。目前比较明显的有三点：一是网络经济已经成为市场经济的新特征，电子贸易将形成对传统市场经济的一次革命；二是宏观调控显得更为必要，如欧盟国家已法定联合禁止克隆人；三是日益发展的跨国公司已开始形成不同于传统市场经济的竞争，形成你中有我，我中有你，既互相合作，又彼此竞争的新局面，同时还可能出现新的市场经济周期规律。

（2）知识经济时代的企业性质和企业管理

在知识经济时代，企业组织的性质发生了变化。企业成为具有人性或充满人情味的组织，成为具有相同志向和相似人力资本的集合。在企业内部，企业的劳动者之间是协作关系，但这种协作关系并不是生产工序环节上的简单协作，而是人力资本相互间的补充和配合性合作。**人力资本成为企业形成的基础和纽带，非人力资本成为企业的附属物。**拥有人力资本的劳动者成为经营决策的整体，资本的股东不再是经营决策的最高权力代表。

企业组织本质的变化，要求企业的管理方式作相应的变化。在工业社会，企业为追求低成本，必须进行大规模的批量生产，从而扩大投资规模和销售量。在这样一个大规模的企业组织中，一个投资计划或产品都可能左右企业的生存和发展。为了使预定的方案能够顺利地实现，需要整个组织统一意识、通力协作，否则就可能导致投资失败而危及企业生存。因此，工业社会的管理者采用刚性的管理方式来调节各个环节间的关系，使整个企业变得井然有序。在知识经济时代，为了赢得市场，获取更大的收益，不是扩大规模而是不断创新。因此，企业的领导者应具有将高素质的人才组织起来的能力，并在企业中形成尊重人的价值，唤起人的创造欲，不断实现创新，不断超越自我的氛围。这是一种柔性的管理方式，即面向知识的管理。

企业的性质和管理模式的变化，要求企业的行为也应发生变化。在知识经济时代，企业的管理活动应使得企业内部具有良好的知识传播和知识分享能力。**实施知识管理的一个基本的要求就是建立一个能为公开交流提供完善的基础设施的网络**。目前，针对我国企业的实际情况，加快企业信息化建设是使我国企业迈向知识经济大门的捷径，因为只有信息化了的企业才能成为21世纪的知识经济企业。

> 人类社会正在经历一场大的变革，这场惊心动魄的变革将赋予企业更广阔的发展空间，也会使不能与时代发展同步的企业面临衰亡的考验。

3. 高新科技召唤着企业管理变革

当今时代，高新科技对现代企业的生存发展具有特别重要的意义和作用。**高新科技的迅猛发展召唤着企业必须进行管理变革，以适应现代企业生存的需要。**

（1）高科技使企业组织结构发生巨变

知识经济时代的到来，高科技的飞速发展，给企业组织的未来发展赋予了新的含义，企业面临着组织结构的变革。

①大企业的组织结构趋于扁平化。传统大企业的组织结构往往多是垂直型的，中间管理层次多、责任分工不明确，不便于管理，而且信息的传递速度慢，致使企业对市场变化和顾客需求的反应速度迟缓。在知识经济

时代，企业为了更好地面向市场，加快对市场变化的反应速度，就必须改变传统的组织结构，建立一种面向市场的、扁平化的组织结构。扁平化结构的优点是通过减少管理的层次，减少了决策与行动之间的时间延滞，加快了企业对市场和竞争动态变化的反应，从而使组织的能力变得柔性化，反应更加灵敏。

②组织边界模糊化。在知识经济时代，市场形势瞬息万变，市场竞争日益加剧，迫于竞争压力，企业间的合作日益增多。合作机会的增加使企业间资源共享的范围不断扩展、程度也不断加深，从而带来企业边界的日益模糊。生产理论正从“及时”方法（即日本人开创的减少库存的方法）转向于“利用别人时间”的方法。利用这种新方法，库存的负担就落在生产链条中另一个参加者的身上。

数字信息流改变了个人与组织工作的方式，丰富了跨越组织边界进行商务的方式。网络技术也在改变各种规模的组织的边界。在改变边界的过程中，无论对组织还是个体来说，网络使他们通过使用数字工具而重新定义自己的角色。

③知识联盟的兴起。随着市场的国际化，两个或多个公司间的合作与联盟正变得日益普遍。知识联盟可以是战术上的，也可以是战略上的。知识联盟提供了一种机制，使其成员得以分享互补能力、追求更短的产品开发周期、减少风险并获得战略柔性。另外，在某些单个对手无法与占据市场优势的竞争者抗争的情况下，企业还可以通过这种新的伙伴关系获得必要的经济规模和市场能力。可以说，**与传统的联盟形式相比，知识联盟的作用更多，它们是联盟发展链的较高级层次。**

④组织的全球化和本土化。信息的全球化导致更多的公司向全球化发展。全球化的发展，已经使跨国公司发展到无国界公司。许多跨国公司已渐渐意识到必须把世界当作它们的工作场所和市场。全球化不是公司成长的附带结果，而是正式成为战略的核心。

各大跨国公司在进行全球化的同时，也在加快公司本土化的进程。公司在进入一个陌生的环境之前，必须对即将进入地区的诸多因素进行详细分析，尽量将自己的产品调整成为适合目标市场的产品，实现公司的产品本土化。除此之外，公司还应适当地参与该地区的建设，以积极的态度融合于当地，实现公司自身的本土化。

⑤信息技术把众多组织连成一体。网络技术的出现，使公司得以将分布在世界各地的组织连成一个整体，组成一个数字神经系统。数字神经系统是一个整体上相当于人的神经系统的数字系统，它提供了完美集成的信息流，在正确的时间到达系统的正确地方。数字神经系统由数字过程组成，这些过程使得企业能够迅速感知其环境并做出反应，觉察竞争者的挑战和客户的需求，然后组织及时的反应。

⑥新的组织形式。根据美国管理学家彼得·F·德鲁克的研究，大企业的管理层次将比今天的企业减少一半以上，管理人员将不会超过今天的三分之一。未来的企业可能会很像医院、大学、交响乐团。这类组织中的信息主要是“病历”“教材”“乐谱”；组织协作所需要的是大量的专家，中间管理人员在这里往往是多余的。知识型组织中的“指令”基本上是专门技术，常常表现为 Email 之类的“电子脉冲”。**随着信息传输效率的提高，非技术人员和非生产性劳动将被淘汰和否定**。那时企业将和上述的交响乐队等一样，成为主要由专家组成的知识型的组织。这些专家从同事、顾客和总部获得系统的反馈信息，用以指导自己的工作。

（2）高新科技使企业生产方式发生变革

随着当代高新科技的迅速发展，随着新知识、新技术进入生产领域的速度越来越快，随着市场由卖方市场向买方市场转变，企业的生产方式逐渐发生了重大变革，最初的大批量制造模式逐渐被更新的制造方式所替代。

工业经济时代形成的企业生产制造方式，适应的是集中化、通用化、标准化、小型化代表着企业的生产方向。而以新知识、计算机技术为基础的并行工程，以敏捷制造为特征的企业生产方式已经成为不可抵挡的时代潮流，成为企业生产方式的主导方式，也必将成为企业的主体生产方式。

企业的新生产方式十分重视人的因素，强调人力资本，重视员工的继续教育是企业成功的关键因素。因为，企业的新生产方式需要高素质的员工，需要他们经常变换工作岗位，掌握多种技能，能够主动地适应企业产品的变化，并具有与他人协同工作的能力；强调发挥人的能动作用，重视对人的激励。企业的新生产方式，强调团队精神，重视创造性与协调性并重，提倡团队荣誉感和企业精神，因此，上下级之间有更多的交流沟通渠道。

（3）高科技带来企业工作方式发生变化

以高科技为核心的经济时代，企业必须向知识型方向转变。研究开发和市场营销及人才培训将成为决定企业竞争力的关键，企业工作方式会发生根本性的变化。

①流动办公室。随着电脑与网络的发展，在家工作的人数将大幅度增加，员工在需要时才进办公室，平时可以在任何场所上班。

②弹性工作时间。随时随地只要打开电脑，利用计算机网络马上就可以工作，不再需要分上班时间和下班时间，随时可以上班，随时也可以下班。知识经济需要创新思维，需要灵感，固定的工作时间、僵化的工作方式不利于发展想象力和创造力。因此，有灵感时可以半夜起来工作，不想干活时可以早晨10点钟睡觉。

③业绩报酬和智力入股日益普遍。在知识经济时代中，很多工作岗位既无法实施计时工资，又无法实施计件工资，只能是根据业绩付给报酬，因此可以采取弹性工作时间。而且在知识经济时代中，企业在市场中赢得竞争的关键在于人才，有一流的人才就会有一流的企业。因此，企业十分注重人才，许多企业采取的留住人才的办法是将员工的智力转换为企业一定的股份，让员工凭自己的才干和创新能力获得更多的收益，以增加其归属感和向心力，从而使企业和员工共同实现繁荣。因而，凭一项小小的专利发明，在短短的时间里成为百万富翁的事例才会屡见不鲜。

知识经济会带来商业企业的巨大变化，可能会导致商业中介的逐渐消解，意味着很多大型商场将要被淘汰。因特网的便利以及电子商务的普及对广大中国的企业和商家而言，它已经成为实实在在的市场交易活动。

尽管已经建立了信息高速公路，但人们仍然低估了计算机的出现对人类的影响，记住：它将使人类的生活方式和工作方式发生划时代的变化。

4. 经济全球化促使企业进行管理变革

（1）经济全球化的内涵

经济全球化指的是世界各国、各地区通过密切的经济合作和经济协调，在经济上相互联系和依存、相互渗透和扩张、相互竞争和制约已经发展到很高的程度的情况下，形成了世界经济从资源配置、生产到流通和消费的多层次和多形式的交织和融合，使全球经济形成一个不可分割的整体。

经济全球化是生产力发展的必然结果，是客观的历史进程。随着科学技术的迅猛发展，国际分工的不断深化和扩大，国家与国家之间的相互联系、相互依赖和相互融合的程度不断提高。

信息技术的发展促使世界经济逐步走向信息化、电子化和网络化，与跨国公司的全球发展相结合，使资本市场、商品市场、人才市场成为全球化的市场，越来越多的商品和服务变成了全球化的商品和服务。网络技术的发展以及经济全球化为企业在全球范围内重新配置资源创造了更好的条件，使企业得以在更大的范围内充分发挥本企业及其他企业的优势和潜力，创造最大效益。

科学技术革命带动了交通运输、通信网络和工业自动化，使生产和流通实现一系列新的突破。在贸易自由化和金融国际化的驱动下，国际贸易、国际投资和国际金融活动急剧增长，**生产诸要素在国际间的流动扩展神速，跨国公司蓬勃发展，经济的发展突破了民族、国家的束缚和限制，使世界各个领域呈现全方位全球化的趋势**。

（2）经济全球化对企业经营管理所产生的必然性的影响

经济全球化倾向的纵深发展，对世界各国企业的发展产生了多方面的深刻影响，使得企业的科研、生产经营及企业产品的消费日益全球化，并具有以下新特点。

①企业科研全球化促使企业管理变革。科研全球化是企业进行全球化经营战略的重要组成部分，企业进行跨国界的科研合作迅速增长，其主要的方式是合资经营、合作研究和开发、技术交流、直接投资、技术产品供

给和技术转让等。企业科研全球化意味着各国企业通过全球一体化的经营和开发，在世界范围内更加积极地进行人力资源的开发和利用，它对增加跨国企业的竞争实力，提高各国经济的整合程度，都有着积极的意义。

②企业经营全球化促使企业管理变革。经营全球化是指跨国公司的经营活动从母公司与子公司的单线联系，发展到母公司与子公司、子公司与子公司之间，公司本国总部与设在世界各地的地区总部之间的网络式经营，以及网络式经营制度的不断创新。这种经营不仅实现了管理当地化，还实现科研当地化、融资当地化、销售当地化和售后服务的当地化。跨国公司，特别是大型跨国公司之间的合作在加强，不少跨国公司实行战略联盟式合作。世界跨国公司掌握着50%的国际贸易，经营着70%的国际技术转让，年产值相当于世界总产值的50%。世界最大的10家跨国公司的海外收入已接近其总收入的一半，最多的达72%。经营全球化对各跨国公司提出了新的管理和经营要求，原先困于一国范围的经营模式和发展思路在经营全球化的现实要求下必须进行全新的突破和超越，从而对企业的用人机制、创新机制和科研开发活动的基本模式进行新的开拓，推动了全球企业改革的迅猛发展。

③企业联盟方式多样化促使企业管理变革。结成联盟是企业跨国战略的重要内容，所谓企业的战略联盟是指两个或两个以上的企业或企业特定的职能部门利用紧密的或松散的联合方式进行的协同合作。20世纪末的企业大多数通过牢固的联合方式来参与竞争，进入21世纪后，在这种以兼并和收购为特点的实行多种经营的牢固的联盟战略积极发展的同时，松散的战略联盟方式也在日益增多。跨国企业往往采用在特定行业、特定领域、特定项目和特殊机能方面的松散的协同合作，且联盟手段更加多样化，联盟协议也更加复杂和丰富。各企业利用多样化的企业联盟方式在价格控制、市场开拓、科技创新等方面都获得了新的进展。海外企业战略联盟方式的多样化是与企业经营环境的变化密切相关的，在企业技术竞争日益增强，各种经营方式和经营特点多样化的背景下，不同企业之间的联盟方式必然要发生变化，企业应采取更为有效的方式，加强同其他企业之间的协同合作。

经济全球化带来的变化是巨大的，对企业的影响是深刻的，这一切变化和影响都共同昭示着一个问题，那就是企业进行管理变革已迫在眉睫。

5. 激烈的市场竞争是企业管理变革的外在压力

从植物到动物，哪里有生命，哪里就有竞争。

从自然到社会，哪里有竞争，哪里就有生机和活力，就有朝气蓬勃的生命。

凡是竞争，必有胜负之分和成败之别。优胜劣汰，物竞天择，是竞争的普遍规律。

在商战激烈的竞争中，受挫的集团和企业，常常失去生存发展的有利空间以及资源、地位和机遇。竞争对弱者十分冷酷，它把一切廉价的同情和懦弱的伤感统统抛进冷酷的冰窟之中，把一切懒惰、愚昧、固执和偏见的劣根击得粉碎。而对强者来说，竞争却把一切优良的基因、强悍的实体、精明的才智和进步的文明，热情地推上发展的大道，使他们发光、强大，领尽风骚。

竞争，推动了人类文明的进步。对于企业来说，正是竞争的强大压力推动着企业的管理变革。

(1) 高技术的发展所引起的高技术竞争

在知识经济时代，日新月异的技术发展对企业形成了空前的技术大竞争。高科技的迅速发展及其产业推动了时代的变革，形成了新时代浪潮。

基于科学的发展创造而产生的技术，叫高技术。**高技术不是一个单项技术，高技术是科学、技术、工程最前沿的新技术群。**在这个群体里，各种技术相互影响、相互促进、相互补充。

高技术与普通技术相比，具有许多新的特点。

①高效益。高技术具有显著的经济效益和社会效益。例如，信息技术的进步已经创造了大量的高技术产品和服务，目前约 1/3 世界工业产品要归功于此。

②高智力。高技术具有创造性、突破性，有很高的技术含量和知识含量。

③高投入。要创造高技术必须有大量的投入，据估计一个典型的 1 比特动态随机存贮芯片生产线的购置成本是 10 亿美元。

④高竞争。高技术有很强的时效性，谁在时间上抢先一步，谁在质量上棋高一着，谁就在竞争中处于主动地位。

⑤高风险。高技术的研究与开发是开创性的工作，不一定都会取得成功。高风险还在于市场上的激烈竞争，在竞争中失败就意味着破产。

⑥渗透性强。从总体上来说，高技术对国家的政治、经济、军事、文化和整个社会发展有很大的影响，具有很强的渗透性和扩散性。因而，高技术往往是具有战略意义的技术。

⑦高融合。高技术的高融合性主要表现在两个方面：一是高技术研究与科学研究融合为一体，相互促进；二是技术之间融合协调趋势加强，不同技术之间相互渗透，并突破原有界限而形成了新的技术，或不同的技术之间相互集成而产生新的技术。例如，计算机和通信技术相互缠绕在一起以致不能把它们分离开来，它们两者的结合形成了信息技术基础并把我们带进了信息时代。

高新技术作为一种强大的物质手段，对促进经济的发展起到了巨大的推动作用。因此，不同国家不同企业都尽其所能发展高技术，形成了激烈的技术竞争。在知识经济时代，其本质特征之一便是世界经济的全球化。**由于通信技术、网络技术的发展削弱甚至完全打破了地域的限制，使全球之间的联系更为便利、更为紧密。**风靡全球的国际互联网的惊人发展，使得整个世界日益成为一个“地球村”。跨国公司日益增多，且渐渐成为“地球村”的“村主”，并在知识经济发展中占据越来越重要的地位。同时国际大财团的规模也逐渐增大，使得资本无疆界地在国际自由流动。知识经济也呼唤并直接促使了金融的国际化和国际贸易的自由化。

（2）经济全球化所带来的国际化竞争

知识经济中生产全球化对企业而言，意味着一个“超强竞争”时代的开始。这种超强竞争的基本特点是竞争的不断升级，其具体表现形式包括产品的更新换代更加迅速，产品设计和生产的周期变得越来越短，企业需要不断地以新的方法去满足消费者的需要。

在这样一种超强竞争的时代中，企业需要改变传统的竞争和经营战略，需要通过大胆迅速地打破旧秩序来获取胜利。

世界经济的全球化、国际竞争的激烈化，导致任何一个国家都不可能靠自己一手擎天。世界各国的开放、互相联系、互相渗透，使得企业在竞争和合作的方式下求发展成为一股不可逆转的趋势。

随着高科技的发展，发达国家的产品结构将逐渐向更高技术层次转变。而它们为了牟取暴利，必然向发展中国家转移技术较陈旧、能耗较大和环境污染严重的产品生产线和过时技术。“夕阳工业”向南移，使发展中国家在技术和经济上永远处于受制于人的附庸地位。

随着我国经济的日益全球化，外国企业必然会进一步同我国企业争夺市场，力图达到挤垮我国民族产业并全面和永久地占有中国市场的目的。这使劳动密集型产品的竞争进一步加剧，从而对我国企业构成了残酷的竞争压力。

（3）经济发展中的速度的较量

知识经济时代的竞争主要是速度的较量。

高速度、快节奏是知识经济时代的特征之一，速度的较量很自然地成为知识经济时代竞争中的一个重要因素。有速度就能及时满足客户之需，有速度就能走在时代的前头，有速度就能创造较高效益。

速度与竞争是密切相关的，美国著名科技营销战略家里吉斯·麦肯纳把这种关联喻为“竞争压力锅”。他指出，能最快地把有生命力的产品推向市场的公司存活的概率最大。有一种管理模式认为，这种压力锅式的环境等同于生态系统，竞争的压力就如同达尔文主义的命令，迫使公司以更快的步伐进化。对于科技公司来说，这意味着不仅要跟上变化，而且要能预见变化。正如美国马萨诸塞州坎布里奇地理合作研究公司总裁吉姆·摩尔所指出的：“你必须了解趋势，技术是如何提高的，以及什么样的补充技术能创造客户价值。”速度决定一切，领先者淘汰落后者，企业需战略重组，以求更快、更强，这就是知识经济时代告诉企业的新的游戏规则。

（4）各种竞争迫使企业进行管理变革

由上可见，企业时刻面临着来自各个方面的种种竞争，在激烈的市场竞争的巨大压力下，它迫使企业重新反思过去赖以制胜的市场假设、观念与操作模式，迫使企业对生产经营活动的业务流程和经营过程进行重新思考，从根本上做出重新评估和设计，并在成本管理、质量控制、市场营销、经营服务等诸多方面实施适应性甚至是超前性的改造和变革。可以说，迅速变化的形势和激烈的市场竞争使企业昔日取胜的法宝成为昙花一现。所有的市场竞争都残酷地说明：**企业必须进行管理变革，唯有变革才是企业迎合竞争、迎合挑战的取胜之道，才能最大限度地强化企业的综合竞争实力。**

在激烈的市场竞争环境中，如果企业不经过反复蜕变，就不能在急剧变化的社会中生存。企业的这种反复蜕变，就叫“蜕变的经营哲学”。

6. 不变革即衰败：企业经营中的沉痛教训

正如管理变革使企业之树长青一样，企业不变革就会面临衰败甚至死亡。首先让我们来看一个例子：因循守旧曾使世界著名的剃胡刀刀片生产厂商吉列痛失刀片市场。

吉列是刀片市场上的龙头大哥，它的超级蓝光碳钢刀片占的市场份额超过了其他所有刀片的总和。但不锈钢刀片的异军突起，给吉列拉响了警报。显然，不锈钢刀片市场份额的继续扩大，严重影响了吉列的市场地位。此时，吉列有两种抉择：其一，立即推出自己的不锈钢刀片。这样，可利用吉列已有的广大市场，用不着花费太多的促销费用；其二，对不锈钢刀片不予理会，调动一切手段，加强对超级蓝光碳钢刀片的促销，以保住甚至扩大自己的市场份额。

第一种决策，是一个大胆的创新的决策，这意味着对超级蓝光的放弃，需要有很大的决心和勇气；第二种决策，则是一个相对保守和稳重的决策，这对吉列来说，是轻车熟路，无须费太多气力。吉列的决策者经过分析，认为超级蓝光碳钢刀片与不锈钢刀片相比，存在两个方面的突出优势：一是超级蓝光碳钢刀片的质量优异，并且很稳定，而不锈钢刀片刚刚出台，质量水平不够稳定；二是不锈钢刀片的目标消费者主要是中等水平和低水平的收入者，而超级蓝光碳钢刀片主要面向高收入者。在经过这番分析后，他们认定：从长远看，超级蓝光碳钢刀片将和不锈钢刀片井水不犯河水，超级蓝光碳钢刀片的市场地位不会被动摇。因此，犯不着杞人忧天。于是，他们采取了第二种决策，先不理睬不锈钢刀片，全力巩固自己的超级蓝光碳钢刀片的市场地位。一个不以创新为主要使命的决策，足以对企业造成致命的危害。

以后的事实证明，这是一个极端错误的决策。经调查发现，如果不锈钢刀片能连续使用8次而刀口不钝，一般消费者通常就会选择不锈钢刀片，而不一定要去追求娇贵的超级蓝光碳钢刀片。调查表明，一般不锈钢刀片的推广，将把碳钢刀片的大部分顾客抢夺过去。

在吉列的决策做出后不久，市场的发展急转直下，不锈钢刀片在市场上的销售势头更加凶猛，令吉列的决策者们瞠目结舌。安全剃刀公司和精锐公司充分利用吉列无动于衷的大好时机，投入巨额促销费用，大肆宣扬不锈钢刀片。吉列的超级蓝光碳钢刀片的销售额急剧减少，市场份额降至吉列有史以来的最低点。但已为时太晚，他们的市场之星超级蓝光碳钢刀片连连败北，使吉列为自己的骄傲与失误付出了惨痛的代价。

无情的事实表明：不变革即衰败。不仅企业是如此，一个国家也是如此。

二、管理变革的大趋势与变革法则

在进入21世纪之际，以信息技术为代表的高新技术正在全速地把企业带入一个全新的时代——知识经济时代。如果说，资本是工业经济时代企业生产的核心要素或基本要素，那么知识则是知识经济时代企业生产的核心要素或基本要素。知识将取代劳动力和物质资源，成为企业产品价值的主体，成为企业创造物质财富的主要资源。企业经营将逐步迈向一个崭新的、以追求知识（智力）价值为目标的智力经营时代，通过智力资源的不断开发，将不断获得新的智力价值。智力资源将取代货币资本而成为最大的财富，企业将从追求货币资本的最大效益转向追求智力资源的最大效益。人才和知识的优势，将成为企业占领和扩大市场份额并获取更大经济效益的有力武器。这种知识经济到来的新形势，必然对企业管理产生巨大的冲击和影响。它不仅会使企业管理向知识创新型发展，同时还会使企业管理出现许多新的趋势。

1. 企业管理所面对的环境巨变

企业管理变革首先是由外部环境的变化而引起的。20 世纪 90 年代以来，人类社会正在经历着前所未有的巨大变化。知识经济时代、信息社会、后现代管理、经济全球化，这些新的概念都说明我们正处于一个复杂性的时代。**这种复杂性的时代特征必然要求企业管理进行历史性的变革。**

在国际环境方面，近20多年来迅速发展的经济全球化，使企业生产的地区性变成国际性，资本在各个国家和地区自由地流进流出，使得大金融投资商可以对一个国家的经济呼风唤雨。企业的国际化，商品的跨国流通，带来了文化的多元化。于是，如何管理来自不同文化的跨国组织的雇员，以及如何管理不同文化的多国市场的营销等成为组织迫切需要面对的挑战。除了资本和商品的流动外，全球化也带来了技术转让的问题。由于文化交流涉及到知识和生活经历的双重转移，因此技术转让就是它最具实践性的一种表现方式。多元文化使得跨国技术转让的管理变得更加复杂，文化成为保证商业成功的重要因素。

在技术环境方面，电子商务、无线网络、数字成像、智能感应器、微型机器、超导材料、基因技术，以及其他如雨后春笋般冒出的新技术，常常打乱企业的战略计划，甚至可能改变整个行业。例如，互联网的崛起使得传统零售商和其他行业的从业者越来越焦虑，他们不得不努力学习掌握新的交易手段和规则，以便与在这种新环境中成长的咄咄逼人的年轻者竞争。生物技术的巨大发展改造了传统的医药化工公司，迫使他们重组、建立新的联盟，发展新战略。在一个又一个的行业中，管理新技术正成为成功的关键。

在消费者方面，令人眼花缭乱、层出不穷的新产品只会使消费者更加捂紧他们的钱包，消费者更趋于理性。经济的充分发展创造出了极为丰富的物质财富，使得市场规模趋于稳定。丰富的产品、多样化的选择，促使消费者主体意识觉醒，如果企业无视消费者的主体地位，必将遭到消费者的无情拒绝。受文化多样性的影响，消费者按年龄、性别、地区、职业以及受教育程度等因素，形成不同层次的消费观。同样，随着民主政治的推进，公民的民主意识不断增强，非盈利的社会组织和政府组织也必须将公民作为顾客来对待，努力满足公民的要求。

在管理的主体方面，“知识员工”在组织中所占的比重越来越大。在大批量工业生产时期，企业主要是命令—支配型，员工无须掌握很多知识，而且在企业看来，缺乏知识的工人更容易被管理。在知识经济时代，知识型企业需要更多的专家，并且这些专家主要在一线参与运作，而非在总部出谋划策。实际上，未来的组织将会由各种各样的专家组成，他们在基层从事不同的工作，自主管理，自主决策。今天，组织的成功与否越来越多地依赖于知识创新水平和系统能力，而不仅仅是有形资产。如何激发员工的创新，把他们的智能转化成顾客需要的产品和服务，正迅速成为当今社会最重要的管理技能。

2. 人力资源管理在企业管理中的地位日趋重要

随着知识经济时代的来临，通信技术更加发达、技术更新速度加快以及融资手段、方式的多样化，使得企业间的竞争由产品经营竞争到资本经营的竞争，逐渐发展到智力资本经营的竞争。企业只有取得了优于竞争对手的人力资源，并充分发挥他们的智力能量，才能在竞争中取胜并保持其优势，因此企业竞争已逐渐进入了智力资本竞争时代。这一时代的到来必然引起企业对人力资源的重视，对人力资源的开发和管理日益成为企业提高效率、保证自身竞争优势的强有力的武器。**在21世纪，人力资源管理将以更加积极的姿态出现。**

（1）人力资源管理与企业战略规划融为一体

现在越来越多的企业认识到，如果一个企业想要获得或保持竞争优势的话，战略规划和人力资源对其发展和前途都是最重要的，而且这两者必须紧密结合起来，因为战略规划的各个要素都包含人力资源因素，都必须获得人力资源的支持才能实现。基于此，很多企业都请人力资源专家实质性的参与战略研究和制定全过程，从而实现人力资源规划与战略规划在战略管理过程中的一体化。人力资源管理与企业战略规划的一体化从根本上提供了人力资源及人力资源管理对企业做出贡献的机会。这种变化趋势对于人力资源管理者来说具有重要意义。

（2）人力资源管理由事后管理转向超前管理

人力资源管理在知识经济时代已逐渐从事后移到事前，对客户、业务和市场有必要深入接触和了解，在此基础之上把握整个公司的走向和对整个行业的走势进行前瞻性预测，以实现人力资源的超前式管理。

人类进入21世纪以来，越来越多的企业实施了各种组织变革的计划，大多数人力资源经理成为这些变革计划的组织者和领导人。在工作中，他们遇到的最有挑战性的问题是管理变革和再造工程。近年来，他们的问题又变成了促进员工参与、改进客户服务、支持全面质量管理等方面的内容。目前，越来越多的企业的人力资源部门将工作重点放在提高生产力上，将事务性工作标准化、自动化，而对设计、实施各种有利于提高员工生产力和企业的整体绩效的方案投入更多的人力和物力，这又对人力资源管理部门的工作职责、人员素质提出了更高的要求。**这种趋势将继续发展下去，人力资源管理的职能将直指企业的使命。**

（3）人力资源活动对企业绩效的贡献将得到普遍承认

人力资源管理的职能已从过去的行政事务性管理上升到考虑如何开发企业人员的潜在能力，不断提高效率上来。它更多地以经营者的眼光，注重企业在吸引人才、培养人才、激励人才等方面的投入，因为人力资本投资具有较高的甚至无可比拟的回报率，是企业发展的最有前途的投资。人力资源部门不再仅仅是个纯消费部门，而是能为企业带来经济效益的部门。

近年来，人们进行了许多经验性研究，证明人力资源活动效益与企业绩效之间的关系。美国的一个研究机构考察了成熟的人力资源活动与生产力、人员流动率以及财会绩效标准之间的关系。这项研究通过考察资本回报总速率、股东收益率以及价格成本差额，证明适当的人力资源活动与提高企业绩效之间有强大的交互作用，适当的人力资源活动能降低人员流动率、提高按员工人均销售额计算的生产力。这个研究指出，人力资源活动是最后一个没有达到合理化的重大经营领域。未来生产绩效收益将不会在新的财务和会计领域中找到，也不会在市场营销领域中找到，而只能在过去被忽略了的人力资源领域找到。

（4）企业人力资源管理的方式正在改变

变化是信息时代的特征，因此人力资源管理的方式也必须是动态的、变化着的。在20世纪90年代，计算机和数据处理技术的进步扩大了人力资源信息系统的作用，这些进步使得各种规模、各种类型的企业的人力资源经理和工作人员都能利用计算机来开展日常管理工作，使国际互联网成为企业发布和获得人力资源活动信息的主要渠道之一。强有力的信息技术成为人力资源管理再造的媒介之一，将要改变企业的人力资源活动决策、管理及评估方式，使人们随时跟踪和监控人力资源活动对企业的贡献的愿望逐步成为现实，人力资源活动的经济效益越来越清晰可见。

由于人力资源管理的核心职能为提高生产力和企业的经营绩效，因而凡是有利于实现这个职能的工作方式都可以采用。为了提高人力资源管理工作的效益和效率，同时降低工作成本，越来越多的企业，尤其是中小企业愿意利用人力资源管理顾问公司提供的服务，这就是所谓的人力资源外包化趋势。例如，猎头公司的工作是协助企业招募人力，他们精于人员的筛选、测试及面谈技巧，而且又拥有完整的人才数据库，在人才招募选拔方面的优势大于一般企业。又如培训活动，即使一些拥有内部培训中心的企业，也需要借助社会上专门的培训机构或管理顾问机构，因为这些机构不仅有足够的师资、充分的信息、专业的培训技巧，还可以提供更为广泛的交流机会。

（5）未来企业人力资源管理者角色将进行重新界定

未来企业人力资源管理者角色将主要定位在以下三方面。

①经营决策者角色。传统观点认为，人力资源部门是一个无足轻重的行政管理部门，与企业的经营没有什么关系，只需要负责企业人员的“进、管、出”。随着市场竞争的日益激烈，人力资源在企业经济效益中的重要性越来越明显，其管理的核心地位越来越突出，人力资源管理不再仅

仅局限在人事工作方面，而是更多地参与到企业经营活动中来，成为经营决策者。**他们要关注企业经营的长期需要，也要帮助直线经理和员工设立标准、制订计划，并进行日常管理活动。**

②CEO（首席执行官）职位的主要竞争者。对人力资源管理问题的日益重视和人力资源在现实生活的重要作用使得近几十年来人力资源管理者在企业中的地位不断上升。CEO职位的候选人从最初的营销人员、财务人员到现在的人力资源管理人员。特别是进入21世纪以后，人力资源管理者的地位有了更为彻底的改观。越来越多的高层人力资源主管问鼎CEO职位，越来越多的高层人力资源主管进入企业董事会。未来的发展可能是，不曾当过人力资源主管或者没有经过有关的培训的，就没有资格担当CEO或进入企业董事会。

③直线经理的支持者或服务者。人力资源管理将被确认为各级管理人员的共同职责，而不再只是人力资源管理部门的任务。对于其他部门的经理，人力资源都应给予培训，推广企业的人力资源管理理念、方法，使各层次主管成为内行，即让他们知道人力资源管理为什么需要他们的支持和参与以及在人力资源管理的各个层次和职能上他们应如何参与。同时，人力资源部门要把人力资源管理作为经理业绩考核的重要内容之一，特别是其评估下属员工业绩的能力。部门经理应该主动与人力资源部门沟通，共同实现管理的目标，而不仅仅在需要招人或辞退员工时，才想到人力资源部。**人力资源管理人员要与各级管理人员建立伙伴关系，成为他们的支持者或服务者。**

> 知识经济时代，企业竞争已进入了智力资本竞争的时代，变革不息的时代特征要求管理者必须对企业的人力资源管理进行创造性的革新。

3. 组织结构的变革趋势：网络化与扁平化

企业的管理变革首先突出地表现在企业组织结构的变革上，基于尊重人和共同的价值准则的组织变革，使企业更充满活力。网络化的组织结构使企业更灵活、更有创新性，而扁平化的组织层级变革也在一定程度上促进了企业的良好沟通。

（1）网络化：组织结构变革的新趋势

我们通常所认识的企业组织是这样一种活动的网络系统：各种联系的建立与重组几乎都是有机的，就像人类神经系统的各个分支一样，当然会有某种权力机构和某些等级制度，而组织形式则是亘古不变的金字塔结构。

人类进入21世纪以来，**世界许多企业认为那种“机器时代”高度集中的管理组织形式已经过时了，取代它的是网络化的组织结构。**

世界许多知名企业都普遍实施了网络化组织结构，这种组织结构的优势主要表现在以下七个方面。

①网络化结构中的劳动不再是可分的，而是为知识员工所共同承担。他们既可以被看作是独立的贡献者，又可以被看成是团体的一员。

②网络化结构中的工作主要由一些比较固定的跨职能工作组完成。具有不同专业知识的员工形成不同组合的工作组，几乎不用什么正式的上级监督。像自动流水线工作组和交付订货组这样的团队相对比较固定，它们分别负责生产成品和交付订货，了结一笔生意。另外一些产品开发部，负责新产品的开发引进，则会根据生产的周期变化而组建或解散。还有一些临时性的应急小组，只解决一些特殊问题和满足顾客临时的需要。

③网络化结构中的决策将尽可能由低层做出。依靠技术手段，丰富的信息足以使智慧型员工完全不必再等上层管理人员的指示就可做出自己的判断。在网络化组织中，原来主要负责汇报情况、传达命令的中层管理者已成为多余，这种变化既减少了管理中间层又扩大了控制范围。

④网络化结构淡化了企业组织与其外界环境的界限，淡化了卖主、顾客和竞争对手之间的区别。公司与客户之间、生产伙伴和商业战略伙伴与竞争对手之间存在的区别消失了。按照客户的具体要求量体裁衣式的生产，提供特殊服务以及即时生产技术取代了以前的批量流水线作业。这样，生产过程就变成了公司、供货商与买主之间同时互动的过程。与以生产为核心、在外界环境与库存之间构成缓冲的传统层级制相比，这种机制大不相同。**网络化组织中的每个人都必须适应这种环境，因为已经没有那**

样一个与世隔绝的核心来防止不确定性的发生。

⑤网络化结构将正规组织对非正规组织的压倒优势扭转过来。尽管非正规结构在传统组织中也很重要，但它今天已起主导作用。在一个时常变动，依赖个人关系来发动人员工作的流动性很强的机制下，是没有时间搞繁文缛节的。

⑥网络化结构比传统组织更少政治性的分裂。在被赋予网络化结构的这种流动性后，政治联盟都是在有明确实用目的的工作团体中形成的。同时，权威的建立更大程度上取决于个人的专长和创造性而不是正式职位。

⑦网络化结构的最大优势在于它能充分发挥个人的能力。它赋予组织以快速反应能力，这种适应性使网络化组织能够对不断变化的市场条件做出灵活机动的反应。

（2）扁平化：组织层次的新变化

组织结构网络化发展的一个重要结果就是促使组织层级减少，趋于扁平化。从信息学的角度来分析，在金字塔式组织结构中信息传递是逐层进行的，一级一级往下传。高层占有的信息多，底层占有的信息少，信息分配的多少决定了权力的大小。另一方面，处于基层的技术人员直接生产产品或直接与顾客打交道，他们拥有最新的产品或顾客的反馈，过多的中间层次使得他们的信息只能缓慢甚或难以到达高层。**这种组织形式在信息高速传递时代很容易反应滞后，给组织的经营发展带来负面作用**。因此，减少中层，加快信息的双向流动，使组织结构扁平化成为一种企业变革的潮流。

组织结构扁平化就是减少管理层次、加大管理幅度、裁减冗余人员，从而使组织的结构更加紧凑，使组织的运营变得灵活、敏捷，提高组织的效率和效能。由于组织的控制跨度与组织的层级成反比，因此减少管理的层级必然要增加管理的幅度，即管理者要增加管理下属的人数。在传统的等级结构中理想的控制幅度被认为是6～8人，而当今在如美国通用电气公司这样的大公司中，控制幅度已达10～12人。

从人力资源管理的角度来看，减少管理层次、加大管理幅度能让每个人有更多的机会直接面对问题并解决问题，使员工发挥才能的空间变大，更容易实现自我，发挥创造力。但这种优势是建立在有良好素质员工的基础之上的，为避免因控制幅度加宽而使员工绩效降低，加强对员工培训的力度和投入是组织结构扁平化要做的一项基础性工作。

4. 管理方式的变革趋势：从刚性走向柔性

管理一条装配线，困难在于怎样才能使人像机器一样地工作，如果做好了这件事，就能生产出优良的产品。但从 20 世纪 90 年代以来，这种形势已经改变了。染有老式军人习气的管理者只想吼叫着发命令，责怪每一个人，这种“足球比赛”式管理已根本行不通。**由此产生了柔性的管理，即他们的管理能力里融入了远见、信任和关心，他们更乐于给下属放权，并更好地与成员进行信息的沟通。**

陈旧的刚性管理模式有着很大的局限性。那些管理人通常发布命令：“马上给我去做!”在大批量生产、市场狭小、多数人受教育程度不高的情况下，刚性管理是有效的。但现在的情况已完全不一样，市场已全球化，产品复杂多样，特别是人们不再轻易接受军事命令式的指挥，因为他们从心底里感到，这是对他们的限制和轻视。

长期以来被顽固不化的分析家们所忽视的“柔性”因素，目前引起了人们最为广泛的关注，而这些“柔性”的东西正是新的管理道德规范和管理方式的最基本的组成部分。在新世纪的起始时期，管理需要有一种全新的模式，因为旧的模式已经不能适应形势的发展。一方面，工作场所和社会变化非常快，特别是市场变化莫测，谁不能适应市场的变化，就会停滞不前；另一方面，人在变化，成员的构成也在变化，成员的需要在提升，消费者的需求不断更新，总之是里里外外都在发生着变化。这两方面的因素要求管理者具备新的能力和更加宽阔的视野。**急剧变化的环境是一种导向，要求人们花更多的精力去观察、调查、学习和调整。**

表 1－1　柔性管理与刚性管理的比较

刚性管理	柔性管理
将权力集中在自己手里	乐于向下属授权
通过管理渠道发布信息	重视与成员的人际沟通
强调对成员严加管束	引导成员自我管理

续表

刚性管理	柔性管理
依赖自上而下的层级控制	实行扁平化结构的弹性管理
容易接受现状	敢于挑战现状
好于平稳控制	善于管理革新
管理风格不易变化	管理风格具有可塑性和应变功能
只重视成员招聘时的既有能力，缺乏组织学习的观念	有强烈的学习欲望，重视培养组织的学习能力
只要求对成员的工作管理，认为生涯发展是成员自己的事情	既管理成员的工作，又关心成员的生涯发展，做成员的指导人
认为人工作就是为了追求经济利益，重视物质激励	突出成员在组织发展中的主体作用，以愿景激励和释放成员的积极性和创造力
强调高层管理统管，部门分工，各自负责	提倡无边界管理，按市场需要灵活组建团队
强调组织管理结构的稳定性，注重成员的专一技术	适时调整组织机构，倡导成员一专多能，使组织形成一种能适应市场复杂多变的“快速反应能力”

5. 追求和谐：企业管理变革的“法则”

在企业管理变革中，必须追求和谐。遵循变革原则所作出的管理方式和手段上的变化，其目的是使管理工作更有成效。管理工作的成效是以和谐的程度来衡量的，高效率的管理工作必须有着更高程度的和谐。管理者和企业员工之间有着更密切的配合，各自对劳动成果也很满意。

变革的方式有两种：管理者适应于管理环境，管理环境适应于管理者，和谐便是在这种方式下进行的。

管理者适应于管理环境，是指在管理环境既定的情况下，管理者根据此管理环境的要求采用合适的管理方法。这种权变方式是我们通常所采用的，而且是应加以提倡的方式。如新上任的部门经理尽管不习惯于民主式的管理方式，但迫于管理环境的要求，而不得不改掉自己过去独裁领导的习惯，尊重下属的意见和要求，调动职工参加民主管理的积极性。

管理环境适应于管理者，是指在管理者既定的情况下，管理的手段和方式已基本固定，管理环境尤其是管理对象改变自己的期望和要求，使自己适合于现存管理手段和方式的需要。如某公司新换了一名总经理，此总经理的管理方式完全异于前任总经理，他以一种独特的权威主义严格地加强企业的管理，强调上下级分明，下级绝对服从上级的硬派作风。在这种情况下，原来习惯于民主和谐气氛的各级管理人员和企业员工也不得不遵从现行的企业管理规范来开展自己的工作。**这种权变的方式就是管理环境适合于管理者的方式。**管理环境适合于管理者的方式，通常是管理者通过说服或指令管理对象，使管理对象的态度发生转变，从而使管理方式有效的一种权变方式。因为这种说服和指令也是管理者主动进行的，我们仍然认为是管理者遵循着权变原则的结果。这一结果产生的过程就是变革的方式。

在大多数情况下，企业管理中的变革方式是管理者适合于管理环境和管理环境适合于管理者两种方式的结合，但管理者适合于管理环境易于实行，因而是我们大加提倡的一种方式。在企业员工素质较高时，管理环境适合于管理者也能顺利地执行。变革的原则是要求管理者和管理对象相互做出调整，以使管理效率达到最大化。对于一个管理者而言，努力使自己适应管理环境的要求，有利于管理中变革原则的遵循，也有利于管理工作的高效率进行。

虽然未来的变化是难以预测的，但企业领导者若不能够把握未来的发展趋势，便很难在不断变化发展的经济大潮中把握正确的航向。

6. 企业管理变革中的风险及其防范

实施正确的变革将引起各个方面的巨大变化，将为企业带来巨大的经济效益，这是毫无疑问的。但是企业的变革将涉及变革企业运营的各个方面，包括人力资源、财务、销售、制造、分销以及供应链管理等。这种变革能使企业多方受益，譬如提高竞争力和市场机会的迅速反应能力，提高市场占有率，减少库存，增加效益。**企业在看到变革的巨大利益的同时，**

还应当清楚变革的实施更是一场高风险的管理革命。

现有市场的变数极多，往往在改革的过程中因市场突变、人为分割、竞争加剧、通货膨胀或紧缩、消费者购买力下降、原料采购供应等事先未预测到的风险，导致市场份额急剧下降，从而导致变革失败。另外，企业对董事、监事、经理和管理人员任用不当，无充分改革授权，或对改革不理解，造成精英人才流失，无合格员工，员工大面积（集体）辞职等，这些都会致使改革失败。

相对于新兴产业，传统产业进行成功的管理变革，其难度要大得多，主要体现在以下两个方面。

①传统产业人员结构复杂。传统企业往往在人员的年龄结构、教育背景和行业经验等方面跨度很大。这样一来，形成共识和沟通方面的难度就要大得多。

②传统企业中的很多人有丰富的行业经验，但经验本身是把双刃剑。如果说在市场竞争态势平稳时，行业经验可以使你保持相对稳定的竞争优势。那么在市场竞争瞬息万变，要求企业快速应变的今天，经验的负面作用凸显无遗。人们往往为经验所困，不敢打破常规，不敢否定过去成功的模式。然而，敢于打破常规、敢于否定过去恰恰是现在的市场竞争最需要的。更重要的一点，在传统行业进行变革，可能面临更多的阻力，因为打破现状往往意味着利益的重新分配，容易在内部产生激烈的冲突。

其实，传统行业要成功地进行管理变革，员工是关键。企业的领导必须了解人们对于变革的心理，必须使员工们认识到，引入新的技术以及新的管理流程的目的在于使员工的工作更为高效而不是为了裁员，必须使员工意识到自己在企业变革中的位置和企业对他们的期望。同时，企业要提供相应的条件和机制，促使员工更新知识和技能。所谓艺高人胆大，一旦员工掌握了新的知识和技能，他们的自信心就会得到增强，对于变革的不安全感就会消失，更有可能成为变革的积极拥护者。**另外，员工的经验也是企业宝贵的财富，应该在变革中加以充分利用，不能轻易舍弃。**

企业的变革是一次管理改造工程，需要企业所有部门的全力配合以及最高管理层的承诺，是一项长期而又艰苦的工作。因此，融合的一个细节都隐藏着各种风险。企业必须在有限的资源和无限的市场竞争之间达到变革均衡，因此，它不可能将自己所有的力量全部平摊在所有的项目上去，必须握紧拳头，只针对竞争链中几个最为关键的环节作重点突破。管理层必须有这样的计划性，才能够快速甄别出最需要投入资源力量的项目，并以最快的速度做出响应，制定出相关的拓展策略。

变革实施的各种风险，就其性质来说，无非是内部风险和外部风险。

外部风险包括政治风险、经济风险、社会风险、法律法规风险以及不可抗拒风险等。具体表现在：国家政局的稳定性、社会风气的好坏等等对变革的实施或多或少地有着一定的影响；经济发展是平稳还是波动不定对企业的资金政策有着巨大的影响；其他如地震、火灾等天灾人祸对变革的实施成本以及实施进度来说都有不小的影响。内部风险包括人员风险、财务风险、时间风险、管理风险等。

企业实施变革是效益与风险并存。在充分认识到变革给企业带来巨大效益的同时也应该防范风险。只有正确认识风险、控制风险，进而降低风险，才能成功实施变革，这是任何一个准备实施变革的企业应该有的充分准备。

为了减少企业变革的风险，在变革前，企业的领导不妨问自己几个问题：

- 企业是否清晰地定义了自己变革的需求和期望？
- 企业如何综合地评估变革后带给企业的利益？
- 企业由哪些部门具体负责变革的实施？
- 企业如何控制变革可能出现的风险？
- 如果变革不成功，接下来会怎样？

变革的实施队伍和实施人员对于变革的成功实施至关重要。在变革的人员配置方面，变革的人员应该能够将决策层发出的简短指令转化成具体的可执行方案，调度和配置企业有限的资源，最终形成实实在在的、更大的产出；基本杜绝企业里的“决策歪曲或指令歧义”等失真状况；具有优良的“市场应变力”，在执行决策层的变革指令时，动态地调整企业的运营方式、资源配置乃至生产、销售等，取得整个变革在动态市场中的均衡性；有效地抑制企业运营体系内部的变革所引起各种冲突，使整个变革过程始终流畅。

在实施变革的过程中，控制变革进度，确保整个变革过程能够按照预计的时间表进行，对变革实施时间以及成败至关重要。许多变革在一开始就没有能够制定明确的、可行的实施计划，在实施过程中不能按时实现里程碑性的目标，造成变革遥遥无期，领导人员和实施人员丧失信心，原定的变革目标发生变化，从而导致最终变革的半途而废。

在变革时，必须对企业的业务流程进行重组。但变革牵涉到人员的变动、权力的重新分配、组织机构的改变，会触动某些人的既得利益，形成很大的阻力，往往使领导者望而却步，保留原有制度，这些都将会使变革一败涂地。

在进行变革的时候，公司领导必须回答这样一些问题："为什么要变革""不变革会怎样"。正如一位首席行政总监所说的："维持现状比闯入未知的领域更危险。"

三、管理变革对企业领导者的素质与能力要求

企业管理变革是一系列庞大复杂的系统工程，正因如此，管理变革要求有高素质的企业领导者来执行。实践昭示，企业家的变革能力与创新素质是企业成功地进行管理变革的基础。

1. 管理变革对企业领导者的素质要求

(1) 超前决断的远见卓识

远见卓识是管理变革主体变革素质中较重要的方面，它反映了管理变革主体的思维方式和价值观念。它使管理变革主体通常对某个问题能有超越一般人的看法，而这恰恰是产生创新的基础。

远见卓识作为管理变革主体变革素质的重要组成部分，其具体表现形式如下。

①随时掌握当代最新的管理理论、科技成果、知识和信息。能够不断地掌握当代最新的管理理论知识，最新的科技动态，最新的文化发展，并

且能够将这些新东西在自己的脑海中加以融会贯通，这是产生对某一问题有超越常人看法或认识的基础。因为这些新的知识和信息是对过去知识体系的一种冲击和发展，可以使人们过去久思不解的问题得到新的启迪。例如，倘若你不知道企业流程改革创新的基本知识，当然也就不会产生本企业流程变革的思路和对策。你不知道市场营销过程中将会发生交易成本，就不可能提出如何通过改革现有的销售渠道，设计新的销售网络从而既达成降低交易成本的目的，又能实现扩大市场占有率及产品迅速售出的目标。

②奋发向上的价值取向。作为管理变革主体，其价值取向虽说不至于与当时社会的价值观格格不入，但依然有其特殊的一面，这就是追求事业成功和永不满足的价值观。一般的人对事业也有追求，但他们易于满足，而那些会有所作为的人对事业的追求则永无止境。也正是在这样的价值取向和心智状态下，才使得他们去勇攀管理的高峰，企业成功的高峰，成为管理创新的主体。

(2) 坚韧不拔的意志

心理学认为，意志是意识的能动作用，是人为了一定的目的，自觉地组织自己的行为，并与克服困难相联系的心理过程。人为了达到一定的目的，势必要克服不同种类和程度的困难，由于遇到的困难难易程度及性质的不同，人们的意志活动也不同。企业经营者维系企业荣辱命运于一身，在商海中闯荡，遇到的困难有时是匪夷所思的，没有百折不挠的意志往往是壮志未酬身先死。企业经营者的意志活动表现在：他为了满足自己发展企业的需要，预先确定一个目标，然后有组织、有计划地实现这个既定的目标。

意志品质从心理学上可分为独立性、坚定性、果断性和自制力。

①独立性。独立性表现为一个人自己有能力做出重要的决定并执行这些决定，有责任并愿意对自己的行为所产生的结果负责，相信自己的行为是可行的，能产生积极的成果。企业经营者站在自己的位置上，有常人所涉及不到的工作领域和独特的工作性质，有自己独到的见解，而其他的决策人员、执行人员和操作人员由于受囿于自己的职位，他们的观点具有一定的狭隘性，只能择而用之。因而，企业经营者需要保持一定的独立性。

当然，独立性建立在听取其他意见基础上，不等于武断和刚愎自用。企业领导者需要一定的独立性、权威性，这样，整个企业才有主心骨，企业的变革才能得以坚定地实施，而不至于受一些不和谐音符的干扰。

②坚定性。坚定性表现在长期地坚持自己合理的观点和做法，并不懈地克服企业变革中的重重困难。企业领导者从长远性来发展自己的企业，其间免不了要进行一些必要的创新和变革。因而，需要满怀必胜的信念，既不被外界的诱惑所驱使，也不被眼前的困难所吓倒，既不受消极论调的干扰，又保持清醒的头脑。企业领导者应该像惠特曼的诗句所说的："要像树和动物一样，去面对黑暗、暴风雨、饥饿、愚弄、意外和挫折。"**坚定性是企业领导者难能可贵的财富。**

③果断性。果断性表现为善于迅速地明辨是非，及时地采取措施处理一些事情，尤其是一些恶性突发事件。李·雅科卡曾经说过："如果要我用一个词来概括优秀经理人员的特点，那我就会说是果断。"当断则断，特别是在企业面临新形势、新环境亟待变革的时候，更需要领导者有果断变革的决心，否则贻误了战机就可能导致企业处于不利的境地甚至破产。与果断相反的是优柔寡断，这是缺乏勇气、缺乏信心、缺乏主见，意志薄弱，逃避责任的表现。作为一个企业领导者，这是要不得的。

④自制力。自制力是指能够统御自己的意愿的能力。在失败、恐惧、压力、倦怠的情况下，企业领导者需要振作精神，消除由这些不利因素带来的一连串的连锁负效应。在成功的时候，需要戒骄戒躁，警惕成功之后随之而来的放松和自满。钢铁大王卡耐基在没有资金、没有背景、没有接受高等教育的情况下发迹，他认为自己的成功最重要的一条是自律。能驾驭、动用自己心智的人，可以轻易地获得他梦想的东西。**企业领导者不能被胜利冲昏了头脑，也不能被挫折压弯了腰。在荣誉面前不能飘飘然，在困难面前更应卧薪尝胆。**

(3) 敢为人先的竞争魅力

竞争是人类前进和发展的重要形式，是社会进步的动力。竞争也是变革精神的必然要求，竞争需要变革。市场就是战场，充满了风险和竞争。**有了竞争，变革才能派上用场，而也正是举着积极的变革企业才更具有竞争力。**放眼企业界，多数竞争中都以创新者取胜，多数创新都源于对竞争的紧迫感，竞争和变革成为企业不可缺少的要素，成为企业领导者必须具有的精神和心理气质。

①竞争意识要扎根于心灵深处。竞争意识其实是市场意识的一种必然衍生物，要走向市场就必然有竞争。作为企业带头人的企业领导者，如果在心理上缺乏竞争的准备，对竞争的重要性和残酷性认识不足，就难以在突如其来的激烈竞争中取得胜利。只有心中铭记竞争，心里明白竞争的意义，心底领悟竞争的激烈性，企业领导者才能立于不败之地。

②机遇意识要时刻驻足心底。竞争往往是对机遇的竞争，在时空上抓住先机，往往领先对手获得市场。机遇的竞争最需要的就是时刻在心底确立机遇意识，即使在企业兴旺时，企业领导者也不能丝毫放松对自己机遇意识的培养，否则很容易使企业在市场竞争中落伍甚至破产。

③愿意冒险，在心理上不惧怕冒险。风险机制是市场经济的基础机制，风险意识是市场经济的基本意识。**在竞争激烈的市场经济条件下，任何一个经济主体都面临着盈利、亏损、破产的可能性，都必须承担相应的利益风险**。正是风险以利益和财产增加的诱惑力与破产的压力作用于企业，从而督促企业管理者改善经营管理，更新技术。只有不惧怕竞争、敢于冒风险的企业领导者才能在市场经济大潮中获得生机，赢得先机。

（4）锐意进取的创新精神

我们这个时代的企业领导者需要的创新精神是一种真正的创意，它不是浅俗的“脑筋急转弯”，也不是追求新奇的幼稚的花边广告，而是一种临危不惧的大智大勇，一种在与风浪搏击中的锐意改革精神，一种融合了民族灵魂、企业精神和个人智慧的创新意志，一种风云变幻中镇定自若、坚持改革的大将风度。从根本上说，这是一种魂牵梦萦的个人心理气质。在下述五种高度概括的人类创意中都应该而且可以找到他们的灵魂和精髓。

①新观念的创造。在企业的人、财、物、信息等的管理问题上，企业领导者做出新的态度改变和认识视角转变，往往是企业获得生机的契机，是新观念的创造。**企业领导者的创新意识往往取决于自己的态度和观念转变，切不可小视。**

②新态度的创造。在企业兴旺发达时努力钻研创新理论，结合企业实

际，思考有关的理论问题并指导自身的实践，这是企业领导者义不容辞的责任，是新态度的创造。

③新机遇的创造。在外界环境发生变化，企业面临新的契机的时刻，设计新的产品生产、销售或转产，都需要企业领导者敏锐的判断力，这是新机遇的创造。

④新方法的创造。在企业面临困难的时候，适时地提出改革的方法和方案，是企业领导者必需的选择，是新方法的创造。

“沧海横流，方显英雄本色!” **创新往往是在困难面前的抉择，企业领导者必须义无反顾地迎接困难**。这其中，难的不是创新本身，而是创新意识的培养和巩固。

⑤新事物的创造。发明适销对路的新产品，发明新工艺，革新产品生产的思路，是企业领导者们青睐的创新，是新事物的创造。

上述各类创新是一个层级推进、交叉变幻的系统，是一个方方面面、时时刻刻都在呼唤改革的领域。它不仅是一种创新行为，更是一个企业经营者一刻也不能在心底里消逝的心理情结。没有锐意变革的创新精神，企业领导者无法燃起奋斗和变革的激情，企业的进步也无从谈起。

时代呼唤竞争意识、机遇意识、冒险意识。三者往往不可分割，统一于企业家追求突破、寻求进步的心理因素中，内化于企业领导者具有时代特色的开拓精神中。

2. 企业领导者应具有管理变革的能力

企业领导者的能力是企业领导者诸项素质有机结合所形成的综合能力。它表现为企业领导者凭借着自己的道德品格素质、个性心理素质、身体与年龄素质，把知识和经验有机结合起来具体运用于企业经营管理过程的能力。道德品格、个性心理等方面素质机械地相加并不等于能力，它们只能是能力的基础，是形成能力的条件。只有当把这些素质具体运用于解决企业经营管理的实际问题时，才能转化为能力。对于企业领导者来说，道德品格、个性心理、知识、经验、身体与年龄固然重要，但是归根到底要落实在能力上，因为只有能力才最直接地影响和决定着管理变革的成败。

（1）**企业领导者的决策能力**

在社会主义市场经济体制下，企业将成为独立的法人主体和经济实体，企业家则成为企业真正的领导者和驾驭者，这就要求企业领导者要在分析企业外部环境和内部条件的基础上，确定企业的发展目标、制订企业的经营计划、选择最佳的经营方案。这就要求企业领导者必须具备决策能力，即企业领导者要能够做出正确的决定，要具有将正确决定付诸实践的勇气和使别人相信决定是正确的能力。企业领导者的决策能力是关系到企业生死存亡的大问题，是企业家应该首先具备的能力。

（2）**企业领导者的组织能力**

企业领导者要为企业建立能满足企业生产经营活动需要的组织结构，合理地配备人力资源和其他资源，制订科学的组织规范，建立起一套科学完整的责任制体系，为提高工作效率和劳动效率奠定坚实的组织基础。关于企业领导者的组织能力，德鲁克有过精辟的论述。他指出："今天，我们再度进入了强调企业领导者活动的时代。然而，这与一个世纪以前的企业家活动是大不相同的。一个世纪以前的企业领导者活动，只是某一个人自身经营、管理、支配和组织事业。而现代的企业领导者活动，则是创造出某种组织，指导它向新的方向发展。……历史往往呈现出循环往复的现象。某种事物发展到现在，又重新回到以前的位置，归结到过去的问题。但这时候它的次元更高了，螺旋状地上升了。"由此可见，现代企业领导者应该具有开展组织事业的能力。**如果不具备这种能力，就很难适应变革时代的要求，管理变革工作也就无从谈起。**

（3）**企业领导者的协调能力**

在企业内部，企业领导者经常要与自己的同僚和部下以及员工沟通；在企业外部，企业领导者又经常要与贸易伙伴、顾客和社会管理部门沟通。这就要求企业领导者应该具备较强的协调能力，即正确处理企业内部各种关系及企业与外部各个方面的关系，解决各种矛盾的能力。只有企业内部上下级之间、各部门之间、员工之间关系协调，才能形成强大的凝聚力，使企业的各项工作正常运转。只有企业与外部环境之间关系协调，才能树立起良好的企业形象，从而赢得消费者和贸易伙伴的信赖以及社会各界的支持，使企业的各项事业更快地发展。

(4) 企业领导者的创新能力

企业领导者在经营企业的过程中，要不断地提出新设想、新方案，采用新技术，不断地标新立异，追求日新月异。这正如萨伊在两百年前创造出企业家这个词时所声明的：企业领导者是专门打翻和瓦解旧有的一套的。这也正如对企业领导者理论做出重大贡献的熊彼特所说的：企业领导者的任务是从事“创造性的破坏”。现代市场经济是一种竞争性很强的经济，企业要想在竞争中处于有利的地位，就必须使生产经营活动独具特色、别领风骚，始终处于同行业领先的地位，以增强企业的竞争力。这就需求企业领导者要对新生事物具有高度的敏感性，要有丰富的想象力，要有宽阔的视野，要有锐意进取的雄心和勇气，要有接受和采纳新观念、新方法、新技术的胆识与气魄。

(5) 企业领导者的激励能力

企业领导者的激励能力表现为善于调动下级的积极性，使下级保持旺盛的工作热情和强大的工作动力的能力。在企业管理的过程中，企业家领导者要将部下和员工的行为引导到实现企业目标的方向上来，并对有助于实现企业目标的行为进行强化。激励是企业领导者引导和强化员工行为的重要手段。企业领导者通过运用表扬与批评、正强化与负强化、物质奖励与精神鼓励等一系列具体的手段，激发出部下和员工的工作热情和工作干劲。企业领导者的激励能力具体表现在以下三点：一是准确地了解员工的现实的最基本需要有哪些，这是激励其工作积极性的前提；二是重视员工高层的精神需要的满足，这是使员工树立起健康、进步、高尚的工作态度；三是综合运用各种激励手段，这是增强企业整体活力的有效对策。

(6) 企业领导者的用人能力

企业领导者的用人能力主要表现为企业领导者是否能做到知人善任。

"知人"即了解人，我国清朝教育家魏源曾经说过："不知人之所长，不知人之所短；不知人长中之短，不知人短中之长，则不可以教人也。"教育人是这样，使用人也是这样。企业领导者要善于了解自己的助手和部下的思想状况、性格类型、特长倾向、知识水平、工作能力和兴趣爱好等，为正确地使用人才奠定基础。"善任"即使用人，企业家应该根据每个人的具体情况，恰当地安排和任用，从而做到人尽其才，才尽其用，才职相称，各得其所。我国古代汉朝汉高祖刘邦在总结能够战胜强大的项羽的经验时曾经说过：论带兵打仗，我不如韩信；论管理钱粮，我不如萧何；论运筹于帷幄之中，决胜于千里之外，我不如张良。但是"三者皆人杰，吾能用之，此吾所以取天下者也"。**因此，企业领导者在用人的时候必须豁然大度，敢于启用能力强于自己的人。**美国著名企业家"钢铁之父"卡耐基的墓碑上刻着一首短诗：

这里葬着一个人，
他最擅长的能力是，
把那些强过自己的人，
组织到他服务的管理机构之中。

由此可见，企业领导者不一定要种种能力强过别人，但他必须具备敢用强人的心胸和魄力。企业领导者在用人时还应做到用人之长，切忌求全责备。金无足赤，人无完人。企业领导者要善于用人所长，容其所短，扬其长而避其短，充分发挥人的潜能，使助手和部下能在适宜的外部环境中放手工作，更积极、更主动地工作。

(7) 企业领导者的规划能力

企业领导者的规划能力表现为企业领导者能够在进行市场调查研究、市场预测和分析、企业内部人、财、物力等资源分析的基础上，制订企业经营的目标，科学地设计出实施该目标的步骤，使企业的各项工作在动态的客观环境中，随着时间的推移，高效而有序地展开。

(8) 企业领导者的判断能力

企业领导者的判断能力主要表现为企业领导者善于调查了解企业各方

面的情况和外部环境的态度，科学地加以分析，及时发现存在的问题，以及对出现的各种异常现象做出科学的符合实情的判断，并采取相应的改进措施。**企业领导者的判断能力是企业领导者科学决策和指挥的前提。**企业在激烈的市场竞争中，存在着各种各样的机遇和风险，作为一个企业领导者应该凭借着自己的判断能力，审时度势，做出科学的决策和果断的指挥。

(9) 企业领导者的应变能力

企业领导者的应变能力是指企业领导者及时地调整企业的既定目标、方针、计划、战略及策略，以适应外部环境要求的能力。在企业的经营过程中，企业领导者要密切注视外部环境和内部条件的变化，客观地分析发生这些变化的原因及其对企业经营活动造成的影响，及时采取各种有效的对策和措施，以避免失误、降低风险、抓住机遇。

(10) 企业领导者的社交能力

企业领导者的社交能力主要表现在企业家与企业内外、上下、左右的有关人员的交际和往来上。在企业的经营过程中，企业领导者要代表企业与贸易伙伴、客户或银行、工商、税务、财政等部门交往，在进行这些交往活动时，企业领导者要具有强烈的公共关系意识和社交能力，要善于处理各种复杂的关系和应付各种局面，处理好企业与社会诸方面的关系，树立良好的企业形象和企业家形象。

> 企业管理变革对企业领导者的素质和能力提出了全新的、更高的要求。企业领导者应该在实际工作中积极努力地、自觉地培养和完善自己的素质与能力，真正成为能够担当起经营企业、发展企业重任的优秀企业家。

3. 企业领导者的创新思维

在新的时代，随着工业社会向信息社会的全面转化，区域经济国际化、市场化、信息化、集团化、网络化，对企业亦提出了学习、思考、创新的新要求。依靠智能创新成为企业生存和发展的原动力。**要创新变革企业，企业领导者首先必须要具有创新思维。**

（1）创新是对经验思维的扬弃

我国企业经营者和管理者，一般都有相当的实践经历和经验，但许多人又都不具有较高的学历和文化教育程度，缺乏较为系统的经营管理理论。所以，他们中的不少人在经营管理中往往从以往的经验出发，从而陷入经验主义的思维方式中。而作为现代企业领导者，他们必须对经验有抑有扬，不能沉湎于经验主义思维之中，这样才能更有效地进行管理变革。这是变革对领导者的最起码要求。

通常所说的“经验思维”，是以人们的日常生活，日常行为（包括心理行为，特别是心理行为与外在行为的结合）所积累的知识而进行的一种思维类型。它是运用生活的亲身感受、实践的直接体验，以及传统的习惯观念而展开的思维活动。经验思维的功能是类比型的，它是用事物的外在联系进行推论，其思维水平从总体上说，尚未上升到概念性和普遍性的高度。

经验思维方式是同市场经济的要求格格不入的，它会把宝贵的经验财富异化为沉重的负担，它会害己害人，而最终将导致历尽艰辛开创出来的事业功败垂成。

经验思维虽存有弊端，但不应全盘否定。一个人的经验是十分宝贵的智力财富，如果将经验上升到理论，则是更为宝贵的智力财富。而这种智力财富，有一个十分独特的特点：随着年龄的增长，它会日益丰富，日益有高附加值。因此，对经验思维的正确态度是进行合理的扬弃。

（2）思维的超越性与创新思维

头脑中的思维活动是一种特殊性质的“活动”，与人们的其他“活动”有着明显的区别。

①思维能够超越具体的时间的限制，就是说，能够在头脑中构想具体时间之外的事物和情景。

②思维能够超越具体的空间的限制而在头脑中构想具体空间之外的事物和情景。古人所谓“身在曹营心在汉”，说的也是超越空间的意思。

③思维能够超越具体的客观事物。比如，我的眼睛望着电脑屏幕，难道我的头脑中就非要出现一个电脑屏幕？而且只能出现一个电脑屏幕？又比如“卖火柴的小女孩”能够在火柴的微光中看到热气腾腾的烤鹅和慈祥的老祖母。其实，普通人在正常状态下同样能够做到。伸手掏口袋，摸到一叠卫生纸，而思维中显现的却是一叠令人欣慰的百元大钞；听着海浪单调的拍岸声，而头脑中出现的却是一首音调优美的乐曲……

超越性是人类思维最基本的属性，也是思维能够产生创意的根本原因。即思维的超越性是所有创意的来源。简单地说，创意就是现实世界中并不存在而仅仅存在于头脑思维当中的东西。爱迪生在试制成功第一只电灯泡之前，他的头脑中已经塞满了1 000多种电灯泡的模型。

当然，思维的超越性是相对的而不是绝对的，思维自身也要受到许许多多的制约，不可能无边无际。比如客观环境、教育背景、生理状况等方面，都制约着人的思维超越性和创意水平。而人类的优越性之一就表现在人能够意识到这种制约，而且又不断地打破那些制约，而进行“创新思维训练”，正是为了打破已经认识到的思维制约，增强其超越性，进而使头脑充满新的创意。

“创新思维”是大脑构造创意的过程，也称创意构思。它具有如下特点。

- 独特性。与众不同，前所未有。
- 多向发散性。既非单向也非单一的思维方式，创新思维是多答案的，思路是立体型的。事实上，世界上每个问题都绝非只有一个答案。而创造，从一定的意义上说，就是从众多可能的方案中选择最佳的方案。
- 非逻辑性。出人意料的创意往往是非逻辑思维的产物，否则人人就都能容易地按逻辑分析而想到。
- 联动性。即由此及彼性。创意往往是在从表面上看毫不相干的事物的启发之下，思路豁然开朗而获得的。
- 综合性。创意是多种思维方式的综合，综合中有创新。

归根结底，创新思维就是以非习惯的方式思考问题的能力，就是看与别人所见相同的东西而想出与别人所思不同的东西。

创新思维与常规思维相比，最本质的差别在于常规思维通常都是逻辑思维，而创新思维除了逻辑思维外，还包含了各种形式的非逻辑思维。

逻辑思维通常由判断、推理、比较、分类、分析、综合、抽象、概括、归纳、演绎等逻辑方式来实现，这是我们一般都比较熟悉的。

非逻辑思维是超出逻辑思想的思维方式的统称。它们无须严密，不讲逻辑，或暂时说不出什么道理，然而有的非逻辑思维在人们的认识发展到一定的程度后，也会逐步演变为逻辑思维。

非逻辑思维的类别也较多。从思维的内容与由来分，包括形象思维、联想思维、直觉思维与灵感思维等；从思维过程的形式特点来分，可分为发散思维与集中思维；从与常规思维的思路方向来分，可分为逆向思维与侧向思维等；从整体特点上看，还可分为立体思维、超前思维、开拓型思维等等。

创新思维是逻辑思维与非逻辑思维的密切结合。逻辑思维的形式大家比较熟悉，这里重点介绍一下非逻辑思维的一些主要形式。

①想象。想象是一种可以控制的形象思维形式，想象能力是创新思维能力的核心。人一旦失去了想象力，则创造力也就随之枯竭。想象是一种非常重要的思维方式。爱因斯坦说："想象力比知识更重要，因为知识是有限的，而想象力概括着世界上一切，推动着进步，并且是知识进化的源泉。"

②联想。联想是大脑的一种跳跃式的信息检索方式，是从一个事物的现象、特征与变化想到另一个事物的现象、特征与变化，而这两个事物间并不一定有逻辑联系。联想思维方式亦是我们通常所说的由此及彼、举一反三、触类旁通。联想思维作为一种十分有用的非逻辑思维形式，**可以在创造活动中帮助我们从世界上众多的事物信息中，获得许多有益的启发，并借以解决自己要研究解决的问题。**

③直觉。直觉是人皆有之的一种潜意识（下意识）活动。直觉是一种未经逐步分析的过程便能对问题的答案做出迅速而合理的判断，或忽然领悟其答案的一种思维方式。它是一种基于经验和有关知识的综合判断，但判断过程十分迅速，结果是往往只记住结果而无法记住过程。直觉在创造活动中也经常出现并十分宝贵。由直觉而产生的新的判断，一般都需要事后的逻辑证明与实践检验，在被验证以后才能作为新的创造而确立。

④灵感。灵感是一种顿悟型的潜意识活动，一般是指突如其来的对事物规律的认识，或是突然闪现的对解决问题具有创造性的设想。现代科学证明，灵感是大脑的一种特殊机能，是思维发展到高级阶段的产物，是人的认识的一种质的飞跃。

⑤逆向思维。逆向思维就是有意识地从常规思维的反方向去思考问题的思维方式，也就是“从反面去想想”“唱唱反调”。由于主动地打破了常规思维的单向性、单一性、习惯性与逻辑性，故虽不符合常规的逻辑，却也可获得较大的创新。

⑥侧向思维。在常规思维搞不出创新的情况下，新思路也不一定都与常规思维逆反，如果我们从另一个角度出发，走第三条路，善于从其他离得较远的领域，利用局外信息来取得启示的思维方法，就是侧向思维方式。

⑦发散思维与集中思维。发散思维又称扩散思维，是一种让思路多方向、多数量全面展开的立体型、辐射型的思维方式。发散思维不受一切原有的知识圈及所有的条条框框的束缚，是对常规思路的尽量拓宽，实际上是创造过程的第一阶段，即先求数量、先拓宽思路的阶段。集中思维又称收敛思维，与发散思维正相反，这是一种将被拓宽的思路向最佳方向聚集的思维方式。**实际上是创造过程中紧接着发散阶段的从数量到质量的阶段**。一般说来，发散思维与集中思维成对、同时使用。先发散，后集中，或从发散到集中的多次循环，这就是从拓宽思路到解决问题的创造过程。

⑧立体思维。立体思维有狭义与广义之分。狭义的立体思维即是把常规的平面型思路模式扩展到空间，把二维思考演变成三维思考。广义的立体思维则是指对一切固定观念、一切条条框框的突破的全方位创新思考。

从以上列举的各种主要的非逻辑思维方式中可以看出，非逻辑思维方式的确是我们突破思维障碍，开展创造所必不可少的有力工具，尤其是在管理变革中多种未知事物的预见和处理更需要这种思维方式。然而若过分强调非逻辑思维在创造中的决定作用，片面否定逻辑思维的重要作用，则必然会走进另一个极端性的认识误区，结果也必然得不到强有力的有效创造，给变革工作带来负面影响。因而，我们只有把握好逻辑思维与非逻辑思维相互紧密配合的思维艺术，才能形成真正的创新思维。

创造活动通常包括发现问题、解决问题与实施完成等步骤。为了实现创新，创新思维的最大特点是追求与众不同的独创性，逻辑思维与非逻辑思维的密切结合就可以帮助我们灵活地运用各个思维要素来恰当地、合理地发现与解决问题。

第二章
管理新理念与管理新模式

创新的时代，呼唤着创新的管理。今天的企业经营管理，面对新的形势，遭遇前所未有的考验与挑战。瞬息万变的市场与日益激烈的竞争，每时每刻都在制造求变求新的赢家，都在淘汰保守落后的企业。唯有在管理理念上脱胎换骨，在管理模式上变革创新，才能在现代市场中挺立潮头，发挥其经济主体的职能与使命。这种变革不是一劳永逸的，这种突破不是毕其功于一役的。只有适应时代发展，以变革求生存，以创新求发展，才能以变应变，基业永固。

一、观念是行动的先导：八种管理新理念

思想的革命是一切变革的基础。

在人类漫长的进化史中，不难发现这样一个规律：唯有思想的根本性转变，才能产生真正的历史变革，从而完成一次人类发展质的飞跃。

企业的管理变革也是如此，每一次管理变革都是由新的管理思想所引起。因为企业旧的管理思想指导下的管理方式方法不再能激发出员工更高的效率，有时甚至成为阻碍企业前进脚步的桎梏。唯有打破它，企业才能获得新生。

观念是行动的先导，一个企业，只有先冲破思想的牢笼，实现管理理念的创新和变革，才能真正实现管理体制、管理模式和管理方式的变革。

进入21世纪，风行于世的管理新理念是：人才是企业的第一资源；知识资本是企业最重要的资源形态。

1. 人力资源是企业的第一资源

企业的经营需要资源，在工业经济时代，企业的资源一般都是物质形态的资源，如矿物资源、土地资源等等。在知识经济时代，虽然物质资源仍发挥着作用，但更重要的资源已经是人力资源。

近年来企业的发展已经以其无可辩驳的事实证明：只有重视人力资源的作用并做到合理开发和使用人力资源才能使企业持续向前发展。随着全球经济一体化进程的不断推进，企业家们意识到企业竞争将集中表现为人才的竞争，而人力资源也将成为构筑企业运转的关键因素，并成为第一资源。这也是企业管理变革的第一理念。

所谓人力资源，是包含在人体内的一种生产能力，它是表现在劳动者身上的，以劳动者的数量和质量表示的资源。它是最活跃、最积极、最主动的生产要素，是积累和创造物质资本，开发和利用自然资源，推动和促

进企业发展的主要力量。

（1）人力资本支配物质已成为新时代企业的主要特征

在21世纪，经济全球化潮流和知识经济的兴起，引发了企业间争夺新世纪发展制高点的竞争。初现端倪的知识经济与传统工业经济的重大差异，不但表现在生产规律和财富增长方式发生深刻变化，还表现在世界范围内的权力和财富正在重新分配，更表现在知识经济促使人重返生产活动的中心。在人和物这两个因素的力量对比中，人力资源重新占据优势成为主导力量，人力资本支配物质已经成为新时代企业的主要特征。人力资源在企业的经济增长中的决定作用表现得越来越明显。

21世纪的企业比过去任何时代都面临着更为严峻的挑战。企业之间的竞争主要是人才的竞争，所以，谁能拥有具有高度竞争能力的大批人才，谁就能掌握企业在竞争中的主动权。

（2）现代企业所需要的人才

企业人才就是企业中有才干的人，在知识、能力、意志等方面有超常水平的人。企业人才是一个比较广泛的概念，具有广博、高深知识的学者是人才；在记忆、分析综合、知觉判断等智能方面表现突出，善于解决复杂技术问题、能够创新的是人才；在处理人际关系、组织领导能力较强的是人才；在操作、表达、社交方面有特殊能力的也是人才。

现代企业所需要以下几种类型的人才。

①创造型人才。创造性是人才最本质的特征，创造是一种能力，是为了实现一定的目标，重新加工、组合原有的经验，提出新设想、发现新方法、创造新结果的能力。

创造性的核心是创新思维。创新思维，就是在创造过程中提出创新思想的思维活动方式和形式，它在创造力结构和创新过程中占有极为重要的地位。

②外向型和国际通用型人才。所谓外向型人才，就是适应外向型经济发展的、具有开拓性懂技术、懂经营管理、懂外语、善于同外商打交道的人才。所谓国际通用型人才，首先应具有全球意识和国际竞争意识。全球意识，就是具有超越国界的意识，善于立足于本土，放眼世界去观察、思

考和处理问题。国际竞争意识，就是既有勇气和胆量参与国际科技竞争、经济竞争，又善于竞争；其次，应有专业的国际化知识、文化修养及掌握与业务活动有关的国际惯例、法则、礼节等；此外，还应具备涉外的语言能力和方法、手段。如应懂英语、会使用计算机、能迅速地获取、加工、处理和运用各种信息。**在经济开发区这种外向型和国际通用型人才的需求将尤为强烈。**

③应用型人才。应用型人才素质的要求，不仅应具有扎实的理论基础，还应具有基本技能，在经济建设中能决策、懂管理、会操作，如工程型、技术型、技能型三类人才。如果没有适应能力和缺乏应变能力，理论脱离实际，这样的人不仅很难成为现代企业所需要的人才，甚至会在激烈竞争中被淘汰。

④复合型人才。所谓复合型人才，是指拥有多种专业技术知识的人才，这种人才某种意义上可称为“通”、“博”人才。所谓适应性，是具有指导自己终身学习的能力，能适应21世纪错综复杂的市场需求，具有自我判断能力，生活适应能力和其他应变能力。但是，有人对人才应具备复合型才能提出了质疑，认为一个人的精力总是有限的，对知识的需求不能面面俱到，因此与提倡具有广博的知识相比较，更应提倡陈景润式的高、精、尖人才。也有人认为，对人才素质的复合型要求，不能一概而论，应因人才层次和类型而异。但大多数专家认为，从整体而言，人才应有一定宽度、厚度和知识素质，应有通晓有关学科领域的基础知识。

2. 知识资本是企业新的重要的资本形态

与“人力资源是企业的第一资源”相联系，“知识资本是企业新的重要的资本形态”是又一种新的管理理念。

进入知识经济时代，资本形态经过商业资本、工业资本、金融资本后，进入了知识资本的形态。谁拥有更多的知识，谁就拥有更多的主宰权。在这个时代，推动社会生产发展的主要力量不再是资本，也不再是简单劳动，而是知识。知识在当今时代是资源，是资本，是财富。知识存在于人的大脑，人的自主地位是人的知识充分发挥的前提。作为现代人只有最广泛地与人合作，自己的能力才会充分的发展，生产效率也才会如天文数字一般地提高。因此，企业的参与者对企业的贡献不再以公司投入了多少资本来衡量，而是以投入了多少知识来衡量。

美国未来学家托夫勒认为："知识经济的发展就是一种爆炸性的新力量，它驱使先进的经济国家进行痛苦的全球性竞争，强迫许多发展中国家摒弃其传统的经济战略。现在，它正促使个人领域和公共领域的权力关系出现深刻变化。"他认为，**"知识代替资本，知识除了可以代替物质、运输和能源之外，还可以省时间；**知识在理论上取之不尽，是最终的代替品，它已成为产业的最终资源；**知识是 21 世纪经济增长的关键因素"**。

（1）知识决定财富：知识经济时代的新规则

在知识经济时代，规定权力与财富分配的游戏规则将被改变。知识资本最终将导致世界财富的一次大转移，财富将转移到知识资源掌握者手中。财富的含义，正在从诸如黄金、货币或土地之类的有形资产逐步转移到无形的知识，即谁拥有更多知识，谁就拥有更多的财富；权力的内涵，也将不再以某个特殊的位置为标志，而是以对知识的驾驭和控制为基础。**在脚步日益清晰的知识经济时代，社会财富的分配是以知识为轴心的。**

由于知识的驱动，世界经济开始转型，由能量驱动的物质经济转向由知识驱动的知识经济，我们正在逐步脱离工业文明时代，推动社会发展的已经不是简单的劳动的力量，也不是资本的力量，而是知识的力量。

早在 1991 年，美国企业界就有人认识到知识价值和知识资本的意义，美国机构改革专家拉尔夫·斯特耶夫认为，经营管理的资本要让位于"知识资本"。当今的中国企业界，已认识到知识经济时代的来临，并意识到企业的参与者不再是单纯以资本入股者，同时也包括知识入股者。

在 20 世纪二三十年代，当时的经济巨子莫过于石油大王、钢铁大王、汽车大王，他们是商业经济的典型代表。那时的财富创造虽然也离不开知识，但终究是以原材料、能源等物质为基础。现代的经济巨子，最典型的是世界首富比尔·盖茨。

由工业社会发展到以知识为灵魂的知识经济社会，社会活动的中心由经济人转移到智能人。智能人的特点是具有知识价值观，重视开发智力资源，并在开发资源的过程中发展自己的知识。创新则是知识价值的核心，创新越多，知识的价值就越高。在知识经济时代，经济增长将从数量时代、质量时代进入创新时代。

知识之所以成为知识经济增长的关键因素，当今社会之所以强调知识价值，讲知识资本，都是因为知识本身就是财富。知识除了替代资本、物质成为决定生产的第一要素之外，还对各种经济要素起到了优化和增效的作用。知识在理论上是取之不尽的最终替代品，已经成为产业的最终资源。

（2）知识资本的内容及特点

知识资本是相对于传统的物质资本而言的，是一种潜在的、无形的、动态的、能够带来价值增值的资本，是知识型企业最为重要的资源，是企业真正的市场价值与账面价值的差距，是物质资本与非物质资本的合成。

知识经济强调知识是资本的重要构成部分，对知识的有效管理能够促成企业的知识增长，进而促进企业知识资本的增值，保证企业持续的利润增长。**从一定意义上讲，知识企业就是围绕知识资本营运，进行知识生产、传递、利用和保护的组织**。知识资本概念的提出及其有关理论形成是知识在企业的发展中重要性不断提高的必然结果，也是人们对知识及知识活动不断深化的认识。

关于知识资本的构成，不同的学者因研究角度不同，对知识资本进行过不同的分类。

事实上，所有的知识资本研究者都重视人力资本、知识产权资本、组织管理资本和顾客资本的研究。因此，我们可以把知识资本划分为五类：人力资本、管理资本、知识产权资本、顾客资本、市场资本。这五类资本各有特点。也构成了知识资本的主要内容。

①人力资本。人力资本是指企业、经济组织中雇主及雇员所拥有的各种技能、知识、信息、创新能力、思维意识的总和。对个人而言，则是指个人所拥有的知识、技能、信息、创新能力、思维意识的总和。

②管理资本。管理资本是指企业、经济组织、国家、地区、个人所具有的计划、组织、指挥、协调、控制功能以及实现预定目标的能力所带来的价值。计划包括预测未来和拟定一个行动方案，组织包括建立一个从事经济活动的双重机构（人的机构和物的机构），指挥包括维持组织中人员的活动，协调就是把所有的活动和工作结合起来，使所有的事情都按照已

定的计划和指挥来完成。

③知识产权资本。知识产权资本是一种权利资本，即智力成果。所有人对创造性智力活动成果依法享有的权利的实现、运动和使用所带来的知识积累、增值与无限制使用。

知识产权资本是一种私有财产权利资本，是智力劳动成果的价值实现，又是一种特殊商品资本。

④顾客资本。顾客资本是指企业、经济组织、个人在顾客中的信誉以及顾客忠诚、顾客满意所隐含的资本形态，是知识型企业最为重要的无形资产。一个没有信誉、没有顾客忠诚和满意的企业，在知识经济时代是没有生存机会的，因为顾客资本是企业发展最为重要的基础之一。

顾客资本按照顾客类型的不同，又可分为不同的类别。知识企业作为知识产品的生产者和销售者，有批量购买商与销售商，最终消费者，原料的最初供给者，还有与知识企业在市场经济活动过程中发生经济与非经济往来的个人和组织，如广告商、律师事务所、会计师事务所、银行、保险公司、审计师事务所、政府税务机关和工商行政管理部门等。**总之，顾客是指与企业或经济组织的经济活动发生关系的所有个人、政府或组织的总和。**

⑤市场资本。市场资本是指通过市场机制的作用而形成的企业无形资产，通过企业市场营销能力、营销网络、销售工具与技术、市场容量、市场开拓与创新表现出来，是知识资本的一个重要类别。

> 虽然生产的决定性因素曾经是土地，然后是资本，但是，今天的决定性因素日益转向人本身，换句话说，就是人的知识。

3. 硬管理正在转向人性化的软管理

21世纪是以人为本更加突出人性的时代。体现在企业管理理念上的变化，是由硬管理到软管理理念的转换。软管理倡导管理者与被管理者的人格平等和相互尊重，使其人性中的优美特质充分发挥出来，创造出企业在市场上领先的竞争优势，促进企业持续不断地向前发展。

（1）**硬管理到软管理的思想转换**

企业管理者适应新世纪的变化，从硬管理的传统理念逐渐转变到崭新的软管理理念，需要实现三个转变。

①管理制度由自上而下到弹性控制。在传统管理中，企业管理者将权力集中在自己手里，一般通过管理渠道发布信息，强调对成员的严加管束，依赖自上而下的层级控制达到管理的步骤。这种管理制度缺乏弹性，容易使员工接受现状，无创意，但有利于管理者进行控制。这种管理方式在日新月异的经济发展中已跟不上时代变革的需要。而在软管理中，企业管理者乐于向下属授权，非常重视与成员的人际沟通，信任员工，关心员工，引导员工进行自我管理，实行扁平结构的弹性管理方式，这样能充分发挥员工的主观能动性，能最大限度地发挥出企业的潜能。在这种制度下的员工勇于挑战现状，善于创新、革新，能把企业不断地推向前进。**这种软管理的风格具有很强的可塑性和应变能力，有利于企业员工自由发挥自己的管理才能。**

②员工管理由唯命是从到以人为本。在管理员工上，传统的企业管理者只重视员工的工作能力，只要求成员对现有工作技能的学习，不关注员工的再学习、再发展。他们认为工作就是为了追求利益，只重视对员工的物质激励。在软管理中，企业管理者则更着意于将有强烈学习欲望的员工吸纳到企业队伍中来，并且重视培养员工的学习能力。企业管理者既管理员工的工作，又关心员工的成长与发展，在心理上给员工莫大的慰藉。在对员工的激励上，突出员工的个体作用，激励员工不仅靠物质奖励，还以愿景激励员工，使得员工的积极性和创造力得到尽情释放。这不仅提升了企业战斗力，还为员工提供了一幅美好的个人发展宏伟蓝图。**相比之下，软管理更加突出人性，更能发挥出人的潜能，也更能使企业更好更快地发展。**

③企业管理由层层负责到无边界管理。在企业的管理上，传统企业管理者强调高层管理统管，下面部门分工，各自负责。这种模式虽然发挥了层层把关，各负其责的作用，但存有明显的弊端：各部门互不通气，不能很好地协作，出了问题会推诿责任，使企业很难在相互沟通的基础上获得良性发展。同时这种模式下的企业管理者过分强调管理结构的稳定性，过

于注重成员的专一技术，而忽视了极为重要的创新意识，这种结果必然导致企业落后于时代发展。而在软管理中，这些弊端得到了有效控制。由于在管理过程中提倡无边界管理，且按市场的需求灵活组建团体，善于捕捉信息，整体出击以达成预期效果；同时在管理过程中，及时调整组织结构，倡导成员一专多能，使企业形成一种能适应市场复杂多变的“快速反应能力”。这样的管理模式显然是优于以往任何一种管理模式的。通过比较，软管理的优势便体现了出来。只有适应时代发展大潮的事物才能生存下来，旧的硬管理模式已落后于时代发展。企业要想发展，要想壮大，必须打破传统框框，转变旧的思想，以软管理为手段，将企业打造成一支长盛不衰的团队组织。

（2）软管理的基本理念与主要内容

软管理以“人性化”为标志，强调以人为本，强调变化、速度、灵敏与弹性，它注重管理者与被管理者的人格平等和相互尊重，强调激活人的主动性，倡导创新精神，实现知识由学习到运用的转化，不断创造企业在市场上领先的竞争优势。

①以人为本，重视人性化管理。工业经济时代，流行这样一种说法：“人不过是工业机器上的一颗恒温齿轮。”今天这样的观点早已被现代企业的管理者们所摒弃。企业是由人组成的机体，企业所面临的市场环境也是由相关的人去选择、适应、改造的，人是企业发展的主体力量。

美国著名企业家哈默尔指出：**企业如果失去了人，一切都失去了意义。企业管理者信任和尊重员工，是软管理的前提条件**。因为每个员工都渴望获得别人的尊重和欣赏，企业管理者也不例外。

管理者必须学会尊重和欣赏企业每一个成员，使其人性中的优美特质得以发挥，使他们都为实现自我的价值而工作。这样，就能在企业中创造出一种人人争先，充分发挥潜能的良好局面，同时也能促进企业不断向前发展。

②重视企业文化的作用。企业文化是企业中一整套共享的观念、信念、价值和行为规则，以至促成一种共同的行为模式。企业文化对企业起着导向、规范、激励等作用。它能转变人的行为习惯和利益取向，提高人的素质与追求。由于企业文化的熏陶，企业人将形成共同的价值观、荣辱

感和献身精神，因此，企业间人际关系会更加融洽，企业组织间会更易协调。可见，优秀的企业文化对企业管理有着重要作用。

③建立学习型组织。软管理要求企业必须保持快速反应和柔性，因此，企业和机构必须成为学习型组织，不断地学习才会不断地进步。企业应鼓励员工再学习，对员工进行不间断的培训，组建高效知识型团队，并且要善于利用新的信息技术来促进学习，促进组织内部的信息共享。这样，才能保障企业的持续发展。

④与员工建立良好的管理沟通。在企业中，人与人之间，人与组织之间的冲突、矛盾是不可避免的，这种冲突和矛盾如果积累下去就会由缓和到激烈，轻则干扰企业目标的实现，重则会使组织瓦解。软管理则可以通过建立及时有效的沟通渠道来缓解和解决冲突和矛盾，有利于企业实现企业组织目标，也有利于调动员工的积极性，使企业不致遭受不必要的损失。

⑤对员工有效地激励。人们对激励并不陌生，但传统的硬管理中把物质激励当作企业激励的主要方式，却忽略了人的多层次满足和多方面需要。这种需要不仅有物质的，还包括精神的需求。软管理中的激励就是针对下属的需求，突出成员在企业中的主体作用，以企业共同愿景激励员工，共同创造企业的美好未来。**这种内外结合、精神与物质互相促进的激励，能有效地、持久地让员工自觉发挥其积极性。**

⑥善于创新，善于应用新技术。软管理是在企业已有的技术和管理的基础上，经过系统思考，主动适应外界变化来实现的，所以它更强调创新，也易于创新和利用新技术。**从市场需求到新产品开发，传统的研发顺序已过时，已被软管理建设中的团队所取代。**属于团队成员的研发专家，在团队整体配合和影响下，更易发明创造，也更易于迅速地根据市场变化和需要推出新产品。在应用新技术上，一般会采用 FMS（柔性制造系统）或 CLMS（计算机集成制造系统）。这样，生产过程会建立在高度的自动控制之下，这能大大增强企业的灵活性和应变能力。

软管理的关键之处在于变化的灵活、快捷的适应，任何固持一端的做法都是不可取和不正确的。倘若一味坚持，一意孤行，反而会给企业的发展带来不利。

4. “造物先造人”，企业要成为育人的学校

当今世界，企业对人力资源的素质要求越来越高，企业要获得高质量、高素质的人力资源大体只有两个途径：一是从企业外部吸引招聘高素质的人才；二是对企业内部的人力资源进行培训开发，提高他们的素质和质量。这两个途径各有优势：对外招聘可以比较快地获得需要的人员，而且有可能带来新思想；内部培养尽管慢一些，但有利于企业管理的连续性，能够调动员工积极性，增强员工对企业的归属感。

随着时代的进步与企业的发展，越来越多的企业更重视通过内部培训开发来获得高质量的人力资源。这是因为，内部人力资源的培训开发不仅能够更经济、可靠地获得人才，提高企业人力资源的质量，而且能够有效地激励员工，培养员工对企业产生持久的归属感及对企业的忠诚。

一位管理专家曾经说：“员工培训是企业风险最小、收益最大的战略性投资。”一句话阐明了现代培训对于企业的重要意义。

人力资源的培训开发正在成为世界范围内企业关注的问题，“终身教育”、“学习型组织”的提法和概念都表明人力资源开发已成为企业增强自身竞争力的重要途径，甚至成了有些企业一项重要的发展战略。

为什么培训在企业管理者的眼中如此重要呢？

从员工角度来看，学习提高是人的天性，每个人都希望能有机会进修培训。通过培训可以使员工获得发展，满足员工自我实现的需要。

现代培训的理念是：工作已经成为一个继续学习的过程，是个人为提高自身的工作市场价值而进行的投资。员工不仅重视工作的完成，也越来越看重从工作中可以学习到哪些新知识、新技巧，是否可以使自己逐步增值。

面对这些问题，企业别无选择，只有提供灵活的培训方式，建立公司

的学习文化，增加员工的学习机会。许多著名公司的管理者都认为，对培训的投入已经不能仅仅看作是企业的“费用”，应该视之为一种“投资。”对人才培训投资的多少直接关系着企业竞争力的大小。松下电器总裁松下幸之助曾说：“我这个人与其说是实干家，倒不如说是理想者，经常追求理想的我，之所以能够在现实的工作中走向成功，原因主要在于拥有人才和培育人才的缘故。”

有效地教育和培养人才，把企业办成育人的学校，需要树立新的理念。

①经营者首先要树立正确的经营理念和使命观，并以此作为公司判断是非曲直的标准。要利用一切机会，反复向员工进行企业经营理念和使命观的教育，把客观存在变成每个人的血和肉，并按照完成企业使命的需求，严格要求下属职工，该说的就说，该批评的就批评，该纠正的就纠正，这样才能培养出人才来。在遵循基本方针或正确理论的前提下，放手让下级在自己的责任和权限范围内独立自主地开展工作，充分发挥他们的积极性和创造性，才能使其逐渐成长起来。否则，就只能培养出机械地按命令行事，唯唯诺诺，不推不动的员工。

②培养人才，不仅仅是把人培育成会工作和技术高超的职业人员，同时还要把人培育成为道德情操高尚的社会人。有的人工作虽好，但作为一个社会人来说，有缺陷，发展不全面，这种人不符合现代产业人的要求。现代企业要求企业的经营者和全体员工，在努力做好自己工作的同时，还要关心政治，对社会有爱心、乐于奉献。

③教育和培养人才，更培育企业人的坦诚心理。只有心地坦诚，才能知道事物的真实面貌和事物的本质，并顺应自然规律。事实上，培育坦诚之人绝非易事，因为人往往为自己的感情或利益所俘虏，物欲刺激着人们，要排除来自各方面的干扰，首先要排除自己心中的杂念，强烈地期望成为心地坦诚的人。**“一言以蔽之，坦诚的心能把一个人变成正确、坚韧、聪明的人，从而做什么事都能成功。”**

④特别重视培训。“经营之神”松下幸之助曾有一句名言：“企业的差距，乃是培训的差距。”松下公司正是通过其独特的富有战略眼光的培训工作，把企业变成了一所育人的学校。并提出了著名的“造物先造人”的

理念："松下电器首先是制造人才，兼而制造电器产品"，把培育人才看得比生产产品还重要。在提高员工素质的同时，产品的质量、科技含量，以及培训后员工的整体水平实现了质的飞跃，进而使松下电器的名字也伴随他们的产品传遍全球，并且历久不衰。

在这个日新月异的世界中，管理者的责任是创造组织的学习能力。在许多行业中，比竞争对手学习和变化更快的能力，或许是唯一有力的竞争优势。

5. 信誉是企业生存与发展的生命线

市场经济是信用经济。对任何一个企业来说，信誉都是一条生命线，直接关系着企业的生死存亡和发展。信誉是对企业的一种独特考验。**信誉是企业的生存之本，企业管理者必须牢牢地树立信誉理念，以信誉理念指导自己的行动。**

（1）以信誉作为企业生存与发展的基石

信誉这个词在起源与意义上都相当丰富。它起源于拉丁语 integritas，意思是全体或纯洁，因而经常等同于诚实、可靠性和公平交易等品质。但它也意味着一般意义上的责任、一系列义务和自治的能力。并且从广义上讲，信誉暗示着身份与责任的一致整合。此外，信誉还具有许多性质，并呈现出不同程度。其中，最高层次的信誉与面对逆境和诱惑所表现出来的较强的道德原则有关。

现代社会是信誉社会，对于企业来说，信誉代表着企业的形象；对于企业员工个人来说，信誉代表着企业员工个人的人格。要想在形象和人格上获得信赖和尊重，就需要树立企业和个人的可信度。

言而无信，不会产生信誉，没有信誉企业就无法经营，社会就会陷入混乱。信誉是社会有序运行的保障，是企业的品牌，是企业的无形资本。如果一个企业经营者目光短浅，急功近利，那么，他往往会"捞一把是一把"，缺少应有的信用和品牌意识，企业也就不可能获得长远发展。现在许多中小企业之所以活不好、长不大、命不长，一个重要的原因就是这些企业的经营者常常为了眼前的蝇头小利，损害企业的信誉。而成功的企业家着眼点不是一时一地的得失，而在于企业的长远发展，因而把诚信作为经营管理之本。因此，为了成功，每个企业与员工都需要树立信誉理念。美国成功学大师罗赛尔·赛奇说："坚守信用是成功的最大关键。"信誉这东西是易碎品，打造起来要花大工夫，毁坏却不费吹灰之力。

在市场经济发展的进程中，信誉交易大大降低了交易成本，扩大了市场规模，也使每个交易者都有了自己的权益。失去了信誉，不只是交易双方合法权益得不到维护和尊重，交易的链条也会断裂，市场经济也会无法运转。因此，普通的守信行为不仅是交易能够进行、经济能够运转的前提，也是个人和企业立足于社会的首要条件，是企业的立身之本。

树立起信誉理念，就能为信誉行为打下坚实的基础，使行为与理念保持一致。讲信誉的企业通常会表现出以下非常明显的特征：

- 公司员工对其行为负责，他们从不互相推诿责任或试图转嫁其做出选择的义务；
- 公司员工值得信任并且是尽责的，因而完全有理由相信他们诚实的、公正的、信守诺言并有能力履行各自的义务；
- 公司员工有强烈的公司认同感，他们致力于目标与理念，并努力以负责任的方式去实现它们；
- 公司作为一个集体，持续地履行其对不同的利益相关者的义务，并按照良好的公司员工身份行事，这主要可以通过许多自治机制来实现；
- 在由公司领导和公司日常实践所倡导的价值观念和原则之间存在着高度的相关关系。但是伦理理念在本质上就具有渴望性，所以这种相关性并不完美。不过原则与实践之间的分歧并不大，因此也不足以对组织和领导的可信任性造成影响。

（2）企业信誉的主要表现形式

企业信誉不是停留在口头上的词汇，而是真真实实的行动，凝结在企业的产品中，体现在企业的经营管理活动中。

①产品信誉。产品本身的质量、包装、技术服务和价格方面等综合构成产品信誉，它是公司赢得市场竞争最基本、最关键的要素。

在消费需求日益复杂化、多元化，消费潮流的周期转换日益加快的今天，消费者购买商品或接受服务，通常根据心理价位来做抉择，尽管心理价位因消费者的收入水平、偏好差异而不同，但公司产品质量过硬、使用方便、功能结构合理、使用寿命又能符合消费者要求，就会受到青睐。

产品的包装直接关系到产品本身的质量和用户的满意程度，并且，成功的包装形象可以大大提高产品的附加值，刺激消费者的购买欲望。

产品的售后服务被称作"二次竞争"，企业的服务信誉好，不但能留住顾客，还能赢得更多的潜在顾客。公司的服务人员要有一颗乐于服务的心和熟练的服务技艺，做好用户指导，运用技术培训工作。

产品的价格要体现物有所值、符合消费者的心理价位。在现代社会中，价廉物美并非万灵方，一些极品型价格消费却能更好地满足顾客标示身份、地位、财富的心理需求。

②合同信誉。企业对合同信守的程度如何，履约率的高低决定了企业的合同信誉形象。企业要在市场竞争中生存发展，必须要有良好的合同信誉，它决定了企业能否正常持续运转。企业要建立优良的合同信誉，就要谨记"诚"字诀，以诚取信，严格遵守合同规定，行使权利，履行义务，承担责任。

企业良好的合同信誉形象并不是完全被动地履行合同达到的，企业应主动地进行合同信誉形象的设计。第一，进行科学的可行性研究，培养职工高度的法律意识和掌握丰富的法律知识，以严谨的态度对外签约，并考虑到签约的风险。第二，在企业内设立健全的保障机构，对合同的订立、履约进行持续动态的控制和管理，发现问题及时协商解决。第三，进行危机管理，在遇到不可抗力或因自身过错造成毁约时，应尽最大努力履行合同，取得对方谅解。第四，要重视对外宣传，使公众相信企业有坚实、稳固、安全的合同信誉形象。

③广告信誉。广告日益成为企业参与市场竞争的重要手段，企业的广告信誉，综合地反映企业实施广告竞争战略的指导思想、行为准则及商业道德和经营理念。广告本身是一门说明的艺术，诱导消费者选择企业的产品和服务。良好的广告信誉要做到诚实无欺，不能利用广告来进行商业冒险、投机和诈骗。以实事求是的态度向消费者客观地介绍商品和服务，广

告的用语要清晰、不哗众取宠，要选择高品位、高档次的广告媒体。因为高品位、高档次的广告媒体本身就意味着优良的信誉形象。还可以借助一些权威性意见，让专家或权威人士向消费者介绍。另外，广告设计要讲究新颖和美观，使人有清风拂面、心旷神怡之感。广告还应引导消费新潮流，真诚地体现企业时刻在为提高消费者的生活水平和质量着想。

④道德信誉。企业的道德形象包括真实、诚信、正义感和责任感，塑造良好的道德形象可以引发社会公众对企业的好感，赢得公众对企业行为的信任和理解，从而在感情上倾向于接受企业的产品和服务。

企业道德形象主要体现在社会责任上。任何企业都是处于和政府、银行、社区消费者、协作厂家及自然生态环境的普遍联系之中。企业必须协调处理好这些关系，积极承担社会责任。例如经济发展过程中的环境恶化日益严重，企业组织生产就要考虑环境污染及治理问题，而不能只图眼前私利，进行掠夺性生产。企业可以提倡和组织一些保护性的社会公益活动，获得社会公众的理解和支持。例如美国第四大酒厂——科罗拉多州的柯尔斯企业，热心举行反脏乱运动，在社会上赢得注重环境的道德信誉。

企业还可以在人、财、物方面大力支持文教、卫生、体育事业和社会福利及慈善事业，奉献给社会热情的关怀与拳拳的爱心，取得社会关系上的和谐一致，在兼顾社会效益的同时，获得最佳的经济效益。例如，一童装公司在“六一”节之际，举行“给孩子一份爱，还孩子一份开心”的儿童服装大赠送活动。在新闻媒体的宣传下，该企业的品牌、商标、精神家喻户晓，孩子的家长大都愿意购买该公司生产的童装。

⑤竞争信誉。市场经济是竞争的经济，竞争的原则是“优胜劣汰”，企业时刻面临着质量、价格、人才、信息诸多方面的竞争，在竞争中又要进行纵横方向的友好协作。**在公开、公平、公正的原则下，企业必须建立良好的竞争形象，摒弃不正当竞争**。才能在竞争中更好地获得协作发展。

不正当竞争主要有以下表现：

- 假冒竞争对手的注册商标，非法获利；
- 在商品上伪造或冒用检验认证标志、名优标志等；
- 伪造产地、厂家，对商品质量作误导消费者的虚假表示；
- 采取不正当手段窃取商业秘密，或违反契约擅自泄露协作者的秘密；

• 采用“巨奖”诱饵，或以低于成本价格进行倾销等。

企业要在竞争中赢得优势的同时，注重树立良好的竞争形象，应采取以下策略：

• 进行科学的超前决策，要充分研究竞争对手、消费者心理和市场未来的前景；
• 积极开发引导消费新潮流的产品；
• 努力打造优质名牌；
• 采取恰当的价格策略，符合消费者心理价位；
• 抢先注册商标，谋求法律保护；
• 为消费者提供优质的售后服务，做好“二次竞争”；
• 采取合法的灵活多样的促销方式。

> 真正的企业家原则应始终坚持：“宁可失去金钱，也不能失去信誉。他的诺言以及信誉，对于他来说始终比暂时的利润更重要。”

6. 企业文化是企业经营的灵魂

企业文化，又称公司文化，主要是指企业的指导思想、经营哲学、管理风格以及企业成员的行为方式。它的内容包括企业的价值观念、经营哲学、管理思想、文化教育、行为准则、道德规范、文化传统、风俗习惯、典礼仪式以及企业形象等方面。更进一步说，企业文化是一种以价值观为核心的对全体员工进行“企业意识”教育的亚文化体系。这种亚文化体系既植根于它的大文化环境之中，如中国的企业文化植根于中国文化之中，美国的企业文化植根于美国文化之中，又有自己的特点，比如同是植根于中国文化，海尔有海尔文化，联想则有联想文化。**没有企业文化理念的管理是愚昧的管理，使企业失去生机与活力。**

（1）企业文化是企业奋进的精神支柱

企业文化是指在一定的社会历史条件下，企业在管理活动中所创造和形成的具有本企业特色的精神财富以及物质形态的总和。它包含的内容很多，如价值观、行为准则、制度与规范、文化环境等等。其中，价值观是企业文化的核心。

作为一种管理方式或手段，强化企业文化的主要功能是增强企业的凝聚力、向心力，激励企业全体职工同心协力，共赴目的，增强企业的发展后劲，推动企业走向成功。由于行为科学强调管理的中心是人，因此，必须采取与“以物为中心”的管理根本不同的方式方法，必须通过文化的微妙暗示和非正式规则来促使职工对自己的工作感到满意、愉快，并愿意努力工作、做出贡献。

企业文化的重要作用，具体讲，表现在以下五个方面：

- 通过共同的价值观，统一员工的思想，从而增强企业的凝聚力和向心力，加强职工的自我调节和控制；
- 激励职工的奋发进取精神，提高他们的士气，使他们重视职业道德，形成创业的动力；
- 为企业的创新活动及企业战略意图的实现提供思想基础，提高企业对环境的适应能力；
- 改善和优化人际关系，使企业员工产生更大的协同力，从而发挥出企业的整体优势，创造超一流的业绩；
- 树立企业形象，提高企业声誉，扩大企业的知名度和社会影响力，从而为企业积累无形资产。

正因为企业文化有这样的功能和作用，所以，美国著名学者迪尔和肯尼迪才指出，企业文化是“左右企业经营成败的关键”。

（2）企业文化是企业形象的根基

企业文化是处于不同历史背景的企业在其发展过程中所形成的价值观、意识形态、行为方式、人与人之间的关系以及行为准则等等。在现代化大生产中，需要有严格的制度和管理手段辅助，但是过于严格的控制往往会扼杀职工的积极性、主动性和创新精神，所以制度之上还需有精神的统一。企业文化的作用就在于它将企业各个方面的力量以及各种资源——人、财、物制度统一在一起，成为凝聚企业成员的精神力量。美国 IBM 前总裁小沃特逊在《一个企业和它的信念》一书中曾这样写道：“我相信任何公司能经得起风浪和获得成功，它必须有一套坚强的信念，成为其一切哲学和行动的出发点。其次，绝大多数使企业成功的重要单一因素都与这些信念有关。”“那些基本哲学、精神和一个企业的驱动力对其具体成就意义重大，它过高于技术和经济资源、组织结构、革新和日常活动。”“如果没有清楚的和正确的价值观念，优秀公司就不成其为优秀公司。”世界500强企业的发展也已十分明确地告诉人们：一个企业如果缺乏一个以企业精神为主导、职工共同接受并为之去实践的企业文化来引导人们的创新行为和价值取向，就不可能持续地实现产品、技术和服务方面的创新，相反却有可能断送企业的信誉。**因此，企业内部在长期奋斗中靠企业文化所形成的凝聚力，乃是外部形象的根基。**

所谓企业形象，是指社会大众（包括用户）和企业职工对企业的整体评价。它包括两个方面的含义：从外部看，企业给消费者可以信赖的印象，对其他行业及社会的贡献为外界所公认；从内部看，企业使全体职工在工作中产生“和公司荣辱与共”的观念，重视职工利益，工作分层负责，赏罚分明，量才施用，企业内部“通风”良好，气氛和谐，具有强劲的活力和凝聚力，达到最高的工作效率。

良好的企业形象可以给公司带来具有更多利润的无形资产。但是在不同经济发展时期，企业对其形象内涵的理解及在形象开发的侧重点上是有很大差别的。早期的企业一般还是把良好的形象押在外部形象的单项指标上。例如，如何靠优质产品打开销路，如何靠优质服务取信用户等等。但作为明天的成功企业，将更加重视外部形象和内部形象相结合的整体塑造。这中间，体现每个企业的各个层次都共同认可的价值观念的企业文化则是连接外部形象的纽带。

企业文化一般是通过三个层次来体现企业形象的。第一层次即表层，亦可称为实体物化层文化。包括产品种类及设计、工厂空间的布局、厂房的造型和颜色、厂区环境、各种生产及生活设施，企业附属的各种社会职能机构、厂服、厂旗以及各种仪式等，它构成企业的外部形象。第二层次即中介层，是企业文化中表层文化和深层文化的中介与转换环节，它包括企业群体的心理（如：人际关系、不成文的规范、群体情感、性格、兴趣、爱好）、企业各种规章制度、组织形式、企业的时尚习惯、生产方式、交往方式、消费方式、情感意向、艺术欣赏等。第三层次即深层，深层结构表现为观念形态因素。它包括企业共同的价值观、职业道德、经营管理理念、企业集体思维方式、各种思想观念、民主意识、工作作风等。以上三个层次构成企业的整体形象。

企业变革，最关键的是企业文化的革新。真正的企业文化变革需要时间、精力和坚持不懈的努力，只有如此，才能真正发掘企业文化中所包含的价值。

7. 形象资本是企业的第四资源

在知识经济时代，注意力已成为企业运营中的一种重要资源。要形成对公众的注意力，企业的形象运营不能缺少。当代社会，形象力被称为企业人力、财力、物力之外的“第四运营资源”。而现代企业运营的新模式之一——形象运营，其核心便是将形象作为一种企业资本来进行运营。

（1）形象资本的含义

通常按经济学术语的定义来说，形象资本是一种超越生产、商品、所有有形资产以外的价值，是企业从事生产运营活动而垫付在商标方面的本钱。

形象是由营销及广告专业人员创造出来的概念，是“属于他们”的。而形象会有超越一般资本价值的所谓“形象资本”，则是由企业家和财务专业人员发展出来的提法。形象资本奠基于品牌对消费者的动员力——不论是忠诚度，或是人数。**形象资本可视为将商品或服务冠上品牌后，所产生的额外收益。**

一些形象资本的重要属性，在企业家口中还包含了商品类别的特性。莱维特指出，强势品牌多半形质兼具，激起人们更深刻、丰富的联想。与强势品牌链接的影像或文字，更容易使人印象深刻，因此强势品牌便备受关注。

从财务概念来看，形象资本是产品形象所赋予产品的价值。由消费面

（或是顾客面）来看，不妨将其视为由产品形象所驱动的资本。预期一个成功的产品所能享有的高额收益，关键在于由消费者看待产品的方式而产生出来的消费行为。虽然通过购买行为调查，可以知道资本的确存在，但却查不出来消费者的心目中、脑袋里（消费者感性或理性上），究竟是什么在促进此资本的形成。

（2）形象资本的基本特征

形象资本同样具有一般资本的以下几个方面的基本特征。

①非物质实体性。我们知道，有形资本都具有物质实体。如房屋、建筑物、机器设备等，它们都有一定形状和体积，占有一定空间，用我们的五官可感觉到其物质实体存在。**而形象资本则不然，它们无体、无形、不占有空间，人们看不见、听不着、摸不到**。如商誉、品牌等，人们看不到它们的实体形态。

②形象资本的增值性。追求价值增值是资本的直接目的，也是资本最根本的特征。形象资本在运动中要带来剩余价值。如果不能在运动中带来剩余价值，也就不称其为资本了。

③形象资本的运动性。资本增值是在运动中实现的。运动性是资本的重要特征。形象资本的运动性表现在资本循环和周转的无限性以及资本向外转移的开放性两个方面：资本对于价值增值的无尽追求决定了形象资本不断地、周而复始地进行循环。形象资本运动的内容包括实物形式的运动（物质替换）和价值形式的运动（价值补偿）。形象资本运动具有跨行业、跨地区、跨国界的全面开放性，不断地促进资本增量和存量调整，促进结构的合理化和资源的优化配置。

④形象资本的竞争性。资本的增值本性决定了资本与资本之间必须要展开竞争。而竞争一旦形成，资本的存在和运动又会转化为一种外在的强制力，所以，竞争性既是资本内在属性的要求，又是面临外在压力的反应。形象资本也是如此。形象资本在部门之间的竞争表现为生产不同种类产品的生产者之间的竞争，竞争的目的是追求能取得高利润率的投资场所，竞争的手段是资本从利润率低的部门向利润率高的部门转移。**结果是平均利润率和生产价值的形成，实现了等量资本要求等量利润的平等权利。**

⑤形象资本的独立性和主体性。资本的存在形式和运动形式具有独立性的特点。形象资本要求有明确的利益和产权界区，要求独立地进行投资，表现为独立的利益主体，资本成为经济运动的一般主体或真正的主体。

⑥形象资本的开放性。在市场经济条件下，形象资本可以自由地输入输出。从地区范围上看，既有国内资本，也有国外资本；既有国有资本，也有法人资本和个人资本。从企业形象资本输出来看，它既可以从一种资本形态转向另一种资本形态，提高资本利润率，也可以向其他企业进行品牌投资、参股、入股，以此来分散风险，发展壮大自己；既可以通过兼并、收购等途径扩大企业规模，也可以通过出售自己的部分产权来盘活存量资产，调整产品结构。这种开放性的特征，有利于形象资本的迅速积聚与集中；有利于品牌资本规模的扩大与发展。

（3）形象资本的基本功能

从理论上看，形象资本具有以下功能。

①联结生产要素，形成现实的生产力，推动价值的增值和积累。在市场经济条件下，生产资料、劳动力及各类生产要素处于某种分离状态，它们只有通过资本购买，并且通过品牌形象才能转化为现实的生产力。

②联结流通要素，促进商品流通和倾向流通，实现剩余价值和分配价值。从价值上看，品牌要素就是流通资本的存在形式，只有流通资本的投入才能实现流通要素的结合。形象资本的根本职能在于通过促进商品流通和货币流通，完成剩余价值的实现和分配。

③资源配置职能。形象资本为追求高利润率的投资场所，就会不断从利润率低的部门转出，转入高利润的部门，这必然带来资源从低利润率的部门转到高利润率的部门，从而优化资源配置。

④激励和约束的职能。**为了追求超额利润，企业必然努力改进技术，改善管理，降低个别成本，这也是形象资本追求超额利润的激励功能。**形象资本要取得较高的利润率，就要尽可能地减少预付资本的投入和固定资本的占用，尽可能地发挥现有资本的作用；提高资本的利润率，就要尽可能节约不变资本的支出，消除原材料的浪费和闲置现象，就要尽量压低工资、奖金的支出。这些方面，客观上形成了对企业行为的有效约束。

在西方经济学中，形象资本与劳动和土地有所不同，劳动和土地一般是属于自然禀赋，而形象资本则是在经济运营过程中劳动和土地发生作用的产物，是人为的生产要素，且具有较高的生产率。这个较高的生产率是由于使用了大量资本的缘故。因此，高额利润就成了形象资本这种生产要素的报酬。

> 在西方经济学中，形象资本必须是能够增值，而且是在运动中增值，并给这一生产要素的所有者带来报酬。因此，企业家不仅要不断积累形象资本，还要不断地经营形象资本，使之不断增值，并带来利润。

8. 建立学习型组织是企业成长的

在知识经济时代，企业竞争一定程度上就是知识竞争。同时，信息技术的出现及快速发展，彻底打破了传统企业模式，知识成为企业最重要的资本。而信息技术的更新使得知识更新的速度迈进到一个新的时代，要想跟上这个时代，就必须不断地学习。在这种前提下，学习型组织管理理念应运而生。

(1) 学习型组织的内涵及特征

学习型组织，就是通过不断学习来改革组织本身的组织。学习在个人、团体、组织或者相互作用的共同体中产生。学习是持续性的并可以战略性地加以运用的过程，而且可以统一到工作中或者跟工作同时进展。**学习不仅导致知识、信念、行动的变化，还增强组织的革新能力和成长能力**。因此可以把学习型组织定义为把学习共享系统组合起来的组织。

那么，学习型组织的特征是什么？首先，应当明确，学习是在个人、团体、组织、社会这四个层次上产生并且改革、改变组织的形态。其次，要提出创建学习型组织的六个行为准则。它们是：创造不断学习的机会；促进探讨和对话；鼓励共同合作和团队学习；建立学习及学习共享系统；促使成员迈向共同愿景；使组织与环境相结合。

（2）学习：保持组织持续发展的活力

中国古代哲人老子将水流比作柔性之道，水的力量能以柔克刚，关键在于源头的活水不断向前奔流不息。一个组织的主体是人，只有组织中的人才是保持组织持续发展的源头之水，只有组织中的成员都有强烈的改革愿望，改革才会成功。而多数希望改革的领导常常就像站在植物旁边的园丁，乞求植物说：“快长啊！使劲长！你能成长起来！”没有任何一个园丁企图劝说花草主动“愿意”去成长：如果种子没有生长的潜力，一个人无论怎么做都是无济于事的。

建立学习型组织是必需的。信息网络使得世界更息息相关，社会与市场更加复杂多变，组织只有通过不断的学习才能把握变化的趋势，在竞争中领先一步。**组织中物的东西或制度的东西其自身是持续发展的，只有人通过持续不断的学习才能保持发展的活力。**

当代真正能够保持持续发展的组织，是那些能够设法使各阶层人员全心投入，并有能力不断学习的组织。对一个处于激烈竞争中的组织来说，唯一持久的竞争优势，就是具备比对手学习更快的能力。

建立学习型组织是可能的。每个人都是天生的学习者，学习不仅是人类的天性，也是生命趣味盎然的源泉。人类天生是理性的动物，凡事都想索果追因、探个究竟，总是保持对新事物的好奇。人类天生是社会性动物，我们都有过这种体验：成为出色团体中的一分子，大家彼此信任、互相学习，为共同的团体目标全力以赴，创造出惊人的成绩。

建立学习型组织是能行的。在当今衣食住行物质生活条件被满足后，有意义的精神生活成为人的追求。人类的工作观因物质的丰足而逐渐改变，从“工具性”的工作观（工作为达到目的之手段），转变为较“精神面”的工作观（寻求工作的内在价值）。**勤于学习、努力创新，不断有新成果或取得新成绩，得到他人的尊重，人们就越有自我实现的满足感。**

如果一个企业只要求服从管理而拒绝员工学习，那它必然会导致员工士气低落。将一个不景气的组织改造成为一个学习型组织则可以抚慰心灵，重振士气，使工作场所重现生机，人人充满自信。

二、卓越管理的新突破——八大管理新模式

毫无疑问，当今社会越来越快的变化节奏是史无前例的。当前所发生的变化不仅比以往更为迅猛，更加捉摸不定，也更加彻底。来自技术、竞争与文化方面的压力正在引起被人们称之为“信息时代”的一场风暴，而企业就处在这场风暴的中心。在这场风暴中，旧的管理思想和体系正被新的管理浪潮所摧毁，于是新的管理理念、管理方式应运而生。

在这场信息时代的风暴中，新的管理模式不断涌现，从战略管理到整合管理，从模糊管理到柔性管理等等。甚至可以说，一场管理革命已经来临。谁也不能阻挡管理的变革步伐，谁也不能扼制新模式的生命力。

1. 战略管理：开创企业发展新局面

现代企业经营管理往往从战略谋划开始。在经营管理中，战略谋划具有决定性作用。**对企业发展战略进行谋划，从而确定适合企业自身发展的战略，是企业开创一个新局面的关键。**

(1) 企业战略与战略管理的概念及特点

企业战略是指企业为适应未来环境的变化，对企业经营管理中的重大问题进行的全局性、长远性、纲领性的谋划和决策。

这一概念包含以下几个特点：

- 企业战略就是对企业重大问题的谋划和决策；
- 企业战略谋划的主体是企业；
- 谋划的目的是企业为适应未来环境的变化，寻求持续与稳定发展；
- 谋划的核心是具有全局性、长远性和纲领性的重大问题。

企业战略管理是对制定、实施、评估、调控和变革企业战略的全部活动的总称，它是一个全面的、复杂的管理过程，是一门综合性、多功能决策的科学和艺术。

企业战略管理的要点如下。

①它是一项“综合性的管理活动”，也就是说企业战略管理不是单指

制定战略，还包括战略的实施、评估、调控和变革等全部管理活动。

②它是一个"无止境的管理过程"，也就是说企业战略管理不是一次性的管理工作，而是一个无止境的管理过程——即一个有头无尾的管理过程——只要企业的生命存在，就一直需要实施战略管理。

③它是一门"决策的科学和艺术"，**也就是说企业战略管理这门学科既是一门决策的科学，又是一门决策的艺术**。说它是"科学"，是因为它是反映企业战略管理客观规律的系统化的知识；说它是"艺术"，是因为这门科学的真正价值在于应用、在于实践——只要将其付诸实践，就必然会呈现出不同的风格、不同的模式和不同的效果，这也就是艺术性的不同表现形式。

（2）企业战略管理的作用

战略管理在企业经营管理中的作用主要表现在以下七个方面：

①战略管理可以促使企业管理阶层不断检查与评估目前战略的价值与合理性，当原有战略的合理性基础遭到损害或改变，新战略的构筑就十分迫切与必要。

②战略管理可以促使企业将内部资源条件与外部环境因素结合起来考虑，对影响企业经营的种种重要变化持有高度的警惕性，当一些问题发生后，不仅可以马上处置，还可以预防某些不利问题的发生。

③战略管理可以促使企业时刻关注企业未来，不断审视当前决策对企业未来运营所产生的影响。

④战略管理可以促使企业努力寻求业务发展最具潜力的领域，通过多种方案的比较来作出最具价值的选择。

⑤战略管理可以促使企业倾心于资源的合理配置，通过资源结构的优化，使资源效能得以最大限度地利用和发挥，而若必要，则可决定追加新的资源投入，以推进企业整体规模的扩大和效益的提高。

⑥战略管理可以促使企业改进决策方法，优化组织结构，把日常管理建立在系统与有序的基础上，并增强企业的协调、沟通与控制职能，不断提高管理的效率与水平。

⑦战略管理可以促使企业增强凝聚力。通过让员工参与战略酝酿、决策与实施过程，最大限度地激发员工的感情与智慧，减少改革的阻力，从

而确保战略目标的实现。

（3）战略管理的主要内容

战略管理涵盖面广，其主要内容有六个方面。

①投资战略。投资战略就是对企业的投资方向、投资地区、投资方式、投资时间等总的谋划。这一战略正确与否，直接决定着企业的命运。大量事实都证明，投资战略决策正确，就可能给企业带来丰厚的效益；投资战略决策失误，就可能把企业推向困境，甚至导致企业破产。**所以，投资战略应该是企业战略管理研究的首要目标。**

②总体战略。企业总体战略，也叫公司战略，它是企业战略中最高层次的战略，它决定着企业总的发展方向、较长时期内的奋斗目标、资源的配置以及经营业务间的支持和协调，它的正确与否同样决定着企业的兴衰成败。它是企业依据自身资源的优势和劣势对外界环境中的机会和威胁的能动反映的具体体现。它的基本类型有四种，即发展型战略、稳定型战略、紧缩型战略和复合型战略。

③竞争战略。竞争战略是企业在其所经营的产品或服务的领域中，如何同竞争对手竞争取胜的战略。这一战略有三种类型：一是与对手直接竞争；二是使对手难以反击；三是与对手不战而胜。在这三类战略中，“与对手不战而胜”的战略是最高明、最理想的战略。正如孙子在《谋攻篇》中指出的“百战百胜，非善之善者也；不战而屈人之兵，善之善者也。”但是，从实践的频率来看，“与对手直接竞争”的战略则是频率最高的竞争战略。这一类型中的通用战略是：低成本战略、差异化战略和集中一点战略。

④资源战略。资源战略就是企业为保证其投资战略、总体战略和竞争战略目标的实现，对企业资源进行优化配置的总体谋划。**它既是上述战略的拓展和延伸，又是实现上述战略目标的资源保证。**资源配置中需要解决的突出矛盾有三个：一是多与少的矛盾；二是先与后的矛盾；三是紧与缓的矛盾。

⑤战略调控。企业战略管理理论，不仅包括战略的制定，也包括战略的实施。就其难度来讲，后者比前者大得多。因此要保证战略的顺利实施，就必须加强战略调控。战略调控的主要任务是：确定目标和标准；成就评价及反馈；差异分析；纠正措施。

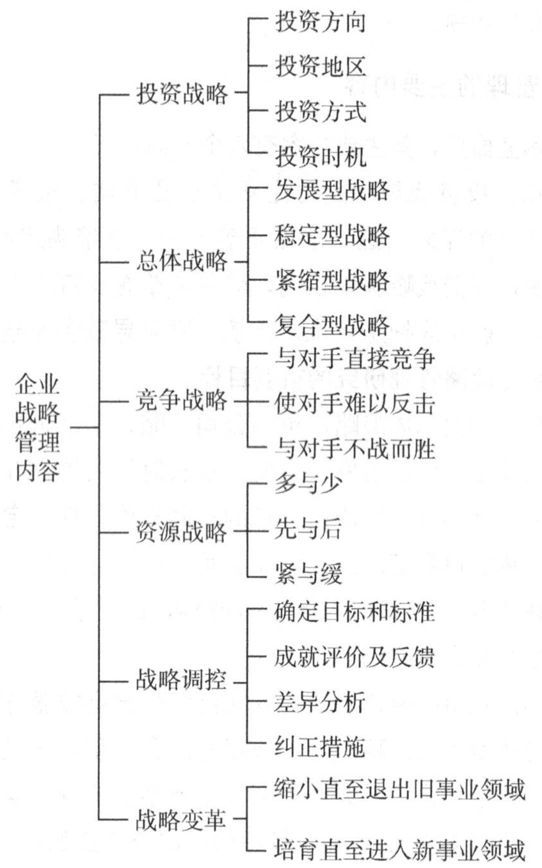

图 2－1　企业战略管理研究内容图

⑥战略变革。企业战略确定之后，一般应当保持相对稳定，但这并不是说它就永远不变——在某些情况下，企业战略也必须适时进行变革。企业战略变革的中心任务是：缩小直至退出旧事业领域；培育直至进入新事业领域。

> 战略管理作为当代企业管理中最重要的一个环节，其思想方法已广泛运用。在竞争越是激烈的行业，运用战略管理的企业越多；企业规模越大，也越重视战略管理；当企业处于外部环境急速变动或面临重大转折之际，企业就非常需要从战略角度来重组企业。

2. 整合管理：发挥资源整体优势

整合管理是近年兴起的一种新的管理模式，主要是通过对企业现有资源的有机整合，最大限度地发挥资源整体优势，使企业达到最佳经营状态。

（1）整合与整合管理的内涵

所谓整合，是指将两个或两个以上的要素通过相同点或相异点的有效组合、重组直至融合、共生，使现有资源达到良性组合的最优化状态，即通过动态地综合使其系统更加完整与和谐。**因此，整合的过程和结果是现代市场资源的充分发挥与合理配置。**

所谓整合管理，是指创造性地将管理方法中两个以上的方法综合运用于企业相关系统，在动态地调整与完善中使企业系统中现有资源充分发挥其应有作用，达到资源优化配置状态的活动。

（2）整合管理的一般特征

整合管理它具有下列一般特征。

①系统性。围绕着完成目标的需要，把有关的单位、部门以及一切分散的、零碎的相关内容组成一个有机系统。以工厂为例，如果确定的目标是正常生产活动能够完成的，那么工厂已经有了正常的组织（车间、科室等），无须再专门组织，只是把它们的任务完成企业经营管理目标所必需的人、财、物各要素合理组织起来，加以充分利用，把产、供、销各环节相互衔接，使之密切配合，形成重组合的整体优势，最终以较少的劳动耗费取得最大的经济效益。

②动态性。整合管理的动态性主要表现在管理活动要在变动的环境中进行，需要消除资源配置过程中的各种不确定性。

③科学性。整合管理活动可分成两大类：一是程序性活动；二是非程序性活动。所谓程序性活动就是指有章可循，照章运作便可取得预想效果的管理活动。所谓非程序性活动就是指无章可循，需要边运作边探讨的管理活动。非程序性活动更需整合技术。这两类活动虽然不同，但又是可以转化的，实际上，现实的程序性活动就是以前非程序性活动转化而来的，

这种转化的过程是人们对这类活动与管理对象规律性的科学总结，管理的科学性在这里得到了很好的体现。

④艺术性。管理主体对管理技巧的运用与发挥，体现了管理主体设计和操作整合管理活动的艺术性。另一方面，由于在达成资源有效配置的目标与责任的过程中可供选择的管理方式、手段多种多样，因此在众多可供选择的管理方式中选择一种合适的用于现实的管理之中，这也是管理主体进行管理的一种艺术性技能。

⑤创造性。整合管理是一种动态活动，对每一个具体的管理对象没有一种唯一的完全有章可循的模式可以参照，那么欲达到既定的目标与责任，就需要有一定的创造性，管理活动是创造性的活动。

⑥经济性。整合管理的经济性首先反映在资源配置的机会成本上最低，管理者选择一种资源配置方式是以放弃另一种资源配置方式为代价而取得的，整合管理以最低机会成本为目的或代价。其次，整合管理的经济性反映在管理方式方法上，就是以最低的交易成本达到同样的经济效果或者以同样的交易成本达到最优的经济效果。

⑦最优性。整合管理的最优性并不仅仅反映在细枝末节上，而是最终反映在整个企业系统上。

达到系统最优化，使系统的运行能最大限度地发挥其功能，创造最佳的运行效果，是整合管理的出发点和归宿，也是整合管理最显著的特征。

(3) 整合管理的实施

整合管理作为企业变革的一个重要方面，涉及企业的各个部门，通过整合形成新的结构系统，使企业管理上升到一个新的高度。

①战略整合。企业战略是一个完整的有机周密系统。**战略的制订很重要，但战略的动态控制更是不可或缺。**没有战略规划不行，但死守战略规划而不根据变化了的情况进行动态整合更糟。因为无论是长远战略还是当前战略，都是根据当时当地的具体情况来制订的，在当今经济形势瞬息万变的情况下，战略的动态整合尤显必要。

一般认为，企业战略整合是企业最高管理层根据企业的宗旨相对企业内外部环境的分析，确定企业的总目标和发展方向，组织企业的人财物资源，实现企业总目标的谋划。可见，企业战略也就是企业管理的科学与艺术，企业的战略整合，就是企业最高管理层对企业战略的设计、实施等管理活动的最优化综合。

企业战略整合是知识经济时代日趋激烈的市场竞争的产物，它要求管理者站在全局的高度，把握未来环境的变化，通过强化自身优势，取得内部资源与外部环境的动态平衡，以取得长远发展。

②组织整合。所谓组织整合，就是围绕企业的工作目标，以运营高效为原则，动态地调整组织结构。

传统组织结构是按照职能和科层来设计的，这种结构在传统体制下运作起来非常良好，但面对市场激烈竞争的环境，它所做出的反应则笨拙而迟钝，特别是在当前网络高度发达的情况下，组织整合应运而生。

③人才整合。所谓人才整合就是将各式各样的人才（如通才、专才、国内与国际人才等）以及他们的特长有机地组合起来，为共同的目标而奋斗。

在各种资源中，人才是最重要，最活跃而又最具主动性的资源。谁最善于整合人才，谁就能创造出 1+1>2 的人力资源优势，从而在竞争激烈的未来赢得领先地位。

④资本整合。资本整合是企业对自身拥有可以调动运用的资本在动态中进行有机的系统组织，以实现适度扩张快速增值目的的过程。

资本整合具有两层含义：一是不同资本之间的整合，二是相同资本的不同运用的整合。二者之间进一步综合，则是更高层的一种整合。

⑤市场整合。市场整合就是将市场上一切有利于企业自身的有利条件、因素进行合理搭配、组合，使之形成市场合力的过程。可供市场整合的因素很多，而每次整合活动只要抓住其中一两个主导因素进行有效整合，就能取得不凡效果。

⑥营销整合。营销整合的提出是对营销的具体化、操作化。营销整合就是一种通过对各种营销工具和手段的系统化结合，根据环境进行即时性动态修正，以使交换双方在交换中实现价值增值的营销理论与营销方法。**营销整合以市场为调节方式，以价值为联系方式，以互动为行为方式，是现代企业面对动态复杂环境的有效选择。**

⑦文化整合。企业文化整合就是将来自不同组织、不同企业、不同民

族的文化进行综合，保留精华，使之在融合后成为企业内一种新型的充满生机的健康文化的过程。

在这一过程中，要特别注意两点：一是企业文化形成的过程是由表及里的过程，即先有条文或实物，后要强制推行和提高，待形成习惯或程式后，经长期修炼而成文化；二是企业文化的潜移默化作用，这是企业持续稳定健康发展的一个关键。

对企业各种资源、要素进行有效的整合，可以使企业凝聚各种力量，呈现出强大的合力，发挥出大于各个部分相加的整体优势是整合管理的最终目的。

3. 立体管理：全方位的管理

科学与实践总是紧密地结合在一起，随着管理大师杜拉克的管理立体论观点的提出，立体管理实践也应运而生。立体管理是企业管理发展变革的一个重要里程碑，它的实施对企业有着非常重要的意义。

（1）立体管理的内涵和基本思想

所谓立体管理，就是以系统论思想为指导，以适应现代经济发展中实践对象的多样性、多变性、多维性和多层性的特性所建立起来的全面多维度的管理模式。

立体管理是以全新的视角对企业管理进行剖析，并加以发展演变而形成的，立体管理的基本思想可归结为以下几点。

①立体性理念。**现代经济发展中的一切实践现象皆具有空间的广延性及时间的持续性和顺序性**。空间的特点是三维性，时间的特点是一维性。因此，思维的基本轨迹应包括纵向思维轨迹、横向思维轨迹、延伸方向思维轨迹，三个不同方向的思维轨迹构成立体思维模式；而时间的一维性表现在三维的思维轨迹之中，这种时空思维的立体性是立体管理的第一个基本思想。

②网络性理念。现代经济发展中的任何实践现象旨在纵向、横向以及延伸方向上以其诸多因素互相连接、相互交织，从而构成网络性结构，在

纵向、横向和延伸方向上，由种种联系和相互作用有机地交织而成为三个断面网络。无数个纵断面网络和横断面网络以及延伸断面网络又有机地构成相互交错的立体网络。因此，在现代经济发展中，任何一种管理实践现象都呈这种有机的立体网络形态。

③杂多性理念。在实践现象的有机的立体网络中，纵断面网络同纵断面网络之间、横断面网络同横断面网络之间、延伸断面网络同延伸断面网络之间的相互联系是错综复杂的。同样，纵断面网络之间的相互联系、横断面网络之间的相互联系、延伸断面之间的相互联系也是极其多样的。因而，纵断面网络、横断面网络以及延伸断面网络便表现出多种多样的特性。不同的实践现象构成不同的立体网络。无论是立体网络的内部关系，还是其外部关系，皆是具有不断复杂化的特性，而且不同的立体网络亦具有不断多样化的特性。**因而，由复杂要素形成的立体网络的复杂性和多样性可称之为杂多性。**

④有机性理念。在现代经济发展中，任何实践现象都是有机的立体网络，这是又一基本思想。立体网络的有机性表现在如下几个方面：有机立体网络的各个维度，各个断面网络之间是互相联系、互相作用、互相制约的；构成有机立体网络的统一体的各个维度、各个断面网络不是僵死的东西，而是活生生地发展着的“过程”；无论是有机立体网络统一体中的维度，还是其中的断面网络，都具有不同的结构形式。

（2）立体管理的具体内容

立体管理的基本内容包括立体决策、多维组织、结构以及立体市场营销管理等。然而，任何一项管理的核心环节，都同价值判断密切相关。因此，以立体思维的轨迹建立立体管理架构，便成为立体管理的关键所在。

①立体经营决策。立体经营决策的根本特点在于决策的多维化和空间化。

立体管理观点认为，决策环境，无论是外部环境，还是内部环境，都是一种时空区域的环境。根据立体论原理，对决策环境进行多维分析，并实施决策步骤。**随着时空区域变化而创造立体化经营，是立体决策的根本所在。**

根据立体论原理，在决策环境进行多维分析的基础上，进行决策因素的立体组合，进行立体交叉经营决策。这种决策，具体地说可以分为两大类，一类是在纵向和横向上进行立体交叉组合，将经营决策的因素进行立体组合，一类是不同类型决策的立体交叉组合，即是将两种以上的决策方法加以互相弥补，充分发挥立体决策的多维度优点，使经营决策达到最大限度的优化。

②多维组织结构。多维组织结构是直接从普通二维结构发展而来，对企业来说，最典型的形式就是将产品部、地区管理部门和总公司专业参谋部门三者之间结合起来。企业多维组织结构的最终体现的是四维结构，即由四个维度构成，它们分别是：

• 利润中心，企业按照产品系列划分各个经营管理的基层部门，各自独立成一个利润中心，由企业总体管理层领导；

• 成本中心，由销售、制造、技术服务等部门组成各自独立的成本中心，也由企业管理层领导；

• 地理区域，每个地区既可以看成是一个利润中心，又可以看成是一个成本中心；

• 空间与时间，整个组织随着时间的转移而产生流动，如调整、扩充、紧缩或撤销某些组织。

③市场营销的立体管理。市场营销的立体管理的关键步骤是对目标市场的立体选择，即综合各种因素选择目标市场，如企业能力，地区吸引力，可测风险等。在目标市场的立体选择基础上，展开市场营销的立体管理，即采用三维的分析方法，同时采用产品的二维或三维组合，在分析各种产品优劣性的基础上，不断调整产品组合及营销战略组合，使企业能经常保持最佳营销状态，实现立体营销的动态平衡。

总之，立体管理就是将企业的各种因素加以时间与空间上的组合，以立体论的原理和方法进行分析和控制，使企业能更好地设计自己的发展前途。

> 一个合格的企业最高领导者，必须研究企业如何生存与发展的战略性大问题，要有“改”的精神和很强的进取心，必要时要敢于冒险，当然还要加上科学的决策。

4. 权变管理：以变应变的管理

管理是一门科学，因为它有一定的规律，管理又是一门学术，因为它有一定的技巧。**权变管理为管理的艺术“表演”提供了大舞台，权变是管理艺术性的最高体现。**

（1）权变与权变管理的内涵

所谓权变，最通俗的含义是随机应变。在企业管理中，权变的含义可以从三个方面来理解。

①时间上的含义。权变是指因时代的发展和进步而导致的企业环境条件和管理对象的变化，从而引起管理方式和手段的改变，比如，由于时代的发展而产生的政治的民主化、经济的高速发展、市场竞争的加剧、技术的更新等以及全体劳动者素质的普遍提高，从而使企业管理的方式和手段也发生相应的变化。

②空间上的含义。权变是指管理者由于所处职位的不同以及企业所处环境条件的不同而在管理方法上所做的调整变化。

③对象上的含义。权变是指因为管理对象的多样性和变化性而相应的在管理方式和手段上的改变。权变的原则就是变化的原则，即管理方式和手段依据不同的管理条件和管理对象所作的变化。变化是广泛的，因而权变的原则也是应该被广泛遵循的。

所谓权变管理，就是指依据不同的管理环境和管理对象而相应地选择和采取不同的管理手段和方式，从而保证管理工作高效率的管理方法。

权变管理具有如下原则。

①相对稳定的原则。事物总是发展变化的，但管理方式和手段却不能朝令夕改，变化不定。**管理者不能因为今天部属士气较高而给予他们极大的工作自由性，到了明天部属士气低落时而成为部属的“监工”。**过于频繁、变化不定的管理方法一方面消耗管理者的时间和精力，另一方面也不利于企业员工适应管理者的管理方式和风格，使员工无所适从。

②考虑重点，兼顾一般的原则。影响管理者选择管理方法的因素很多，包括企业外部环境、企业组织结构、企业员工素质、企业员工个性和

管理者自身的个性等，多种因素并不一致性地决定管理者该用哪一种方法，不该用哪一种方法，通常是甲因素影响管理者选择 A 方法，而乙因素影响管理者选择 B 方法，在这种情况下，如果 A 方法和 B 方法是矛盾的，管理者在抉择时应分析甲因素和乙因素的影响效果孰大。如果甲因素影响大，则选择 A 方法，如果乙因素影响大，则选择 B 方法。

③试验性原则。在管理者选择管理方法时，有时很难判断孰优孰劣，最好的办法是试验，即通过实际的管理工作去检验管理方式的效果。管理者在试验管理方式的优劣时，不可忽视的是与部属之间的沟通，借助与企业员工的交心谈心，管理者可以获得企业员工对管理工作的建议和意见，以便于管理者判断管理方式的好坏，当然，管理方式效果的检验也应从工作绩效等方面来做评价。

有经验的管理人员通常接触到各种管理对象和环境条件，他们对于管理方式的选择更依赖于自己的经验而不是试验。但他们也可能陷入错误的固执己见，无法改变原有的管理方式，这时候，必要的试验是有利于管理者提高管理水平的。

（2）权变管理的方式

权变管理中的权变是指管理手段和方式依据管理对象和环境条件的不同所做的变化，权变管理的方式有两种：管理者适应于管理环境，管理环境适应于管理者。

①管理者适应于管理环境。即在管理环境既定的情况下，管理者根据此管理环境的要求采用合适的管理方法，这种权变方式是我们通常所采用的，而且是加以提倡的方式，如新上任的部门经理尽管不习惯于民主式的管理方式，但迫于管理环境的要求，而不得不改掉自己过去独裁领导的习惯，尊重下属的意见和要求，调动职工参加民主管理的积极性。

②管理环境适应于管理者。即在管理者既定的情况下，管理的手段和方式已基本固定，管理环境，尤其是管理对象改变自己的期望和要求，使自己适合于现存管理手段和方式的需要。如某公司新换了一名总经理，此总经理的管理方式完全异于前任总经理，他以一种独特的权威主义严格地加强企业的管理，强调上下级分明，下级绝对服从上级的硬派作风。在这种情况下，原来习惯于民主和谐气氛的各级管理人员和企业员工也不得不

遵从现行的企业管理规范开展自己的工作。这种权变的方式就是管理环境适应于管理者的方式。管理环境适应于管理者的方式通常是管理者通过说服或指令管理对象，使管理对象的态度发生转变，从而使管理方式有效的一种权变方式。因为这种说服和指令也是管理者主动进行的，我们仍然认为是管理者遵循着权变原则的结果。这一结果产生的过程就是权变的方式。

在多数情况下，企业管理中的权变方式是管理者适应于管理环境和管理环境适应于管理者两种方式的结合，但管理者适应于管理环境易于实行，因而是我们大加提倡的一种方式。在企业员工素质较高时，管理环境适应于管理者也能顺利地执行。**权变的原则是要求管理者和管理对象相互作出调整，以使管理效率达到最大化。**对于一个管理者而言，努力使自己适应管理环境的要求，有利于管理中权变原则的遵循，也有利于管理工作的高效率进行。

（4）权变管理的策略

用权变策略进行有效的管理，是权变管理的要义。权变管理策略主要体现在以下几点。

①权变需要系统化。权变绝不是“头痛医头，脚痛医脚”，管理者应该注意的是要有系统的观念，从事物的全局和整体出发考虑问题。

系统论告诉我们，一个企业是一个统一的、有目的、各部分相联系的系统，这个系统又是外界的较大系统的一个子系统。

系统论提供的思想方法，首先强调整体性，强调子系统之间和它们与整体之间的相互关系和相互作用。管理就是把本来相互之间没有关系的人、财、物等要素集合起来，在一个目标下形成一个整体系统，通过组织、协调和综合使系统正常运转。因此，企业在不同的特定条件下的权变管理的要求必须是一个整体的要求，只有这样才能达到权变管理的效果。

②权变需要创新和改革。现实中的管理对应关系明显极少，这也决定了权变管理的复杂性。即使有些关系在一个地方被证明是有效的，但在另外一个地方的效果却不尽相同，这很可能是权变关系的内在本质发生了变化。**因此，权变管理不能形而上学，生搬硬套，而应结合不同的具体情况进行创造性应用。**因此，权变管理经常和企业改革联系在一起。一般说

来，企业环境是在不断变化的，当环境出现实质性变迁时，企业必须及时实现管理权变。而现实中企业所处的具体环境及环境的变化对不同的企业都是不一样的，即使是应用同一管理原理和方法，其做法也不尽相同。况且现实中被证实有效的管理变量毕竟有限，管理变量也需要创新，只有这样才会取得好的效果。

创新和改革自然会遇到阻力，因为支持维持现状的势力往往是很大的，这些阻力可能来自个人、小组或整个企业。因此，权变管理需要克服这些阻力。

5. 逆向管理：从相反的角度去管理

时代需要发展，管理需要变革。或广纳百川，同中求异，或反弹琵琶，异中求变。让管理更加科学有效，让管理更富时代特色，逆向管理从异变和反常的思维中把握管理的真谛。

（1）逆向管理的内涵

今天，人类正进入一个变革的新时代，生产力迅速发展，科学技术日新月异，各国企业为了适应这种形势，争取主动，正积极进行管理方面的探索与嬗变。

一门学科或技术的产生，一般都是求异和求同的产物。物理学是研究了多种物理现象后总结出来的学问；化学是考察各种化学现象后抽象出来的科学；马克思主义哲学是马克思、恩格斯等人总结和继承了全人类文化遗产的结论。凡此种种，均为异中求同之结果。而某些交叉学科、边缘学科，如物理化学、地质力学、科学哲学等，则是在那些最基本学科的基础上求异而得的。

其实，就管理而言，如果不经常异中求同，就不能吸取新养料、丰富充实其内容；如果不能同中求异，则不能突破旧的规范，使其向前发展。

企业在实践中，一般习惯于先求同，只是到了不得已时才求异。因此，对创新思维的学习，能有效地帮助人们尽可能摆脱习惯思维，以更快的方法来解决我们所面临的问题。

在此基础上，诞生了更具时代特色的逆向管理。

逆向管理最先是在欧美国家出现的，是一些具有超前经济头脑的企业家所创造的全新管理模式。所谓逆向管理就是指在不利的市场行情下，坚持逆流而上，继续保持生产和销售势头的独特方法。这种经营管理之道之所以能够成功，原因在于决策者根据市场变化趋势，运用商品的价值规律，做出的“反其道而行之”的选择。企业的逆向管理并非真正是冒天下之大不韪，而是在逆风中找“变数”、觅机遇，在别人意想不到的时候，以别人意想不到的策略，为自己谋得市场份额，为企业积攒高速发展的后劲。实践证明，逆向管理的精髓在于变通与创新。

（2）逆向管理的作用

逆向管理对知识经济条件下企业的发展具有多方面的作用，主要表现在以下四个方面。

①提高企业的管理水平及经济效益。逆向管理的目标是提高企业的管理手段和经营策略及有限资源的配置效率。这一效率虽然可以在众多指标上得到反映，例如资金周转速度加快，资源消耗系统减小，劳动生产率提高等等，但最终还要在经济效益指标上有所体现，即提高了企业的经济效益。无论是提高当前的效益还是未来的效益，都是在增强企业的实力和竞争力，从而有助于企业下一轮的发展。

②降低交易成本。美国著名管理学家钱德勒曾认为：“在一个企业内把许多营业单位活动内部化所带来的利益，要等到建立起管理层级制以后才能实现。”即管理层级制的逆向管理，使得现代企业可以将原本在企业之外的一些营业单位活动内部化，从而节约企业的交易费用。这就很明显地证明逆向管理及管理创新对企业发展和企业效益提高的重大作用。

③企业稳定与发展。企业逆向管理的有序化、高度化是企业稳定与发展的重要力量。常有人说管理与技术是企业发展的两个轮子，倘若管理是如此的话，逆向管理更是如此，因为逆向管理的结果是为企业提供更有效的管理方式、方法和手段。

④拓展市场，帮助竞争。逆向管理若在市场营销方面进行，将帮助企业有力地拓展市场、展开竞争。**企业在进行市场竞争和市场拓展时，将遇到众多竞争对手和顾客。**因此这一竞争过程实为多个博弈对象的动态博弈

过程。一个企业若能在这一过程中最先获得该博弈的均衡解，即管理创新具体方案，便能战胜对手，获得博弈的胜出。这个解无非是在能预见对手们的相应对策条件下寻找出最佳的、新的市场策略和运行方式而已，这就是一种管理的创新。

以上四个方面不过是逆向管理对企业发展的诸多具体作用的一部分，但足以证明逆向管理在企业生存与发展中的地位。

(3) 逆向管理中的逆向思维

逆向思维是一种创造性的思维方式，它能将不利条件变为有利条件，将缺点变为潜在动力，出其不意地使自己从劣势变为优势。

管理中的逆向思维是按市场的实际，不循常规，反向求异，以异务奇，以奇取胜。

①经营目标上的逆向思维。经营需要机遇，机遇特征越明显，追逐的人就越多，追逐的方向和目标就越集中，从而形成一股巨大的“目标流”，这就容易产生“一哄而上”的局面，这反而使成功的难度增大。聪明的企业家则会根据自己的实力，运用逆向的管理思维，放弃众矢之的的第一目标，捕捉伴随而来的第二目标、第三目标。在美国西部掀起淘金热的大潮中，真正找到金子发财的人并不多，多数人是空手而归。但在这潮流中，有两个年轻人，一个看到淘金现场水源奇缺而去卖凉水；另一个专卖耐磨的牛仔裤，他们都发了大财。

②产品开发中的逆向思维具体如下。

- 时间反弹。日本瓜农，开始以大瓜的目标把瓜种到很大才出售，结果滞销，后来一反常规，专卖微型西瓜，获得成功。后来又调整种瓜周期，改在淡季销售，结果在市场上仍很畅销。
- 回归反弹。推出“复古”新产品。在消费市场上，人们往往周期性地产生“怀旧心理”、“崇古心理”，如在现代家具充斥的市场上，仿明清家具也很受人青睐，就是这个道理。
- 功能反弹。与追求高质量产品相逆，推出质量标准略低的实用、价廉产品。

③营销中的逆向思维。有个毛纺厂出产一种呢子，没想到质量不过

关，呢子面上有许多白色斑点，结果产品积压没有销路。这时厂里的设计人员突发奇想，既然有白色斑点的毛病不易克服，能否将这些斑点由瑕疵变成装饰呢？于是他们在生产中就刻意追求那种效果，将斑点加大，最后生产出一种别具一格的产品，名叫“雪花飘”。“雪花飘”一上市便成为抢手货。厂里的人们称这种经营方式为“歪打正着”。

可见，利用逆向思维能使企业管理取得成功的。逆向管理思维的好处在于，不受常识或常规的束缚，见人所不见之处，异想天开，从而产生新的创意。逆向管理的巧妙运作，常会给我们带来意想不到的收获。

（4）逆向管理的具体做法

逆向管理的具体做法不胜枚举，没有定式，变化无穷，下边仅举几个方面。

①揭短易长。名曰揭短，实显其长，独具一格，不落俗套，引人注目，效果很好。

②返璞归真。给产品增添一些附加功能，有助于促销。日本米开罗提公司设计的汽车，则反其道而行，并获得成功。**当然，这种“归真”，不等于倒退，而是新的跃进——精神工程学导入设计领域**。对此，该公司的董事长作这样的解释：增添过多的附加功能，“使狭窄的空间被各种机器、仪表所充满，不但令人眼花缭乱，在精神上也造成极大的压迫。事实上，对驾驶人来说，其中有许多功能并不需要，因此，汽车的设计应以人为优先，而非以机械为优先。精神工程学就是由这种观点衍生出来的。”

③以“高”求“低”。许多企业好以“低投入、高产出”的方式，来提高产品的竞争力。日本化妆品公司则正相反，以“高”求“低”，如该公司生产的润肤露，因其原来舍得花大本钱，掺入透明质酸，每公斤成本增加近一倍。这样，成本虽然高了，但产品质量也提高了，销路随之大畅。反过来又促使零售价格下降，并形成了良性循环。

④返旧还新。在日本，冷落了六七年的茶饮料，再度风行。在香港，疲弱了多年的灯芯绒市场，又开始复苏。之所以如此，是因为人们对以往喜爱的东西，怀有特殊的情感，并在时间的筛选中逐渐凝练、升温，一触即发。当然，这种“返旧”，已在新的条件下赋予新的内容，堪称“还新”，以灯芯绒为例，如今流行的则是高质量的净色粗条灯芯绒。

⑤人弃我取。当前产品的发展潮流，趋向于轻、薄、短、小；与此相反的，视为畏途。韩国一家表厂偏向畏途行，推出的一种电子表，个头相当于两只男用电子表，液晶显示的数字也大，也博得人们的欢心，特别是患近视眼和老花眼的顾客，更有意购买。取人之弃，独得其利。

⑥歪打正着。质量，是产品走向国际市场的“通行证”。台湾雨伞的质量很差，竟无“证”闯入美国，占美国进口雨伞总量的60%。原来美国人买伞，用上几次就丢掉，不求耐用，只图好看。这个“好看”，也出乎意料，不要花色，喜爱素色，以衬托自己的衣着。看来台湾商摸准了美国顾客的心理需求，才反传统的质量观而行。类似这样的“歪打正着”，在国际市场上不胜枚举。

⑦置死求生。日本日立制作所处于劣势时，以“精神刺激疗法”——让部分职工暂时带资离职，制造危机感。松下电气公司处于盛势时，以“今天的强者将成为明天的弱者”自敲警钟，大搞改革。**企业家在商战中如果善于置企业于“死地”，就像古战场上的项羽“破釜沉舟”激励士气，勇往直前，所向披靡。**

⑧反打算盘。琵琶可反弹，算盘也可反打。产品的定价，历来是成本加成法。也就是说，先设计、生产，后定价、销售。现在，邯钢等企业把这个程序倒过来，先对拟搞的产品市场地位和顾客的购买心理进行综合分析，确定最佳的竞销价格，据此进行设计、生产。**这种“模拟市场核算，实行成本否决”的“反打算盘”的效果很好。**

逆向管理就是对传统管理方法进行创新，在继承传统精髓的同时，又必须突破传统，在传统的基础上涤旧扬新，在潮流的浪尖上吐故纳新，这是时代的要求，也是管理的要务。

> 时代需要发展，管理需要变革，企业家应掌握逆向管理之道，做到同中求异，异中求变，这对推进企业的发展有着积极的作用。

6. 知识管理：将知识转化为财富

在知识经济时代，企业成功越来越依赖于知识资源。因此，加强知识管理，成为管理变革的新模式。

（1）知识管理的内涵与基本特点

知识管理就是将企业可得到的各种来源的信息转化为知识，并将知识与人联系起来，以满足现在和将来的各种需要，确定和探索现有和获得的知识资产，并加以有效利用的一个连续的管理过程。

知识管理有以下基本特点。

①知识管理是基于对“知识具有价值、知识能够创造价值”的认识而产生的，其目的是通过知识的更有效利用来提高员工或企业创造价值的能力。

②知识管理的出发点是将知识视为企业最重要的战略资源，把最大限度地掌握和利用知识作为提高企业竞争力的关键。知识管理把存在于企业中的人力资源的不同方面和信息技术、市场分析乃至企业的经营战略等协调统一起来，共同为企业的发展服务，创造整体大于局部之和的效果。

③知识管理不仅是最新的管理方式，还代表了理解和探索知识在经营和管理中的作用的新发展，这种理解和探索的方式更加主动、全面。

④知识管理产生的根本原因是科技进步在社会经济中的作用日益增大。随着知识经济的到来，知识管理将遍及社会各个领域，它将使大到一国、小到企业、机构和个人摆脱传统资源或资本的限制，获得新的竞争优势，因而具有强大的生命力和广阔的发展前途。

（2）知识管理的主要内容

①组织内部知识的交流和共享。在企业内部各个部门以及各个员工之间，在企业的内部与外部之间，加强知识的交流与共享，比如可以建立内部信息网以便于员工进行知识交流，利用各种知识数据库、专利数据库存放和积累信息，从而在企业内部营造有利于员工生成、交流和验证知识的宽松环境，并制定激励政策鼓励员工进行知识交流，通过放松对员工在知识应用方面的控制，鼓励员工在企业内部进行个人创业来促进知识的生成。

②驱动以创新为目的的知识生产。随着技术的不断发展，全球一体化趋势的逐渐增强，企业面对的市场竞争也日趋激烈。在知识经济时代的市

场竞争中，知识是竞争力之源。企业要想立于不败，就必须拥有比别人领先一步的产品、技术或管理优势，而这些优势必然是来源于企业以创新为目的的知识生产。**无论什么知识，只要是先人一步掌握，就可能给企业创新带来极大的便利与可能，甚至给企业带来巨大的利润**。因此，创造适宜的环境与条件，充分开发和有效利用企业的知识资源，进行以创新为目的的知识生产，必然是知识管理的一项重要内容。

③支持从外部获取知识，并提高消化吸收知识的能力。企业的知识资源是创新的源泉，因此企业要使创新不断进行，就必须积累和扩大企业的知识资源。而这种知识积累又不能仅仅依靠企业自身知识的生产，因为这是很有限的，所以必须注重从外部获取相应的知识，并进行消化吸收，成为企业自己的资源。

④将知识资源融入企业产品或服务以及生产过程和管理过程。知识管理的直接目的是企业创新，使企业赢得持久竞争力。企业的创新是使企业的知识资源转化为新产品、新工艺、新的组织管理方式等等。**因此，创新离不开知识资源与企业产品或服务及其生产过程和管理过程的融合**。所以，知识管理的一个重要内容就是要明确企业在一段时间内所需知识以及开发的方式和途径，贯彻相应的开发和利用战略，保证企业的知识生产和知识资源的积累与扩大同企业的产品、服务、生产过程和管理过程紧密结合。

⑤管理企业的知识资产。企业的知识资产主要包括四个方面：市场资产（来自客户关系的知识资产）、知识产权资产（纳入法律保护的知识资产）、人力资产（知识资产的主要载体）、基础结构资产（组织的潜在价值）。企业的这些资产在当前的资产负债表中得不到反映，知识管理人认为应该在资产负债表上加上一列：知识资产。虽然对这种资产的评估是一个挑战性的课题，但也说明了知识资产的重要性，企业的资产并不是资产负债表能够全部反映的。

（3）知识管理的七大功能

①增加企业知识储备。将员工知识和信息提升为企业组织，平时就要提供相应的工具收集、整理与各员工工作紧密相关的各种有价值的信息源，如报告、项目总结、模板、电子数据表、参考书、说明书等，这些信

息源不仅限于印刷型资料，也包括各种工具、设备和特殊的应用软件，增加企业知识储备。

②信息有序化。通过数字化和知识化将大量无序信息有序化，为员工提供知识共享的环境，提高其工作效率和创新能力，改善工作质量与服务质量。

③提高创新能力。在以技术和服务快速变化为特征的商务中，创新往往是保持长久竞争优势的主要源泉。对许多企业来说，一个很重要的问题就是如何使员工一起跨越时间和地理的界限，献计献策、交流思想、共同创造新的思维。有效的知识管理体系有助于发现和培育新的想法和思维，把人们聚集到真正的知识共享流程中，将人们头脑中的创新思维充分利用，产生新技术和新服务的创新思维。

④改善沟通渠道。提供适当的工具和环境辅助员工同相关客户和工作伙伴进行直接或间接交流，从所处的工作环境接受知识，形成“边干边学、在干中学”的终生学习机制。**这种机制不仅对员工具有很强的吸引力，而且也决定了企业在经营活动中所增长的知识**。也就是说，不同的企业由于学习能力不同，从相同或类似的经营活动中得到的经验教训也大不一样，对企业的发展也会产生不同的影响。这些经验教训大部分是方法类的知识，属于企业核心竞争力的范畴，能够让企业在以后类似的经营活动中获得竞争优势。

⑤提高快速反应能力。当今快速变化的商业环境会出现很多无法预测的事件，因此，当市场出现机会或发生危机时，传统信息管理技术往往无法及时解决出现的问题。要有效处理突发事件，最好的资源就是建立专家网络，这样能快速得到所需要的帮助。建立知识管理体系有助于企业做出快速响应，它能够帮助企业检测出微弱的潜在趋势，并根据需要调动人力和信息资源对不可预测事件做出有效的反应。它使企业通过确定“谁、什么、何处及何时”等诸多要素，迅速协调人和信息资源。例如，企业可以通过集中现有资源，快速而准确地做出决定，满足顾客的特殊要求，或迅速对市场情况的变化做出反应。

⑥改善技能素质。一个企业要保持竞争力，就必须提高新员工和现有员工的技术水平。新员工不仅需要学习新的技能，还要懂得“做事情的方

法”；现有员工则要不断学习新的技术和提高技能，得到“终身教育”。为此，他们要尽可能多地阅读相关的知识内容，得到在职培训，接受企业的知识，提高自己的技能素质。

⑦改进生产效率。管理人员经常关心的一个话题是“我们拥有哪些知识”。员工们总是在不断地重复劳动，而不能充分利用已有的教训、实践经验和专业技能。**知识管理的一项重要工作在于有效地对企业信息加以文档化、分类和传递，从而使“左手”能了解“右手”在做什么。**任何企业都愿意挖掘出存在于人和系统中的信息内容和专家技能为日常决策提供帮助。生产效率取决于把创造的知识加以收集和综合，供企业内部和外部其他人再利用的程度。知识管理技术则可以向使用者提供工具（例如企业门户）以发现和挖掘已创造的企业知识。当员工找到了他们需要的企业知识资产，他们就可以通过将其应用于新的情况并对其加以改进。所以生产效率是获取和共享最佳实践和信息，得到需要的知识帮助，以便缩短查找信息时间和避免重复劳动引起的知识浪费。

7. 情感管理：以情感铸造新管理

“企业就是人”，企业的一切由人来决定，并且最终都要靠人去完成。所以，企业的管理其实质就是对人的管理，必须从人的角度出发，使管理不仅能约束职工的不规范行为，还能激发其工作热情和创造性。**把无情的制度与有情的管理巧妙地结合起来，寓无情于有情，做到无情胜有情，这才是企业管理的最高境界。**

(1) 情感管理的内涵

情感管理就是把情感融于管理之中，在企业经营管理中形成一种情感文化，不仅能调动员工的积极性，还能提高企业效益的管理方式。

企业感情投资是企业在经营过程中坚持以人为本的思想，把经营活动看作是有感情、有思想的人的活动，从而通过满足人的感情需要，充分发挥其积极性和创造性，使得企业经营活动得以顺利进行。这体现在企业内部，它属于企业文化范畴，而在企业外部则表现为公共关系。

（2）感情管理的几种方式

感情管理是建立在人的感情需要这一基础之上的。由于人处于一定的文化体系之中，感情管理的形式也必然会随各国、各民族的文化差异而呈现出多样化的特点。尽管具体做法上有所不同，但一些基本的原则却是相同的，如仁爱、守信、尊重、信任、诚实等。下面介绍几种主要的方式。

①仁爱。爱，是人类的共同主题。爱人，体现的是人道原则。**任何一种有生命力的管理思想、管理理论，都不能回避这个主题**。而爱的反馈也是人类的一个共同特征，这在东方民族中表现得尤为突出。日本企业正是利用了日本国民报恩观念的特征，在管理中体现仁爱，管理者对下属实施仁爱，甚至提出对职工要“终身负责”，从而赢得了职工视企业为家，视企业为职工命运共同体的结果。现在许多企业家也充分认识到了仁爱的重要性，并在实践中身体力行，收到了非常好的效果。

②守信。信誉是企业的生命，从细致的方面来说，一个信誉不佳的企业很难得到银行的贷款，即使获得了贷款也会被迫接受高于行业平均水平的利息率，或是难于得到商业信用、原料、订单等等。从整体上来说，一个信誉不佳的企业会在用户心目中留下一个恶劣的形象，从而失去自己的市场。在企业内部，信誉也同等重要，一个不守信用的领导不可能获得下级的尊重与支持，所以任何追求长期稳定成长的企业都会非常注意企业内部和外部的信誉，做到言而有信。

③坦诚。现代企业的生存和发展与内部、外部的团结合作密切相关，而且企业之间或企业与它的顾客间需要建立长期的信任、合作关系，唯有这样方能持续的发展，而真正的信任、合作必须建立在“坦诚”的基础之上。

“坦诚”是战略管理思想的体现，企业必须立足长远，考虑全局，即使损失了眼前的一点利益，只要能够把握企业的未来，就能取得最终的胜利。**企业的领导者必须有战略的眼光，真诚地对待自己的员工、顾客、合作伙伴，维护企业形象，谋求企业长期、稳定的发展。**

④尊重。“敬人者人恒敬之。”相互尊重是人际交往中的一个基本准则，它同样也适用于企业经营中的人际关系处理，企业应该把“尊重每一个人”作为自己的第一条宗旨，经营的核心。

人最富于感情，需要得到别人的尊重与信任，若企业给员工一份关怀，员工便会以十份的干劲报效企业，所以，尊重员工、关心员工，对于企业的发展非常重要。

8. 柔性管理：以柔克刚的管理

太刚易折，太柔则靡，管理活动也是如此。要出奇制胜，必须刚柔相济。柔则和谐，柔则灵活，柔能以弱胜强，柔能使企业崛起，神话般腾飞。柔性管理是现代企业的管理法宝。

(1) 柔性管理的内涵

所谓柔性管理是现代企业的一种灵活管理模式，它要求企业组织结构是扁平的和灵活的，企业产品开发、生产、销售和服务是市场导向的和快速变化的，信息沟通是畅通的和便捷的，人的积极性能得到最大发挥，企业能够根据市场变化迅速做出反应和调整。

柔性管理是人性化的管理，是增强企业灵活性、适应性、创新性和快速反应能力的管理，它通过人性化的组织系统，优良的信息管理，快速的反应机制，灵活的生产体系，市场导向的开发和服务来实现这些目的。

柔性管理是现代企业管理的一种新模式。传统企业管理的等级制度，具有刚性结构，灵活性小，难以适应快速变化的市场。**现代企业管理的柔性结构，具有弹性，非常敏捷，能够快速响应市场的变化。**

柔性管理是企业管理发展的新阶段。现代企业管理的基础是效率管理、成本管理和质量管理，柔性管理是现代企业管理的新发展。一方面，如果企业效率低、成本高、质量差，那么它就不具有开展柔性管理的条件，不能开展有效的柔性管理，即使勉强开展柔性管理，其效果也不会好，除非它采取切实措施，同时提高效率、改进质量。另一方面，柔性管理能够提高企业的生产效率，降低成本和改进质量。

(2) 柔性管理的特征

柔性管理以“人性化”为标志，强调跳跃和变化、速度和反应、灵敏和弹性。**它注重平等和尊重、创造和直觉、主动和企业精神、远见和价值控制**。它依据信息共享、虚拟整合、竞争性合作、差异性互补、虚拟实践社团等，实现知识由潜到显的转化，创造竞争优势。柔性管理的特征主要有四个方面。

①从生产经营的角度看，柔性化的管理是组织在已有先进技术和规范管理的基础上，经过系统思考，改变心智模式，提高学习能力，力求实现自我超越，主动地适应外部环境的变化来实现经营管理状态的变化。具体有以下特点：

- 从大批量粗放式经营转变为小批量多品种经营；
- 采用柔性生产技术。一般泛指采用FMS（柔性制造系统）或CIMS（计算机集成制造系统）进行制造的模式，它融合微电子技术、信息技术、机械制造技术和最新的计算机控制技术，将整个企业的生产过程建立在高度集成和高度自动控制之下，大大增强企业的灵活性和应变能力；
- 打破传统的部门边界限制，根据从市场需求到新产品研发、生产、销售的整个价值链来建立灵活的团队工作模式；
- 组织结构扁平化，网络化。重视应用信息技术，鼓励信息共享。企业与自己的同行、上游供应商和下游经销商甚至客户之间建立各种合作关系，形成广泛的网络。

②从人力资源管理的角度看，21世纪随着信息和资本流动加快，企业变得十分敏捷，使得以知识为基础的企业更注重员工的可持续发展，而企业内部的持续变化和员工在不同企业间的流动，也使企业更重视员工的参与管理，依此而行的柔性管理有以下特点：

- 重视企业员工的个人价值；
- 重视企业与员工之间的诚信与合作的关系；
- 重视员工的成长；
- 实行灵活多样的奖励方式；
- 提倡信息资源共享。

③从市场营销管理的角度看，组织的柔性管理会激发以下创新。

- 绿色营销。绿色营销理念的树立，要求企业生产经营的产品从生产过程到消费过程、从外包装到废旧后的回收，都要利于人类的健康持续发展，有利于环境的保护和改善，能够在创造企业内部经济效益的同时带来外部社会的经济效益。

• 虚拟营销。在信息社会发展的催化与影响下，生成新的市场营销模式——营销虚拟化：消费者身份虚拟，消费行为网络化；广告、调查、分销和购物结算都通过互联网而转变为数字化行为。

• 服务营销。服务是有形产品的延伸。服务营销就是强调不断改进和提高服务水平和服务质量，不断推出新的服务项目和服务措施，力图让消费者得到最大的满足或满意。

• 知识营销。知识经济时代营销管理人员存在的价值不再是单纯地推销产品和服务，更重要的是充当信息咨询顾问。因为营销功能的实现在很大程度上依赖各种电脑网络系统，营销人员的作用是要借助互联网等各种信息系统为客户提供各种解决问题的方案，而不是简单地劝诱顾客或向顾客推销产品，他必须能够让产品与知识融合一体，一同出售给消费者，成为知识产品的创造者。

④从战略管理的角度看，组织管理的柔性化有以下特点。

• 重视组织环境的复杂性分析。随着经济全球化的扩展，令人眼花缭乱的新技术产品不断涌现，地区冲突和国际政局的风云变幻，使得许多组织的战略环境分析从原来的三年一次缩短到一年一次。

• 重视面对不确定性的战略调整。由于组织面临的环境中各种因素变化莫测，因而长期稳定的战略计划已不再有效。战略柔性管理适应未来，计划必须保留弹性，要具备在目前市场上发现和抓住机会的快速反应和灵活性。

• 在高风险的市场竞争中既要敢于冒险抓住机会，又要善于保存实力。战略柔性提倡密切关注市场和消费者需求的变化，新产品研发有多种储备，生产和营销实行多元组合，根据市场的发展而增加或减少投资。

• 战略柔性不仅仅是为了适应现在的环境，更重要的是为了创造未来。组织在竞争环境中生存，不但要继续发展“适应”竞争环境的能力，而且要继续发展“影响”环境的能力。对商业组织来说，这就是创造需求，引领消费新潮流。

• 为保证战略柔性，要实施组织变革。在许多正式组织中，层级管理和工作程序为创新和团队合作制造了障碍，因此在必要时应变革组织结构，使之更具柔性。

(3) 柔性管理的实施

柔性管理主要是以复杂性理论为基础，以人为中心，以市场为导向，整合组织要素、观念要素、服务要素、战略要素、质量要素、技术要素、营销要素、心理要素为一体，在复杂的环境中灵活应变。作为一名柔性管理者，应做好以下主要工作。

①建设柔性组织。由集权向分权过渡，由金字塔组织结构向扁平化组织结构过渡。**组织的柔性强调，没有普遍有效的“标准”组织形式，不断适应环境变化的需要是柔性的最大特点。**

②实施团队柔性管理。在扁平化、网络化的组织结构中，相对自主的团队工作模式具有很大的优势，要敢于放权，在团队合作的基础上，发挥每一个人的最大潜能。

③制定柔性战略。在确定战略目标的前提下，保持对市场变化的警觉性，增强战略的适应性，实行弹性预算，推行滚动计划。

④建设柔性文化。在组织内形成人人参与改革、鼓励创新的氛围，大力倡导学习的风气，使全体人员在服务社会、担负道德责任的新价值观上达成文化共识。抓好组织文化的队伍建设，实施民主管理，重视人力资源开发与培养。

⑤发挥柔性领导的影响力。重视柔性情感，搞好情感投资，树立管理风范，具备极强的感召力、亲和力、凝聚力。管理者要有柔性服务意识，大力推行管理者为成员服务，成员为组织服务，组织为社会服务、为客户服务，以诚信待人，建立起组织内部、社会、客户的“情感链”。

⑥注重柔性人际管理。良好的人际关系是组织重要的社会资本。在创新型组织中，要放弃强硬控制的管理，保持建设性的冲突，这样能使人畅所欲言，利于各种新观念和新设想能广泛交流，从而增强组织的创新能力。人际管理要求把握柔性沟通艺术，对任何组织来说，沟通都是领导的重要职能。**良好的沟通必须放弃依赖权威的单向信息传播，要考虑到双方**

的立场和心理需要，充分利用各种有效的沟通手段。

⑦实行柔性激励。在满足成员物质利益的基础上，对成员的贡献实行多样化的激励，如：给予期权、树为榜样、庆功表彰、授权负责、进修学习等等。科学运用心理学的原理和方法，激发工作热情，及时调整成员的心态。

人是有感情的，不能强迫员工公私分明、一切私人感情不许带进办公室；更不要期望每一位员工都是硬汉子或铁娘子，他们也需要别人的关怀。

第三章
管理新方法与管理新武器

行走江湖而常胜不败，既要武艺高强又要凭矛利盾坚。市场如江湖，企业经营者在市场上打败竞争对手的秘诀，一是管理艺术高明而实用，二是管理方法独到而有效。创新的管理艺术与有效的管理手段，是企业管理实践的科学总结。尽管每个企业的情况各个不同，但“他山之石，可以攻玉”，学习借鉴现代管理的创新艺术与科学方法，就可以为企业管理的更新换代与变革突破找到了一条有益的捷径。

一、创新的管理艺术——六种管理新方法

“要么创新，要么死亡。”这是一句广泛流传于美国企业界的名言。在竞争异常激烈的现代市场经济中，任何一个企业离开创新便难以生存与发展。

对于每一个企业来说，创新需要胆略，没有人敢打保票说创新必然成功，因为创新要冒风险，稍有不慎就可能导致全盘皆输，然而企业管理者都明白，不创新却只能是死路一条。

如何对管理实施创新对企业管理提出了新的挑战。适者生存，**只有那些敢于创新、善于创新，能适应经济环境的变化而适时提出管理新方法的企业，才能在市场上的拼杀搏斗中开拓出持续发展的生路。**

流程再造管理、问题动态管理、供应链管理、客户关系管理、物流管理等一系列全新的管理方法，正在企业管理精英的智慧引领下，在企业界掀起一场新的管理革命，使企业步入一个全新的管理殿堂。

1. 流程再造管理：企业生命的再造

企业流程再造通常也被称为“公司再造”“再造工程”，是近20年来西方发达国家兴起了一场企业再造革命，被喻为“从毛毛虫变蝴蝶”的革命，也被认为是继全面质量管理运动后的第二次管理革命。

(1) 流程再造的内涵

所谓企业流程再造，简单地说就是以工作流程为中心，重新设计企业的经营、管理及运作方式。也就是说“从头改变，重新设计”，企业必须摒弃已成惯例的运营模式和管理方法，以工作流程为中心，重新设计企业的经营、管理及运营方式从而实现适应新的世界竞争环境的目标。

（2）流程再造的两个目标

企业流程再造的目标有两个：一是核心目标，二是最终目标。

①核心目标。流程再造固然是为了将流程改造得更好实施，使顾客满意，但流程再造的核心目标并不是流程本身，而是为了再造企业的核心竞争力。所谓企业的核心竞争力是指企业自己拥有的独特的略胜一筹的技术、管理模式、经营技巧等方面的能力，这种能力支撑了企业在市场上、在产业内享有特别的优势，支撑了企业能够提供更快更好更能令顾客满意的产品或服务。因此，流程再造真正要做的是培育企业的核心竞争力。

②最终目标。机构调整，减员增效，设计流程，这些单纯的改革措施都渗透着企业流程改造的最终目标——将企业由过去的职能导向型转变为流程导向型。

再造的这一目的意味着，不仅企业的流程设计、组织机构、人事制度等等会在再造中根本变革，更为重要和基本的是一个经过真正意义上再造过程的企业，其组织的出发点、领导人和普通员工的思维方式、企业的日常运作方式、员工的激励方式乃至企业文化，都得到了再造。**所以企业流程再造必须把企业转变成以流程为中心的新型企业作为改造的最根本目标。**

（3）流程再造的四大功能

企业流程再造对改善和加强企业管理是一场革命，具有重要的意义，主要表现在以下四个方面。

①有助于一定目标或任务的顺利完成。当企业的战略目标发生变化，当企业实施组织变革，当企业外部环境如顾客需求发生变化时，企业内部就要发生变化，于是企业的流程就必须随之产生相应变化以保证目标和任务顺序完成；就会发现原来的一些流程不再需要了，或需要进行大规模改造，或者需要重新设置新的效率更高的流程。

②有助于企业内部分工的细化。专业分工的好处是使流程中工作环节或工作步骤独立化，使流程原本可由一个人执行完成，变成了多个人分工完成其中一部分，最后更快更好地完成全部。一个新建的企业需要有流程，需要分工，很可能是先进行分工形成基本的系列工作环节或工作步

骤，然后再将其组成有序的工作流程。所以，现实意义下的流程就是要依照各工作间所应有的内在逻辑关系将各工作依照最终目标进行合理规划，从而促使分工更细化，来帮助企业实现最终目标。流程是分工后的工作环节、工作岗位和工作步骤进行一体化的整合，没有这么一个整合，分工不但不能提高生产工作效率，反而可能导致企业内部更大的混乱。

③有助于明确执行人的责任。流程在分工后，被分割成一个个相对独立的工作环节、工作岗位和工作步骤，有利于界定每个岗位执行者的责任，从而确保整个流程的功能的有效发挥。具体地说，一个流程完成一个任务或目标时，企业可以确定一个流程的负责人。一方面他对完成这个任务或目标负全责，另一方面负责指挥协调其流程内各工作岗位、工作环节、工作步骤上责任人的工作与行为，进而更有效地完成工作任务或目标。**这一点非常重要，因为依照传统企业中按专业的分工，各负责人责权范围狭窄**。一旦一个流程中的工作环节或工作步骤涉及众多部门时，流程的运作就成了问题，变成了各自只对某个局部环节负责，流程的整体运行效果反而无人问津。现代企业需要改变这种状态，这当然首先要从组织创新入手。

④有助于时间的合理利用和效率的提高。一个流程一旦分解出较为稳定的工作岗位、工作环节、工作步骤，在技术手段如机器设备的配置以及人员素质如工作技能的提高配合下，可以计量出每个工作环节、工作步骤完成的时间，进而可以计量出工作效率。流程在每个工作步骤和工作环节方面都有时间完成标准，那么整个流程完成的时间也就确定了。提高流程完成的效率，必须从每个工作环节与工作步骤中去寻找，从它们各自所需时间的确定性去判断，从现有的那些工作环节与工作步骤是否还有理由继续需要中去判定。流程成为一种可以真实地观察、控制和调整的过程，仿佛每个顾客都得到了特殊对待，而流程本身变得紧凑，任务之间不再有过去那种冲突和拖延。

（4）流程再造的实施步骤

企业流程再造是一个系统工作，需要统筹兼顾，扎实推进，稳步实施。

①设定基本方向。设定基本方向是指设定流程改造的总目标，以免浪

费资源:

- 阐明流程再造的必要性，取得全体员工的支持;
- 明确企业战略目标，将目标分解;
- 明确企业流程改造的出发点，让技术条件、理解顾客、企业目标等作为再造的真正出发点;
- 给出流程再造的可行性分析;
- 了解流程再造的基本方法。

②现状分析。对现有流程、环境、顾客等进行深入细致的调查分析，寻找问题所在，设立具体改造目标及标准，明确流程间关系，对活动进行分类，为流程再造提供依据:

- 现行流行状态及其再造流程分析;
- 企业外部环境分析;
- 改造的基本设想与目标;
- 改造成功的判别标准给定。

③确定再造方案。流程再造可行与否很大程度上决定了流程改造的成功与否，树立突破原有规则、程序和观念束缚的根本性创新设计理念，利用定点超越、计算机随机模拟等科学方法和工具:

- 流程设计创意;
- 流程设计方案;
- 改造的基本路径确定;
- 设定先后工作顺序和重点。

在新流程的实施中，面对巨大变动，人们会有不同反应，出现一些消极抵抗行为，也是正常的和无法避免的。因此企业应积极宣传流程再造，使每个员工都明白流程再造的含义和作用；将原来由不同专业人员干的工作由一个业务员或工作组完成，并明确其全部步骤和最终产出，打破传统部门的界限，从而省去传递过程，促进协调和快速反应人员配备。

④制定解决问题计划。这一步骤主要是制定一个对近期的解决问题的计划，以便在再造流程的过程中，先解决一些近期问题，从而坚定企业员

工继续努力的决心。这个步骤是个辅助性的步骤，但也很重要，需要做好以下工作：

- 挑选出近期应解决的问题；
- 科学编制流程再造计划，明确流程再造的具体范围、时间和资源投入、预期效果等，制定解决此问题的计划；
- 成立一个新小组负责实施。组建高素质再造队伍，成立由企业一把手挂帅的指导委员会，由企业内外的不同专业、不同部门的人员组成企业流程再造小组或团队，并明确各自职责。

⑤制定详细的流程再造工作计划。这是接第一步骤的一个步骤。当改造方案设定并通过后，需要有一个详细的工作计划，其中包括如下要点：

- 工作计划目标、时间等确认；
- 预算计划；
- 责任、任务分解。

⑥实施再造流程方案。这一步骤就是具体展开流程再造的工作，这些工作有很多是完成流程再造的关键。这些工作主要有：组建新机构和运行机制，努力使员工的工作水平及价值取向提高以适应变化中的新环境，还要做好企业新流程效果的跟踪评价与总结工作：

- 成立实施小组；
- 发动全体员工配合。

构想与真正设计完全一致并不多见。想不经过试验和修改就能构建一个全新的、高效的、有重大突破的流程是不可能的，所以是必须开发实验模式对产品概念进行试验，确认和修改，才能投入运行，进而对新流程实验性启动、检验。

⑦继续改善的行动。即对再造的流程进行修正、改善等工作，以保证新的流程全面达成再造的预定目标，使企业的核心竞争力有所增强，使企业的工作效率大大提高。这一步骤包括以下一些主要的工作：

- 检测流程运作状态；
- 与预定改造目标比较分析；

● 对不妥之处进行修正改善。

⑧评价驱动因素。信息技术和人员组织问题都是流程再造的驱动因素，企业应从集成的角度，创造性地重构和应用企业的能力与资源，以保证成功地实现流程再造。

企业的流程再造，对企业发展起着决定性的作用。它决定着企业是否跳出了传统的框架，摆脱了陈旧的羁绊，从而跃入一个崭新的发展空间。当企业完成了这一决定性的变革后，企业才真正进入了一个全新的时期。

企业流程再造是一个系统工作，其中心是优化企业的经营、管理及运作方式，它需要统筹兼顾、扎实推进，以充满活力的全新管理培育和提高企业的核心竞争力。

2. 问题动态管理：使企业不断地健康发展

企业的发展过程，实质就是一个不断解决问题的动态过程。尤其企业在创业初期面临的问题很明显，企业内部各级人员对问题的看法容易统一，问题意识强烈，发现问题、解决问题的思路很敏捷，速度也会很快。随着企业的发展、规模的扩大、效益的提高，在成绩面前往往看不到存在的问题，这就要求企业的领导具有发现问题的眼力，分析问题的能力和解决问题的魄力。如果不能及时发现问题、解决问题，问题就会越积越多，势必给企业埋下灾难性的隐患，创业初期拥有的竞争能力也会因竞争对手能力的增强和市场变化而逐步衰退，所以要对企业进行问题动态管理。

(1) 问题动态管理的主要内容和目标

问题动态管理把提升企业核心竞争力作为动态目标，把这个动态目标与企业现状的差距作为企业存在的问题，解决动态差距的过程就是“以提升企业核心竞争能力为目标的问题动态管理”。这个目标就是不断超越竞争对手、满足客户需求，为此，应以售前、售中、售后服务为中心，与行业中的最强竞争对手进行比较，寻找以核心技术为基础的企业研发能力和营销能力方面存在的差距；与跨行业成功企业进行比较，寻找企业在资源整合力、内部原动力和企业凝聚力等方面存在的差距。

实施问题动态管理包括发现问题、分析问题和解决问题三个过程。

①发现问题就是根据目标要求寻找企业现状与目标之间的差距。通过建立问题动态管理体系，及时发现和寻找问题，包括成立发现与解决问题管理机构，制定问题提案管理办法，开展提案竞赛，引导全体员工全面查找问题，为能及时发现问题，还应建立问题预警系统。

②分析问题就是对企业存在的主要问题进行系统分析。通过对问题的排序和分析，查找企业需要解决的主要问题和产生问题的根源。

③解决问题就是缩小目标与现状之间的差距。**解决问题的主要方法是创新，创新的实质就是对现状的否定、改进和提高。**解决问题的过程是一个系统的过程，应围绕主要问题、根本问题采取系统的方法实施解决方案，一个问题在解决过程中或即将解决时，往往新的问题就会出现，因此，在解决问题的过程中必须树立动态的、系统的观念。

（2）问题动态管理的实施

实施问题动态管理需要做好以下四个方面的工作。

①成立发现与解决问题的管理机构。

Ⅰ. 成立组织机构。成立以总经理为首的实施问题动态管理的工作委员会，对问题动态管理实施过程的组织领导。委员会下设提案审查小组和职能办公室。提案审查小组会由公司各部门选派负责人及有关专家参加，设立技术类和管理类两个审查小组，定期对问题提案和实施结果进行评价鉴定；工作办公室设在全质部，负责该项工作的具体管理，包括提案的汇总、初审、业务指导以及检查、监督、评比和奖励工作。**各部门主要负责人为本部门问题动态管理活动的组织者和辅导员，全面负责本部门实施问题动态管理工作。**

Ⅱ. 落实工作责任。实施问题动态管理工作能否推得开，能否持久坚持下去，关键在领导。各部门负责人是实施问题动态管理的第一责任人，车间、科室负责人是本车间、科室的直接责任人，部门领导要带头学习有关实施问题动态管理的相关文件和制度，对所在部门的员工加强危机管理、问题动态管理的教育，做到依靠广大员工，群策群力，确保实施问题动态管理取得实效。

Ⅲ. 强化部门协作。各部门围绕提升企业核心竞争能力这个目标，立足本部门，认真查找问题，分析原因，对问题的提案迅速组织实施；对非本部门问题和提案，在实施过程中相互支持，密切配合。

②广泛寻找问题。企业在逆境中的问题会很多，容易引起人们的注意，但在顺境中能否发现问题、分析问题是实施问题动态管理的关键。问题的存在具有系统性和层次性，在解决主要问题的同时，会产生一系列的关联问题，这些问题必须及时发现。

Ⅰ. 新配方、新工艺、新材料、新用途的开发。现有产品配方有无改进可能，怎样通过优化配方，达到稳定产品质量、降本增效的目的？现有生产装置存在哪些缺陷，可否通过技术改造，进一步提高工作效率和产品质量？有什么办法可以增加产品的市场份额？在扩大建筑板材、集装箱硬泡市场的同时，能否开发新型软泡、涂料、弹性体等，进一步优化公司的产品结构？

Ⅱ. 工艺方法和操作规程的改善。有什么方法可以减少原材料、能源的消耗？是否有更好的原材料可以替代？材料、工具、产品的放置地点、方法是否适当？能否改良设备装置和搬运工具，使作业更轻松，劳动效率更高？

Ⅲ. 产品销售和市场开拓的改进。产品的应用领域是否还可以更宽？营销组织、市场细分和目标定位是否还能更加合理准确？有什么办法可以增加销售渠道、改进营销策略？有什么方法可使客户更满意？有什么办法可以增加市场信息、行业信息、产品信息来源渠道的宽度和质量？

Ⅳ. 作业环境的改善和危害的防止。采光、照明、通风、温度调节、压力控制等方法适当吗？废水、废气、废渣、生活垃圾处理方法适当吗？是否达到了排放标准要求？还有回收利用的价值吗？人员、设备、财产的安全隐患是否全部消除了？

Ⅴ. 产品质量和性能的提高。如何确保产品质量不出问题？生产过程中一旦出现问题如何及时找出问题所在并迅速加以解决？如何进一步提高产品批次质量稳定性？如何改善产品性能，提高产品的竞争力？产品的技术指标还可以改进提高吗？是否可以采用更好的产品标准？有什么方法可以使产品的包装更美观、费用更节省？

③建立预警系统。在解决显性问题的过程中，往往存在许多隐性问题，这些隐性问题如不能及时发现并得到解决，将会给组织带来重大损失和资源浪费。建立问题预警系统，对各系统监控的指标设立警界值，根据岗位职责由责任人员定期报告监测情况，对接近或达到警界值的指标随时报告，通过对预警指标的监控，及时发现问题、分析问题，为解决问题铺平道路。

Ⅰ. 市场预警。一是管理信息系统。建立管理信息系统以更好地整合企业的信息资源。二是销售预警系统。通过销售量、价格、销售收入和资金回笼、销货折让等反映营销业绩的敏感性指标，预测业务的发展趋势，发现和识别问题，及时应对市场的变化并采取措施，从发现问题事后补救转变为事前预防和事中控制。三是技术情报系统。利用国际互联网查询检索行业发展动态、产业政策、法律法规等信息。同时，通过设在国内各地的服务窗口，及时收集市场信息，掌握竞争对手情况。

Ⅱ. 顾客预警。以顾客满意度为调查形式，定期或不定期向用户了解使用产品、接受服务的满意程度。调查内容包括交货时间、质量、价格、服务、柔性、信誉等六大类项目。**通过顾客对这六个项目的评价，从中发现存在的问题，作为组织绩效改善的一个依据**。同时，对顾客的资信进行调查，对不同信誉等级的客户采取相应的销售政策，防范销售风险。

Ⅲ. 财务预警。建立动态财务信息管理系统，全面、真实地反映公司的资产、负债和损益情况，随时监控采购、库存、销售等各种财务数据变化情况，做到准确核算不同产品和各个部门的成本费用，使物流、资金流、信息流达到协调统一，最大限度地防范财务风险和提高资金利用率。

Ⅳ. 人才预警。一是建立人力资源管理信息系统。通过职位分析、岗位评定、薪资定级确定各岗位所需人才，员工培训和成本等情况，进行纵向和横向比较分析，及时采取相应的激励措施。二是控制核心员工流失。把控制核心员工流失作为公司各级领导干部的一项重要任务，促使各级主管主动尊重人才、关心人才、爱护人才、激励人才，营造一个宽松和谐的用人、留人的环境。

④制订问题提案的管理办法。

Ⅰ. 提案审查和处理。一是根据提案的内容分为技术类和管理类两种提案。二是技术类提案由技术开发中心牵头组成审查委员会进行审查，管理类提案由全质部牵头组成审查委员会进行审查，审查结果分为采用、不采用、保留三种。三是对采用的提案，明确改善方法、整改时间和验收标准，通知责任部门组织实施。对无法明确责任部门的提案，采取公布招标。四是对不采用和保留的提案，书面通知提案人，说明不采用或保留的理由。如提案人申诉理由，发现有价值时，由原提案人提出，按规定程序重审，经提案委员会审查通过后，予以采纳。

Ⅱ. 提案实施与验证。提案实施结果，由实施单位填写报告单，重大提案实施后形成书面报告。实施结果报送全质部，由全质部组织验证。提案实施后进行总结，对在实施过程中已证明了的有效措施，纳入有关制度和标准。

Ⅲ. 提案奖励和评比。提案实施后，通过验证，奖励提案人节约费用或新增效益的5%～10%；采用招标方式实施的提案奖励节约费用或新增效益的10%～20%。

Ⅳ. 开展提案竞赛。**通过提案竞赛活动，比谁的问题找得谁，哪个部门提案多，实施效果好**。根据各部门和员工个人提案数和被采用情况，年终进行评比，为受表彰者颁发一、二、三等奖、提案鼓励奖和组织奖，评比结果作为员工奖励和晋升的条件之一。

实施问题动态管理，使管理工作始终处于主动地位，驾驭企业向着既定的目标前进。

> 在这个以顾客、竞争和变革为主导的世界中，任务导向型工作已经过时，每一个企业领导者都应懂得企业的发展过程，实质上就是一个不断解决问题的动态过程。

3. 供应链管理：打造一条管理的金链

近年来随着制造的全球化，供应链管理在企业管理中得到普遍应用，成为深受欢迎的一种新兴管理方法。由于受国际市场激烈竞争、经济发展及用户需求等不确定性的增加、技术的迅速革新等因素的影响，供应链管理虽然只有十几年时间，但已经引起企业的普遍关注。

（1）供应链管理的含义

所谓供应链管理，就是为了满足顾客的需求，在从原材料到最终产品的过程中，为了获取有效的物资运输和储存以及高质量的服务和有效的相关信息所做的计划、操作和控制。供应链就是从原材料到最终产品整个过程中各个环节所组成的一条链。

供应链的概念是从扩大的生产概念出发的，它将企业的生产活动进行了前伸和后延。譬如，日本丰田公司的精益协作方式中就将供应商的活动视为生产活动的有机组成部分加以控制和协调，这就是向前延伸。后延是指将生产活动延至产品的销售和服务阶段。因此，供应链就是通过计划获得存储、分销、服务等这样一些活动而在顾客和供应商之间形成的一种衔接，从而使组织能满足内外部顾客的需求。企业从原材料采购开始到将其进行加工直到最终送到顾客手中为止的这一过程被看成是一个环环相扣的链条，而其中的主要活动被视为链条上的主要节点。

（2）实施供应链管理的意义

实施供应链管理，可为企业带来极大的效益，尤其对我国企业实现“两个转变”，走向国际市场，增强市场竞争力和应变力具有重要的理论意义和现实意义。

①可以有效地实现供求的良好结合。供应链把供应商、生产商、分销商、零售商紧密联结在一起，并对之进行协调、优化管理，使企业之间形成良好的相互关系，使产品、信息的流通渠道达到最短，从而可以使消费者需求信息沿供应链逆向准确地、迅速地反馈到生产厂商。生产厂商据此对产品的增加、减少、改进、质量提高、原料的选择等做出正确的决策，保证供求良好的结合。

②可以促使企业采用现代化手段，达到现代化管理。供应链是一个整体，相关的各企业为共同的整体利益而奋斗。要达到这个目标，整个供应链中的物流、资金流、信息流必须畅通无阻。**为此，各企业——供应链中的每个结点，必须采用现有的先进技术与设备、科学的管理方法，共同为销售提供良好的服务。**生产、流通、销售规模越大，则物流技术设备、管

理越需现代化。现代化技术包括计算机技术、通信技术、机电一体化技术、语音识别技术等。

③可以降低社会库存，降低成本。供应链的形成，要求对组成供应链的各个环节做出优化，建立良好的相互关系，采用先进的设备，从而促进产品需求信息的快速流通，减少社会库存量，避免库存浪费，减少资金占用，降低库存成本。

④可以有效地减少流通费用。供应链通过各企业的优化组合，成为最快捷、最简便的流通渠道，是供应网络中的最优化网络。**它的实现，除去了中间不必要的流通环节，大大地缩短了流通路线，从而有效地减少了流通费用。**

⑤可以实现信息资源共享。在信息化的时代，谁拥有信息，谁就能在激烈的竞争中多了一个坚强的后盾，在赢取成功的奖杯时捷足先登。供应链管理充分意识到这一点，它不仅利用现代科技技术，采用最优流通渠道，使信息快速、准确地反馈，而且在供应链联结的各企业之间实现了资源共享。

⑥可以提高服务质量，刺激消费需求。现代企业均把消费者奉为上帝，而消费者要求提供消费品的前置时间越短越好。为此，供应链通过生产企业内部、外部及流通企业的整体协作，大大缩短了产品的流通周期，加快了物流配送的速度，并将产品按消费者的需求生产出来，快速送到消费者手中。

这种快速的、高质量的服务，必然会塑造企业的良好形象，提高企业的信誉，提高消费者的满意程度，使产品的市场占有率提高、消费者群骤增。

⑦可以产生规模效应，有效地提高供应链上各企业的竞争力。供应链就是这样一个整体，它把供应商、生产厂商、分销商、零售商等联系在一条链上，并对之优化，使企业与相关企业形成了一个联系紧密的网络整体。该整体中的各个企业虽各为一个实体，但各企业为了整体利益的最大化共同合作，协调相互关系，加快商品从生产到消费的过程，缩短产销周期，减少库存等，使整个供应链对市场做出快速反应，大大提高了企业在市场中的竞争力。

总之，供应链管理的实施，可为企业带来巨大的效益。在企业内部，供应链的优化，加快了企业对市场的反应速度，使企业库存积压、延期交货、送货不及时及库存与运输不可控等风险大大降低，从而为企业增加了效益。在企业外部，通过供应链协调管理，利用现代科技技术，准确及时地获取信息，并依靠供应链的整体优势，迅速与生产厂商、客户、分公司沟通市场的信息，共享信息资源，降低应收账款，获得额外利润。

（3）供应链的两种管理方法

供应链的管理方法很多，以下主要介绍 QR、ECR 两种方法。

①QR 管理方法。QR 的含义是快速反应，是 Quick Response 的缩写，是指在供应链中，为了实现共同的目标，零售商和制造商建立战略伙伴关系，利用 EDI 等信息技术，进行销售时点的信息交换以及订货补充等其他经营信息的交换。用多频度、小数量的配送方式连续补充商品，以实现缩短交货周期、减少库存、提高客户服务水平和企业竞争力的供应链管理方法。一般说来，供应链中的共同目标包括：a. 提高顾客服务水平。**即在正确的时间、正确的地点用正确的商品来响应消费者的需求**。b. 降低供应链的总成本。增加零售商和厂商的销售额，从而提高零售商和厂商的获利能力。

②ECR 管理方法。ECR 的含义是有效客户反应，是 Efficient Consumer Response 的缩写，它是由生产厂家、批发商和零售商等供应链节点组成各方相互协调和合作，更好、更快并以更低的成本满足消费者需要为目的的供应链管理系统。ECR 的优点在于供应链各方为了提高消费者满意这个共同的目标进行合作，分享信息和诀窍。ECR 是一种把以前处于分离状态的供应链联系在一起来满足消费者需要的工具。

应用 ECR 时必须遵守 5 个基本原则：

- 以较少的成本，不断致力于向食品杂货供应链客户提供更优的产品、更高的质量、更好的分类、更好的库存服务以及更多的便利服务；
- ECR 必须由相关的商业带头人启动；
- 必须利用准确、适时的信息以支持有效的市场、生产及后勤决策；
- 产品必须随其不断增值的过程，从生产至包装，至流动至最终客户的购物篮中，以确保客户能随时获得新产品；

- 必须建立共同的成果评价体系。

> 21世纪的竞争不是企业和企业之间的竞争，而是供应链与供应链之间的竞争。这好比足球比赛中的中场争夺战，谁能拥有具有独特优势的供应商，谁就能赢得竞争优势。

4. 物流管理：获取第三利润的源泉

物流，是企业的“第三利润的源泉”，任何一个谋求发展、增强竞争力的企业都必须给予高度重视。物流管理已经成为企业管理不可分割的一部分，是企业在市场上获得竞争优势，获取最大利润的有效手段。

（1）物流管理的内涵与目标

①物流管理的内涵。物流管理是指在社会再生产过程中，根据社会物质实体流动的一般规律，应用管理的基本原理和科学方法，对物流进行计划、组织、指挥、协调和控制的活动过程。**物流管理的基本目的就是实现物流活动的优化与协调，以降低物流成本，提高物流效率和经济效益**。物流管理主要包括：对物流活动诸环节的管理，如运输、库存和包装等环节的管理；对物流系统诸要素的管理，如人、财、物和信息等要素的管理；对物流活动中具体职能的管理，如流物活动的计划、质量、技术等职能的管理。

②物流管理的目标。多变的需求、巨大的不确定性要求企业将自己看作是社会经济运行中的一部分或一个环节。企业要满足最终用户的需要并使经营具有充分的柔性就必须与社会经济运行中的其他部分确立长期良好的关系，也就是在满足顾客需要的同时，满足自己以及供应商的需求，达到顾客需要、供应商需求、自身需求三位一体，实现“共赢”目标。这要求企业在物流管理方面更新观念，形成以下各个方面新的能力。

Ⅰ. 对顾客的反应能力。从针对个别问题的解决扩展到整体性的经营方案的制定，从供应被定购的产品扩展到供应真正有需要的产品，从满足当前的需要扩展到创造符合演化发展的需要。

Ⅱ. 工厂与设备的能力。从固定的生产能力扩展到可变的生产能力，从生产不可再生的产品扩展到生产可再生的产品，从硬件的拥有扩展到软硬件兼备。

Ⅲ. 人力资源及其能力。从“终身雇用”思想扩展到“终生可被雇用”思想，从公司为个人发展负责转变为公司与个人共同为自己的生涯规划负责，能借助供应链获取知识并提供劳动与技术。

Ⅳ. 对全球市场的反应能力。从市场全球化到实现运作全球化，从研究发展本国化转变为研究发展全球化，从注重本国市场的占有率扩展到对全球市场占有率的关注。

Ⅴ. 以团队组织实现核心价值。从控制智慧财产拓展为与他人合作与分享智慧财产，从对个人贡献进行奖励发展为对个人贡献及团队成功的并行奖励，并且可以与竞争者合作。

Ⅵ. 在组织结构、企业文化及商业应用等层面，不断演进核心价值，培养核心竞争力，快速响应不断变化的顾客需求，以合作的眼光对待外部环境。从以顾客满意为标准拓展到以顾客、社会及合作伙伴均满意为标准，从“我的标准与制度”拓展到“我们共同的标准与制度”。

(2) 物流管理的基本内容

物流管理的内容十分广泛，**根据物流管理的特点，大体可分为物流业务管理和技术管理两大方面。**

物流业务管理是指对有关物流的业务活动进行的管理。它主要包括以下四个方面。

①物流的计划管理。具体说来，有这几种形式：

- 物流长远计划：指在较长的时间内对物流未来发展的规划；
- 物流年度计划：指在对物流活动的各种业务活动预测的基础上，在一个年度内所要达到的物流目标；
- 物流季、月、旬生产计划：这是物流部门具体执行年度计划，用以指导和组织物流活动的一种计划形式。

②物流经济活动管理。物流经济活动管理是对物流各种经济活动进行管理，是物流管理中的一项重要内容。物流管理的目的，就是为了使人、

财、物得到合理的运用，以取得最佳的经济效果。**物流经济活动管理包括物流成本管理、物流费用分析、物流成果预测等。**

③物流的系统管理。物流的系统管理主要通过物流情报系统和物流作业系统两方面的管理来实现。物流情报是组织、调整物流活动的眼睛。通过对订货、发货、库存等一系列情报的管理，掌握生产、销售、物流信息，是物流情报系统管理的目的。物流情报为物流活动提供了科学的依据。物流情报管理又给物流情报的准确性、及时性、可靠性提供了必要的保证。物流的作业系统分别由包装、装卸、运输、保管等子系统所组成，对这些子系统进行合理的组织、安排、调度是物流作业系统的管理。上述各子系统除了它们自身的活动规律以外，尚存在各个系统间的相互联系。对物流作业系统的管理不但要注意每一个系统的合理组织，正常运转，而且更要强调各系统间的协调、统一。

④物流的人才管理。物流管理同其他经济管理一样需要大量的人才，这些物流管理人才对物流管理水平的高低起着决定性的作用。

Ⅰ. 物流人才的合理运用。选用合理的、理想的人在各个物流岗位、物流部门任职或工作，以发挥他们的聪明才智、调动他们的积极性，对物流管理起着重要的作用。人才是天下最宝贵的，合理的物流系统的建立、物流新技术的发明和推广、科学的物流方案的设计与选定、物流经济效果的提高，全要依靠合格的物流人才来完成。

Ⅱ. 物流人才的培养。物流需要人才，人才需要培养。根据物流发展的要求，培养和造就大量的物流人才已成为我国当前一件迫切的任务。除此之外，对物流在职人员进行在职教育和培训提高，也是物流人才培养的重要途径。在急剧发展变动的新的经济形势下，旧的专业人才，也有的不适应新的物流特点的要求，也有待于进一步知识更新。

物流技术管理是指对物流活动中的技术问题进行科学研究、技术服务的管理。物流技术在发展过程中形成了物流硬技术和物流软技术这样互相关联、互相区别的两大技术领域。

①物流硬技术及其管理。物流硬技术是物流管理发展初期起主导作用的一门技术。它是指组织物资实物运动所涉及的各种机械设备、运输工具、仓库建筑、站场设施以及服务于物流的电子计算机、通信网络设备

等。20世纪70年代中期以前，物流活动是以硬技术为主导的，以后硬技术又得到迅速发展，如专门从事原油、矿石运转的专用船、集装箱车、船、自动化立体仓库等。

组织物流管理人员研究、试制、开发新的物流硬技术，使之在物流活动中发挥更大的效用，一向被认为是提高物流水平的强有力手段。

②物流软技术及其管理。物流软技术是指为组成高效率的物流系统而使用的应用技术。具体地说，是指各种物流设备的最合理的调配和使用。**物流软技术能够在不改变物流硬技术即装备的情况下，充分地发挥现有设备的能力，获取较好的经济效果。**

对于物流软技术的管理集中体现在应用先进的科学技术，如电子计算机等，使用系统工程、价值工程技术，求取物流的最佳技术方案。近些年来，我国在仓库、运输等领域中开发和应用了电子计算机软技术，使我国的物流组织取得了十分可喜的成果。

（3）物流管理的三个阶段

物流管理按管理进行的顺序可以划分为三个阶段，即计划阶段、实施阶段和评价阶段。

①物流计划阶段的管理。计划是作为行动基础的某些事先的考虑。物流计划是为了实现物流预想达到的目标所做的准备性工作。物流计划首先要确定物流所要达到的目标，以及为实现这个目标所进行的各项工作的先后次序。其次，要分析研究在物流目标实现的过程中可能发生的任何外界影响，尤其是不利因素，并确定应对这些不利因素的对策。最后，做出贯彻和指导实现物流目标的人力、物力、财力的具体措施。

②物流实施阶段的管理。物流计划确定以后，为实现物流目标，终将要把物流计划付诸实施。物流的实施管理就是对正在进行的各项物流活动进行管理。它在物流各阶段的管理中具有突出的地位。这是因为在这个阶段中各项计划将通过具体的执行而受到检验。同时，它也把物流管理与物流各项具体活动进行紧密的结合。

③物流评价阶段的管理。在一定时期内，人们对物流实施后的结果与原计划的物流目标进行对照、分析，这便是物流评价。通过对物流活动的全面剖析，人们可以确定物流计划的科学性、合理性程度，确认物流实施

阶段的成果与不足，从而为今后制定新的计划、组织新的物流提供宝贵的经验和资料。

按照对物流评价的范围不同，物流评价可分为专门性评价和综合性评价。专门性评价是指对物流活动中的某一方面或某一具体活动做出的分析，如仓储中的物资吞吐量完成情况、运输中的吨公里完成情况、物流中的设备完好情况等。物流的综合性评价是对物流活动在某一物流管理部门或机构全面衡量物流管理水平的综合性分析，如某仓库的全员劳动生产率、某运输部门的运输成本、某部门对物流各环节的综合性分析等。

按照物流各部门之间的关系，物流评价又可分为物流纵向评价和横向评价。所谓纵向评价是指上一级物流部门对下一级部门和机构的物流活动进行的分析结果。这种分析通常表现为本期完成情况与上期或历史完成情况的对比。所谓物流的横向评价，是指执行某一相同物流业务的部门之间的各种物流结果的对比。它通常能表示出某物流部门在社会上所处的水平的高低。

应当指出，无论采取什么样的评价方法，其评价手段都要借助于具体的评价指标。这种指标通常表示为实物指标和价值指标。

5. 股票期权激励：让员工变成“老板”

股票期权是西方现代企业激励人才的一种重要管理方法，高新科技企业尤是如此。企业如何持续有效地发展，关键是人才，而如何引进人才、留住人才、激发其创造能力是人才管理工程的三大主体。**股票期权制以其独特的激励功能对企业人才管理起着独特的作用。**

(1) 股票期权激励的实质

股票期权是一种特殊的期权，它可以在市场上流通，也可以作为企业资产所有者对经营者实行的一种长期激励的报酬制度。

标准的股票期权是指经营者享有在与企业资产所有者约定的期限内（如3到5年内）以某一预先约定的价格购买一定数量的本企业股票的权利。行使本企业股票期权的经营者，在约定期限内，按照预先确定的价格购买本公司股票，如该股票价格届时上涨，那么经营者在他认为合适的价位上抛出股票，就能赚得买进股价与卖出股价之间的差价。

公司的高级管理人员时常需要独立地就公司的经营管理以及战略发展等问题进行决策。诸如公司购并、公司重组以及重大长期投资等重大决定，给公司带来的影响往往是长期性的，效果往往要在3~5年，甚至10年后才会体现在公司的财务报表上。如果一家公司的薪酬结构完全由基本工资及年底资金构成，那么出于对个人私利的考虑，高级管理人员可能会倾向于放弃那些短期内会给公司财务状况带来不利影响但是有利于公司长期发展的计划。为了解决这类问题，公司设立一些新型激励机制，将高级管理人员的薪酬与公司长期业绩联系起来，鼓励高级管理人员更多地关注公司的长期持续发展，而不是仅仅将注意力集中在短期财务指标上。

股票期权计划便是一种。股票期权是公司给予高级管理人员的一种权利。**持有这种权利的高级管理人员可以在规定时期内按股票期权的执行价格购买本公司股票。**在执行期权以前，股票期权持有人没有任何的现金收益；执行期权以后，个人收益为执行价格与执行日市场价之间的差价。高级管理人员可以在规定的时间区间内的任何时间行使其股票期权。

一般而言，经营者获得股票期权主要有两种途径：一是经营者要投入个人资金购买股票期权；二是根据经营者的业绩获得股票期权奖励。一般来讲，依据股票期权持有的股票，一般应在任期届满或延后几年经考核合格后才允许流动和兑现，这样做更加强调了对经营者长期经营业绩的考核，促使其更关心企业的长期发展。

(2) 股票期权激励的运作

股票期权最终是为了激励企业员工，但是针对不同的员工又必须有不同的方式、方法。

①高级管理人员持股。建立高级管理人员持股制度对于激发这些人的聪明才智和敬业精神以改变公司管理机制，提高公司效益是一条值得探索的道路。

高级管理人员持股制度至少有以下六个方面的好处。

Ⅰ. 高级管理人员持股制有利于增强高级管理人员对公司的责任心。高级管理人员持股后，其个人利益就与公司利益紧密地联系在一起，一荣俱荣，一损俱损。这种制度对高级管理人员既是动力，又是压力，但无论是动力还是压力，终归是促使高级管理人员对企业更加尽职尽责。

Ⅱ. 上市公司高级管理人员持股能增强投资者对公司股票的信心。上市公司的高级管理人员持股情况应每年在公司披露重大事项的文件中予以披露。当股民看到高级管理人员持股，而且某些高层管理人员持股的数量较多时，会增强股民对该公司股票的信心，股民会觉得公司的高级管理人员与他们共同分担着公司在经营中可能遇到的风险。

Ⅲ. 高级管理人员持股有利于提高公司的决策水平。在其决策不但会直接影响公司的利益，也会间接地影响到个人利益时，管理人员在决策时就会慎重得多。当有关的决策者对决策的后果并无十分把握时，他的决策过程可能很自然地民主化，会认真听取其他管理人员、职工或专家的意见。

Ⅳ. 建立高级管理人员持股制有利于建立一种管理人员业绩的综合考评方法。建立高级管理人员持股制至少可以促使管理人员关心公司未来直至自己卸任后一段时期内的公司效益情况，而且促使管理人员将注意力放到公司主营业务上，提高公司的生产效益。**所以，建立高级管理人员持股制后，管理人员更倾向于接受一种综合的考评办法。**

Ⅴ. 建立高级管理人员持股制也是防止腐败的重要方法。在管理人员持有公司一定股份后，他们就会对现有的一些腐败行为主动抵制，因为公司利益的减少就意味着个人利益的相应减少；这样，那些拿着公司的财产为个人润滑人际关系的做法也将引起其他管理人员的不满。

Ⅵ. 高级管理人员持股制可以作为一种动态的奖惩制度。在这种制度之下，高级管理人员在卸任后一段时间仍可能从公司得到一大笔财富，自己为公司所做的贡献在卸任后仍有回报，这对高级管理人员来讲是一个有效的激励机制。

②管理层收购。管理层收购（MBO），是指公司或者母公司的管理人员收购本公司，由于收购的融资方式多采用较大的杠杆比例，因此，一般将 MBO 归为杠杆收购的一种。

杠杆收购主要有以下两方面的动机：一是母公司主动将子公司剥离。母公司可能由于多种原因，比如说子公司的发展已经不符合母公司的行业发展战略，子公司的盈利能力不能使母公司满意等等。母公司的资产剥离当然也可以采取多种方式，以出售而言，既可以出售给外部的潜在购买者，也可以出售给公司管理层。出售给管理层有独到的好处，首先是剥离后的子公司由于管理层变化不大，可以保持相对稳定，其次是被收购的公司更有可能与原母公司保持良好的合作关系。**而管理层之所以愿意购买，则很可能是基于这样一种判断，即企业价值在收购中实际上是被低估了。**二是管理层用 MBO 作为反购并的一种方式。公司在遭遇潜在的非善意收购的时候，公司管理层可能在金融机构和风险投资资本的支持下将公司转为非上市公司，或者至少使管理层持股比例大大增加，以使敌意收购难以成功，或者虽有可能成功但要付出巨大代价。杠杆收购的最大困难就是融资问题，一般而言，收购所需的巨大资金只有 5% ~10% 是管理层的现金投入，50% 左右来源于以公司固定资产作抵押的银行贷款，按美国的做法，剩下的 40% 左右则靠发行股权债券和公司债券来筹集。

一般来讲，上市公司的股权愈分散，管理层收购成功的可能性愈大。

③高科技公司管理人员的股权激励。高科技公司能否持续发展，关键是人才，而如何引进人才、留住人才、开发其创新才能则是人才工程的三大主体。目前大部分高科技公司都存在一个重大制度缺陷，即长期激励机制缺位，致使人才战略难以很好实施，人力资源管理处于低效状态，从而极大地影响高科技公司发展的后劲。同时证券市场为高科技发展服务也仅仅表现在金融支持上，更深层次的支持功能比如激励功能、竞争优势的培育功能则显得极其微弱。

目前来讲，大部分高新技术公司中的高级管理人员和科技人员的收入是以工资、福利、奖金为主，股权收入很少。这种薪酬制度有三方面的缺陷：首先，激励短期化。这样必然导致经理人员的短视心态和短期行为，结局是公司利益得不到保护。其次，没有办法形成机制优势去吸引和聚集高素质的人才并使其努力工作。最后，不利于技术创新，不利于公司的长期持续发展。

认股权制度正是对现行薪酬制度激励弱化的矫正。认股权制度存在两方面的好处。

Ⅰ. 提供长期激励机制。在认股权制度下，经理人拥有按某一固定价格购买本公司普通股的权利，且有权在一定时期后将所购入的股票在市场上出售获取收益，经理认股权使经理人员能够享受公司股票增值所带来的利益增长并承担相应的风险，在经理人看来，最重要的不是已经实现的收益，而是他们持有的未行权的认股权的潜在收益，从而可以实现经理人利益的长期化。即使经理人在退休后或离职后仍会继续拥有公司的认购权或股票（只要他没有行使认股权及抛售股票），仍会继续享受公司股价上升带来的收益。这样出于对自身未来利益的考虑，经理人员在任期间就会与股东保持视野上的一致性，致力于公司的长期发展。

Ⅱ. 增强公司凝聚力，强化创新意识。在认股权制度下，企业支付给经理人的不仅是一个认股权，而是不确定的预期收入，这种收入是在市场中实现的。在这种制度下，经理人和股东收益实现渠道是一致的，真正建立起“利益趋同、风险共担”机制。此时大家都会把公司的生存和发展当成自己的事业来看待，会主动为公司的长期发展尽职尽责。

当然，经理人持股的优越性对任何公司都是一样的，要强调的是，股权激励机制，特别是科技人员持股对高科技公司的发展尤其重要，它是高科技公司持续发展的必然选择。

④经理人股票期权。近30几年来，股票期权的经理人激励方式在西方国家的企业中越来越广泛地被应用。据统计，在全球前500家大工业企业中有90%左右的企业已向其经营者或高级管理人员实行了股票的报酬制度。

经理人股票期权作为对企业经营者的一种激励机制，对企业组织理论及企业的内部组织结构产生深远影响，推动企业进一步更好地发展。

所谓经理人股票期权，是指授予经理人未来以一定的价格购买股票的选择权，即在签订合同时向经理人提供一种在一定期限内按照某一既定价格购买一定数量本公司股份的权利。

在股票期权计划中，一般包括受益人、有效期、购买额、期权实施等几个基本要素。股票期权是用来激励公司的高层领导者或核心人员的一种制度安排。因此，受益人一般是董事会的董事长、公司总裁和一些高层管理人员，以及那些具有特殊作用的技术科研人员。有效期一般定为3~10年。购买额是指期权受益人根据契约可以购买股份的多少。根据企业规模大小，期权的数量也有所不同，一般而言，占总股本较小的比例，在1%

到10%之间。

6. 客户关系管理：建立牢不可破的“关系网”

现代企业经营管理的核心归根结底就是与客户关系的经营与管理，任何一种管理思想或方法的提出，都离不了客户这一中心概念。于是，客户关系管理成为企业经营管理的中心内容和方法。

(1) 客户关系管理的作用

客户关系管理（CRM）是一个通过详细管理企业与客户之间关系，以实现客户价值最大化的系统。它源于“以客户为中心”的新型商业模式，即通过向企业的销售、市场和服务等部门及人员提供全面的、个性化的客户资料，并强化跟踪服务与信息分析能力，使他们能够协同建立和维护一系列与客户以及生意伙伴之间卓有成效的“一对一关系”，从而使企业得以提供更快捷和更周到的优质服务，提高客户满意度，吸引和保持更多的客户。

一个良好的客户关系管理系统可帮助企业：

- 对每个客户的数据进行整合，提供对每个客户的总的看法；
- 瞄准利润贡献度较高的客户，提高其对本公司的忠诚度；
- 向客户提供个性化的产品和服务；
- 提高每个销售员为企业带来的收入，同时减少销售费用和营销费用；
- 更快更好地发现销售机会，更快更好地响应客户查询；
- 向高层管理人员提供关于销售和营销活动状况的详细报告；
- 对市场的变化做出及时的反应。

通过CRM系统，企业能搜集、追踪和分析每一个客户，充分了解他们的需求，并把客户想要的送到他们手中。**这样就使企业能更好地吸引潜在的客户和留住最有价值的客户。**

通过CRM系统，企业可以迅速地发现潜在客户，对客户进行全面的观察，更好地了解客户的需求，对客户及其发展前景进行有效的预测，对其当前和潜在的利益进行科学的分析，进而维系二者之间的关系，并使从客户身上获得的盈利实现最大化。

CRM 系统实施于企业市场营销、服务与技术支持等与客户有关的领域。一方面向客户提供个性化的、“一对一关系”的服务，通过周到的优质服务，使企业得以提高客户满意度，吸引和保持更多的客户，从而增加营业额。另一方面通过信息共享和优化商业流程的全面管理，减低企业的成本。总之，CRM 能解决业务问题，提高生产效率，优化客户关系管理。

（2）客户关系管理的核心思想

CRM 的核心管理思想主要包括以下四个方面。

①客户是企业发展最重要的资源之一。企业发展需要对自己的资源进行有效的组织与计划。随着社会的发展，企业资源的内涵也在不断扩展，从认识有形资源到认识无形资源，从认识无形资源再到意识到人力资源也是一种企业资源，后来信息也成为一项企业重要的资源，以至于人们把现在称为信息时代。而今，“知识”业已发展成为当前企业的一项重要资源，信息总监让位于知识总监，这在知识型企业中尤显重要。

如今，企业关注的重点早已由提高内部效率向尊重外部客户转移，客户的地位也日趋上升。客户的选择及其对企业的评判决定着这个企业的生死命运，因此，客户也已成为当今企业最重要的资源之一。CRM 系统中对客户信息的整合集中管理就体现出将客户作为企业资源之一的管理思想。**在很多行业中，完整的客户档案或数据库就是一个企业颇具实力的资产。**通过对客户资料的深入分析并应用销售理论中的 2/8 法则将会显著改善企业营销业绩。

②对企业与客户发生的各种关系进行全面管理。企业与客户之间的关系，不仅仅是单纯的销售过程中所发生的业务关系，如合同签订、订单处理、发货、收款等，而是包括在企业营销以及售后服务过程中发生的各种关系，如在企业市场活动、市场推广过程中与潜在客户发生的关系；在与目标客户接触过程中，内部销售人员的行为、各项活动及其与客户接触全过程所发生的多对多的关系；还包括售后服务过程中，企业服务人员对客户提供关怀活动、各种服务活动、服务内容、服务效果的记录等，这也是企业与客户的售后服务关系。

对企业与客户之间可能发生的各种关系进行全面管理，将会显著地提

升企业的营销能力、降低营销成本，还可以控制在营销过程中可能引起客户抱怨的各种行为，这便是 CRM 系统的另一个重要管理思想。

③进一步延伸企业供应链管理。20 世纪 90 年代提出了（ERP）系统，但 ERP 系统的实际应用并没有达到“企业的供应链管理需要”这一目标。这既与 ERP 系统在自身功能方面的局限有关，也与 IT 技术发展阶段的局限性有关，最终 ERP 系统又退回到帮助企业实现内部资金流、物流与信息流一体化管理的系统上来。

CRM 系统作为 ERP 系统中销售管理的延伸，借助 InternetWeb 技术，突破了供应链上企业间的地域边界和不同企业之间信息交流的组织边界，建立起企业自己的内部营销模式。CRM 与 ERP 系统的集成运行才真正解决了企业供应链中的下游链管理，将客户、经销商、企业销售部全部整合到一起，实现企业对客户个性化需求的快速响应。**同时也帮助企业消除了营销体系中的中间环节，通过新的扁平化营销体系，缩短响应时间，降低销售成本。**

④客户关系管理是一种经营哲学。CRM 是一种经营哲学而不是一种数据库应用。在合适的方案管理客户关系被正确设计出来以前，首先需要创建这种关系的经营哲学：谁是我们的客户？如何定义客户关系？如何正确对待我们的客户？无论人们怎样回答，都必然要将这种经营哲学付诸行动，一个 CRM 应用开发者很可能将他的客户关系哲学建筑在 CRM 应用之中，所以，在任何一个 CRM 系统之中，总是有一个隐含的经营哲学：应该如何对待客户。

（3）成功实施客户关系管理的两种方式

关于客户关系管理的实施，一般有两种方式。

①呼叫中心。CRM 是一种旨在改善企业与客户之间关系的新型管理机制，它应用于企业的市场营销、销售、服务与技术支持等与客户相关的领域中。CRM 的目标是以快速和周到的优质服务吸引和保持更多的客户，提高客户忠诚度，最终为企业带来利润增长。CRM 是一个涉及对企业原有的管理模式、组织架构、工作流程进行变革、重组的渐进的过程。也因此，呼叫中心作为 CRM 的一个有效工具，为 CRM 建立一个集成的、自动化的沟通平台，使企业的客户关系管理信息化、自动化。

如果将企业比做一台计算机的话，呼叫中心就起着类似于计算机的键盘、显示器等终端设备的作用。呼叫中心作为 CRM 重要的技术手段，是企业与市场的接口、媒介，是企业信息的交汇点、轴心。它收集、处理、应用企业信息的工作与企业的变革息息相关，一个集成、自动化的呼叫中心的重要性就在于：

- 可以为客户提供统一、一致的企业及其产品信息；
- 可以自动收集积累客户资料、分析客户行为模式，为企业的发展战略提供支持和保证；
- 可以通过当前所拥有的客户资料为客户提供具有很强针对性的服务，从而提高客户满意度，继而提高客户的忠诚度、增加企业的亲和力。

呼叫中心必须具有灵活、弹性、应变等特点，它可以采用各种信息处理技术，最大限度地获取客户的资料，最大限度地应用客户信息、产品信息、市场信息为客户提供实时、准确、一致、有效的服务。只有这样，呼叫中心才能成为强有力的商业竞争工具，可以使 CRM 密切地配合客户商务战略。呼叫中心融合 ERP、CRM，实际上，无论是商品的宣传、销售还是售后服务，本质上都是一个企业与客户进行交互式信息交流的过程，而这种交流恰恰是呼叫中心的特长所在。

②销售自动化。CRM 从一个集中式的应用程序变形为一个企业级创新，这与它开始主要做销售自动化（SFA）密不可分。

SFA 产品的最初作用是改善销售产品率，鼓励销售人员记下并交流他们所在领域的活动。然而，SFA 产品已逐步集中在培育客户关系和提高客户满意度上。一般的销售自动化包括：规范销售流程；在组织内推广销售制胜策略；促进营销、销售和客户支持部门之间的合作；整合流程、培训和沟通。企业的生存依赖于与客户建立一个长期的良好关系。销售自动化能够通过其强大的功能帮助企业吸引、留住并发展客户关系。

营销自动化提高企业的营销部门和其营销计划的有效性。它使营销活动的执行变得简单易懂，例如为什么他们要执行这些营销活动，以及他们要吸引的客户的种类和数量。所有的营销活动——商业展览、直接邮件、广告和促销都能够被轻松跟踪、优化，所以销售部能够得到最好的市场调查资料。

销售自动化专为满足销售代表和销售管理的日常工作要求而定制。SFA 帮助销售人员收集和组织客户和联络人信息。功能特点包括日历、活动管理、客户管理和机会管理、报告分析、预测、客户数据库和网络共享。网络共享功能使得信息快速传播和全球化，在企业内部和企业之间共享信息并进行合作。

如果离开了“以客户为中心”那么，企业经营管理便失去其存在的价值，所以，现代企业经营管理的核心乃是客户关系的经营与管理。客户处于不断变化之中，客户关系管理也应当不断变革创新。

二、有效的新手段：十种管理新武器

企业管理变革或创新，需要管理手段的变革与创新的支持，没有具体的管理手段的变革与创新，整个管理变革与创新只能流于形式或口号。从某种意义上说，管理手段的创新与变革引发整个管理的变革与创新。

管理手段的创新是为企业整体管理变革而服务的，其最终目的是提高企业经济效益，增强企业竞争力，使企业能够持续发展。在企业变革过程中出现的管理新手段，诸如七步分析法、价值工程法、看板法、最优生产技术法、日清日结法、合同全面控制法、“高竞人”造就法、薪酬自助餐法、安全积分法等等，无不为企业管理变革增添了新鲜血液，使管理变革充满蓬勃生机与旺盛活力。

作为变革时代的企业，以创新的管理手段拓展自己的生存与发展空间，是睿智而必然的选择。

1. 商机“七步分析法”：新创企业的管理新思路

“七步分析法”是世界最著名的咨询企业麦肯锡公司总结出的一套对商业机遇的分析方法。它是一种在实际运用中，对新创公司及成熟公司都很重要的工作手段。

（1）确定企业的市场在哪里

传统行业的市场大家都是很清楚的，比方说自行车市场、汽车市场，但一些新创的服务性市场，市场到底是什么？大家都还搞不清楚。如许多高科技公司在做软件，是套装软件还是服务性软件？要界定出企业是做的哪一块。

这里一是要搞清楚市场是什么？再一个是企业在市场中的价值链的哪一端？如要给企业提供一个管理软件或叫管理方案，是软件的集成商，还是套装软件商，或是平台提供商？确定自己的市场在哪里，才能比较谁和你竞争，你的机遇在哪里。如用友是一家软件提供商，它的市场是中国的企业，它先是企业软件的集成商，现在又做到了套装软件商。

（2）分析影响市场的每一种因素

知道自己的市场定位后，就要分析该市场的抑制、驱动因素。对一般新创公司来讲，它找的多是新兴的市场，这就不如一些传统的市场如汽车市场那样成熟，大家可以用一些成型的模式或数据来进行分析，如平均每年增长多少。**当然一些老的模式今天也都面临着新的挑战**。如 WTO 就是一个有可能是驱动、有可能是抑制的因素，目前大家谁都不知道，而且它对每个行业的影响是不一样的。要意识到影响这个市场的环境因素是什么？哪些因素是抑制的，哪些因素是驱动的。

此外还要找出哪些因素是长期的，哪些因素是短期的？如果这个抑制因素是长期的，那就要考虑这个市场还要不要做？还要考虑这个抑制因素是强还是弱？如一家外国银行想在中国开公司，但中国的规管制度对它是一个抑制因素，不让它做。但随着 WTO 的实施，这项制度就成为一个短期的抑制因素，从长期来看，外国银行还是要进入这个市场，虽然现在还存在一个很强的抑制因素。

（3）找出市场的需求点

在对市场各种因素进行分析之后，就很容易找出该市场的需求点在哪里，这就要对市场进行分析，要对市场客户进行分类，了解每一类客户的增长趋势。如中国的房屋消费市场增长很快，但有些房屋消费市场却增长很慢。这就要对哪段价位的房屋市场增长快，哪段价位的房屋市场增长慢，哪个阶层的人是在买这一价位的，它的驱动因素在哪里等问题做出分析，要在需求分析中把它弄清楚，要了解客户的关键购买因素，即客户来买这件东西时，最关心的头三件事情、头五件事情是什么？对于大企业的客户来讲，他最关心的是质量要好、功能要齐全，他不太在意价位是多少。但对于中小企业来讲，价位第一，然后才是安装、使用简便，功能不需要齐全。这就是讲，要进行公司市场的细分。

（4）做市场供应分析

即多少人在为这一市场提供服务，如服务类市场中的软件市场，有套装软件提供商，有系统软件集成商，有方案提供商，最后还有运营商。**在这一整个的价值链中，所有的人都在为企业提供服务，因位置不同，很多人是你的合作伙伴而不是竞争对手。**如奶制品市场中，有养奶牛的，有做奶产品的，有做奶制品分销的。如果公司要做奶制品分销，那前两个上游企业都是合作伙伴。不仅如此，还要结合对市场需求的分析，找出供应伙伴在供应市场中的优劣势。

（5）找出新创产品的空间机遇

供应商如何去覆盖市场中的每一块？从这里能找出一个商机，这就是公司必须做的。这样分析后最大的好处是，在关键购买因素增长极块的情况下，供应商却不能满足它，而新的创新产品正好能补充它，填补这一空白，就是商业机会。这一点对创业公司和大公司是同样适用的，对一些大公司的成功的退出也是适用的。对创业公司来讲，这一点就是要集中火力攻克的一点，这也是能吸引风险投资商的一点。

（6）创业模式的细分

知道了市场中需要什么，关键购买因素是什么，以及市场竞争中的优劣势，就能找出新创公司竞争需要具备的优势是什么，可以根据要做成这一优势所需条件来设计商业模式。但当新创公司发现了这个市场很有利，很多人又无法满足这一市场时，新创公司又容易犯这样一个错误：“想吃的东西太多、太长”，价值链从头到尾都想要自己做。**软件要自己做，集**

成要自己做，营销也要自己做。创业模式的战线拉得太长，不能集中优势兵力。这就要在价值链上精心挑选出公司的最有竞争力的一段模式，而后在外围了解跟谁联合，跟谁竞争；是短期的联合还是长期的联合；是外部的营销联合还是内部的研发联合，以及如何去征服这块市场。这就要在新创公司的商业模式中体现出来。如果做软件，这时就要能回答出来用友是竞争对手还是合作伙伴，IBM、微软是竞争对手还是合作伙伴。

还有一个要注意的是，任何一个公司每年要达到的目标是不一样的，要在时间轴上进行设计。从静止轴上来看，新创公司目前只能做系统集成商，这是第一步，但三年后可能要进入成套的软件制造商领域，这是一条战略道路。价值链肯定会有变化。对于新创公司来讲，第一步是先把市场占住，需要大量的合作伙伴，但随着公司的发展，自有的知识产权会越来越多，价值链会越来越长。这些是要逐步做到的。

(7) 风险投资决策

以上六点作为商业机会的分析，大小公司都可以运用，但这第七点就是针对风险投资商的。风险投资商主要看投资的增值能力，什么时候投，投多少，这要结合风险投资商自身的财务能力、公司的背景、经历。**风险投资商投的不光是钱，他是需要考虑各方面的因素的。**

作为新创公司要找出自己的优势在哪里，需要多少钱，也要了解风险投资商方面的情况，否则的话，不了解对方的优势、投资的意愿、过去都投过的项目，他对你会很不感兴趣。如果公司正好是他需要挑中的那一块，知道他对这个领域很感兴趣，想在这里发展，而且他在这一块能得到最大的增值，风险投资商就会很愿意投资。

> 卓越管理无止境，只有不断学习，不断关注世界的发展，管理者才有可能跟上时代的步伐，以高瞻远瞩的目光为企业开创美好的未来。

2. ABC 分类管理法：科学管理的辅助工具

（1）**ABC 分析法的内涵**

ABC 分类管理法又称巴累托分析法、重点管理法等。它是根据事物有关方面的特征，进行分类、排队，分清重点和一般，有区别地实施管理的一种分析方法。

ABC 分析法的基本原理，可概括为“区别主次，分类管理”。它将管理对象分为 A、B、C 三类，以 A 类作为重点管理对象，**其关键在于区别一般的多数和极其重要的少数**。

（2）**ABC 分析法的实施程序**

ABC 分析法包括“开展分析”与“实施对策”两个基本程序。

①开展分析。开展分析是“区别主次”的过程。它包括以下步骤。

Ⅰ. 收集数据。即确定构成某一管理问题的因素，收集相应的特征数据。以库存控制涉及的各种物资为例，如拟对库存物品的销售额进行分析，则应收集年销售量、物品单价等数据。

Ⅱ. 计算整理。即对收集的数据进行加工，并按要求进行计算，包括计算特征数值、特征数值占总计特征数值的百分数、累计百分数；因素数目及其占总因素数目的百分数、累计百分数。

Ⅲ. 根据一定分类标准，进行 ABC 分类，列出 ABC 分析表。各类因素的划分标准，并无严格规定。习惯上常把主要特征值的累计百分数达 70% ~80% 的若干因素称为 A 类，累计百分数在 10% ~20% 区间的若干因素称为 B 类，累计百分数在 10% 左右的若干因素称 C 类。A 类因素通常占累计因素数目的 5% ~15%，为主要因素或重点因素；B 类因素占累计因素数目的 20% ~30%，为次要因素；C 类因素占累计因素数目的 60% ~80%，为最次要因素。

ABC 分析表有两种形式。一种是将全部因素逐个列表的大排队式。它适用于因素数目较少的分析项目。另一种是对各种因素进行分层的分析表。**它适用于因素数目较多，无法全部排列于表中或没有必要全部排列的情况**。列表时要先按主要特征值进行分层，以减少因素栏内的项数，再根据分层结果将 A 类因素逐一列出，进行个别管理。

Ⅳ. 绘制 ABC 分析图。以累计因素百分数为横坐标，累计主要特征值百分数为纵坐标，按ABC分析表所列示的对应关系，在坐标图上取点，并联结各点成曲线，即绘制成ABC分析图。除利用直角坐标绘制曲线图外，也可绘制成直方图。

②实施对策。实施对策是“分类管理”的过程。根据ABC分类结果，权衡管理力量和经济效果，制定ABC分类管理标准表，对三类对象进行有区别的管理。以库存管理为例，如表3－1所示。

表3－1　ABC分类管理标准表

项目＼分类	A	B	C
管理要点	为了压缩库存投入较大力量精心管理，将库存量压缩到最低水平	按经营方针调节库存水平，有时控制严一些，有时松一些	集中力量订货，以较高的库存来节省订货费用
订货方式	计算每一种物资的订货总量，按经济订购批量，采用定期订货的方式。每种物资订货总量由预测决定	采用定量订货方式，当库存降到订货点时便提出订货，订货量为经济批量	采用双堆法，用两个库位储存物资，一个库位发货完了，由另一库位发，同时补充第一个库位的存货
定额水平	按品种，甚至按规格控制	按大类品种控制	按总金额控制
检查方式	经常检查	一般检查	按年度或季度检查
统计方法	详细统计，按品种、规格规定统计项目	一般统计，按大类规定统计项目	按金额统计

ABC分析法较多地应用于企业物资管理，但也可应用于企业管理的其他领域，如生产管理、质量管理、设备管理或作为其他现代化管理技术（如价值工程）的辅助工具。

3. 价值工程法：有效管理的科学方法

价值工程有广泛的应用范围，大体可应用在两大方面：一是在工程建设和生产发展方面。大的可应用到对一项工程建设，或者一项成套技术项目的分析，小的可以应用于企业生产的每一件产品，每一组部件或每一台设备，在原材料采用方面也可应用此法进行分析，具体做法有：工程价值分析、产品价值分析、技术价值分析、设备价值分析、原材料价值分析、工艺价值分析、零件价值分析和工序价值分析等等。二是在组织经营管理方面。价值工程不仅是一种提高工程和产品价值的技术方法，而且是一项指导决策，有效管理的科学方法，体现了现代经营的思想。**在工程施工和产品生产中的经营管理也可采用这种科学思想和科学技术**。例如：经营品种价值分析、施工方案的价值分析、质量价值分析、产品价值分析、管理方法价值分析、作业组织价值分析等。

（1）价值工程的意义

价值工程是一种用最低的总成本可靠地实现产品或劳务的必要功能，着重于进行功能分析的有组织的活动。价值的表达式为：

$$价值（V）=\frac{功能（F）}{成本（C）}$$

价值（V）是指某种产品（劳务或工程）的功能（F）与成本或费用（C）的相对关系，也就是功能（F）与成本（C）的对比值。功能是指产品的用途和作用，即产品所担负的职能或者说是产品所具有的性能。**成本指产品周期成本，即产品从研制、生产、销售、使用过程中全部耗费的成本之和**。衡量价值的大小主要看功能（F）与成本（C）的比值如何。人们一般对商品有个“价廉物美”的要求，“物美”实际上就是反映商品的性能和质量水平；“价廉”就是反映商品的成本水平，顾客购买时考虑“合算不合算”就是针对商品的价值而言的。

价值工程的主要特点与意义是：以提高价值为目的，要求以最低的产品周期成本实现产品的必要功能；以功能分析为核心；以有组织、有领导的活动为基础；以科学的技术方法为工具，从而达到降低成本提高经济效益的效果。

（2）价值工程提高价值的途径

价值工程提高价值的基本途径有五种。

①提高功能，降低成本，大幅度提高价值。以公式表示如下：

$$\frac{F\uparrow}{C\downarrow}=V\uparrow\uparrow$$

②功能不变，成本降低，提高价值。以公式表示如下：

$$\frac{F\rightarrow}{C\downarrow}=V\uparrow$$

③功能有所提高，成本保持不变，从而提高价值。以公式表示如下：

$$\frac{F\uparrow}{C\rightarrow}=V\uparrow$$

④功能略有下降，成本大幅度降低，从而提高价值。从公式表示如下：

$$\frac{F\downarrow}{C\downarrow\downarrow}=V\uparrow$$

⑤以成本的适当提高，换取功能的大幅度提高，从而提高价值。从公式表示如下：

$$\frac{F\uparrow\uparrow}{C\uparrow}=V\uparrow$$

在长期实践过程中，总结了一套开展价值工程的原则，用于指导价值工程活动的各步骤的工作。这些原则如下：

- 分析问题避免一般化、概念化，要作具体分析；
- 收集一切可用的成本资料；
- 使用最好、最可靠的情报；
- 打破现有框框，进行创新和提高；
- 发挥真正的独创性；
- 找出障碍，克服障碍；
- 充分利用有关专家，扩大专业知识面；
- 对于重要的公差，要换算成加工费用来认真考虑；
- 尽量采用专业化工厂的现成产品；

- 利用和购买专业化工厂的生产技术；
- 采用专门生产工艺；
- 尽量采用标准。

这12条原则中，第1条至第5条是属于思想方法和精神状态的要求，提出要实事求是，要有创新精神；第6条至第12条则是组织方法和技术方法的要求，提出要重专家、重专业化、重标准化。

(3) 价值工程的应用步骤

价值工程已发展成为一门比较完善的管理技术，在实践中已形成了一套科学的实施程序。这套实施程序实际上是发现矛盾、分析矛盾和解决矛盾的过程，通常是围绕以下七个合乎逻辑程序的问题展开的：a. 这是什么？b. 这是干什么用的？c. 它的成本多少？d. 它的价值多少？e. 有其他方法能实现这个功能吗？f. 新的方案成本多少？功能如何？g. 新的方案能满足要求吗？按顺序回答和解决这七个问题的过程，就是价值工程的工作程序和步骤。即：**选定对象，收集情报资料，进行功能分析，提出分析和评价方案，实施方案，评价活动成果。**

①选定对象。价值工程对象选择的原则是，在生产经营上迫切要求改时，同时在改时功能、降低成本上有较大潜力的。选择对象的方法常用的有经验分析法、ABC分析法、百分比分析法。

②收集情报资料。围绕选定对象，收集各方面资料。价值工程成果大小，在一定程度上取决于情报收集的数量、质量和是否及时。

③进行功能分析。功能分析是价值工程的核心。功能分析一般包括功能定义，功能分类，功能整理，功能评价四个步骤。

④提出、分析和评价分案。经过功能分析和评价，明确了奋斗目标，价值工程活动的参加者应当在充分地运用情报资料的基础上，尽可能从各种角度提出方案，以便筛选出最优方案提交实施，制定方案的基本步骤有两个：提出改进方案；评价选出最佳方案。

⑤实施方案。排出实施计划，提出工作内容，落实进度要求，还要制订质量要求，验收标准，以及明确责任单位。

⑥评价活动成果。方案实施后，经过一段时间的应用，应由主管业务

机构对成果进行评价、鉴定，以成果的经济效益、社会效益的评价为主。

> 一个勇于革新的企业，不仅要在生产那些在商业上有利可图的新玩意方面不同凡响，在对竞争环境中各种变化不断做出应对方面也应匠心独运。

4. 最优生产技术法：实现最优化生产管理

最优生产技术最早是在以色列产生和发展起来的，是一种优化生产管理的技术。它为生产管理提供了一种新的管理思想和手段。

(1) 最优生产技术的含义

最优生产技术（Optimized Production Technology），简称 OPT。**其主要思想是，当市场需求量超出企业的生产能力时，产品产出率就会受到某些工序产出率的限制，无法充分满足用户的需求**。一个企业只有同时提高产出率、降低库存和生产费用，才能使企业有赢利的可能性。因此，OPT 就把控制重点放在提高产出率和降低库存上面。为了最大限度地提高产出率，对其他零件的需要量也是由流经瓶颈工序零件的数量而定的。如果非瓶颈工序提供的零件超过瓶颈工序零件产出率，那些超出的部分就形成在制品积压。这不但不能增加产品产出量，而且还因过多生产出一时并不需要的零件，浪费了生产资源，增加了在制品库存，导致生产成本上升。因此，OPT 的主要处理逻辑就在于找出瓶颈工序，并使瓶颈工序上的资源（如设备、技术工人等）得到充分利用，同时安排好非瓶颈工序的资源配置，使之能与瓶颈工序生产率保持同步，制品积压减少到最低程度。

(2) 最优生产技术的目标

最优生产技术强调，任何制造企业的真正目标都只有一个，即在现在和将来都能赚钱。**要实现这个目标，必须在增加产销率的同时，减少库存和运行费**。

按照最优生产技术的观点，在生产系统中，作业指标有以下三种。

①产销率（T）。按 OPT 规定，它不是一般的通过率或产出率，而是单

位时间内生产出来并销售出去的量，即通过销售活动获取金钱的速度。生产出来但未销售出去的产品只能是库存。

②库存（I）。库存是一项暂时不用的资源。它不仅包括为满足未来需要而准备的原材料，加工过程的在制品和一时不用的零部件，未销售的成品，而且还包括扣除折旧的固定资产。库存占用了资金，产生机会成本及一系列维持库存所需的费用。

③运行费（OE）。它是生产系统库存转化为产销量的过程中的一切花费，其中包括所有的直接费用和间接费用。如果以货币来衡量，T 是需进入系统的钱，I 是存放在系统中的钱，OE 则是将 I 变成 T 而付出的钱。

（3）最优生产技术的应用

OPT 在生产控制过程中的应用一般分为三大步。

①找出瓶颈工序，合理确定作业计划。根据 OPT 的思想，首先要在生产系统中辨识可能产生的瓶颈，构造出关键资源和非关键资源网络，然后以瓶颈工序为基点确定作业优先权，对通过瓶颈工序流向关键资源网络的零件顺排（“推”的方式），对瓶颈工序前的和非关键资源网络的零件倒排（“拉”的方式）。由于瓶颈资源排序考虑了能力约束和相关作业优先权约束，因此，某个产品的最终完工期限可能与产品产出进度计划中的交货期要求有偏差，必须对产品产出进度计划进行修正，以保证上层计划（产品产出进度计划）与下层计划（自制件投入产出计划）的协调一致。

②关键资源调度优先。**由于瓶颈资源约束着整个企业的产出，因此，必须仔细安排关键资源的使用。**使瓶颈工序百分之百地负荷是 OPT 控制的重点，可采取适当提高瓶颈工序的加工批量办法节约设备调整时间，把更多的时间用于生产。

③合理使用非关键资源。非关键资源调度的目的是使零件在非瓶颈工序上的投入产出时间与瓶颈工序的要求保持同步。为了降低在制品占用和缩短提前期，可以考虑在某些工序上实行小运输批量和加工批量的方法。而为了保证对瓶颈工序的供应能力，通常在瓶颈工序前设立一定的缓冲库存量，在发生原材料短缺或设备出现故障时不致影响瓶颈工序的正常运转。

5. 看板管理：实现精益化的重要手段

看板管理是实现企业精益化的重要管理手段，是在生产技术革新基础上发展起来的全新的管理手段。

(1) 看板管理的含义

看板管理又称视板管理，是一种用于生产现场控制作业的管理方法。看板，又称传票，是一种传递信号的载体。看板可以是用纸片做成的卡片，也可以是灯光或小旗子一类的信号，或者是一种告示牌等。**运用看板组织生产，按照看板运行机制控制生产系统中物料流的大小和速度，就构成了看板控制系统。**

(2) 看板的功能

看板是工序之间、部门之间进行生产沟通的重要工具。看板管理经过多年的不断发展和逐步完善，形成了一套完整的生产运作系统，同时也已形成了一些重要的功能，主要包括以下四个方面。

①传递生产及运送的工作指令。传递生产及运送的工作指令是看板的最基本、最主要的功能。企业的生产管理部门根据对市场的预测和订货的情况而制定的生产指令只下达到总装配线，各前道工序的生产运作均依据看板进行。在装配线将记录着产量、时间、方法、顺序以及运送数量、运送时间、运送目的地、放置场所、搬运工具等信息的看板，从所使用的零部件上取下，凭此再向前一道工序领取必要的量，而前一道工序也只生产被这些看板所领走的量。“后工序领取”与“适时适量生产”就是这样通过看板来实现的。

②看板必须按既定的运作规则使用以防止过量生产及运送。根据“没有看板不能生产，也不能运送”这一条规则，各道工序若没有看板，就既不进行生产也不进行运送。看板数量减少，则产量也就相应地减少。**因为看板表示的是必要的量，因此通过看板的使用可以做到自动防止过量生产及运送。**

③进行“目视管理”的工具。根据看板的另一条运作规则“看板必须在实物上存放”“前工序按照看板取下的顺序进行生产”，作业现场的管理

人员可以对生产的优先顺序一目了然，并且只要一看看板上所表示的信息，就可以了解生产运作的状况。

④改善的工具。看板的功能除了生产管理功能之外，还有另一个重要功能是改善功能。这一功能主要是通过减少看板的数量来实现的。看板数量的减少，就意味着工序间在制品数量的减少。假设某个工序设备出现故障，生产出不良产品，根据“不能把不合格的产品送往下一道工序”的看板运作规则，就会使下一道工序的需求得不到满足而造成全线的停工。因此问题就立即暴露出来，就必须立刻采取改善措施来解决问题。

(3) 看板的分类

看板可以根据传递信息的方式和在工序间的位置不同，可做出不同的分类，其中主要的分类大致如下。

①根据作用对象的不同，看板可以分为传送看板和生产看板。传送看板是指零件在前后两道工序之间的物流传递移动过程，规定了传送的物流种类、数量以及传送的时间。生产看板是用于生产加工过程中指挥工序的加工之类的工作，规定了生产的零部件数量、生产的时间等等。

②根据在每个工序中的位置与功能以及在各个工序中的位置的不同，看板又可以分为以下五种。

Ⅰ. 信号看板。信号看板是在不得不进行成批生产的工序所使用的看板，例如冲压工序等。

Ⅱ. 工序内看板。工序内看板是各工序进行加工时所使用的看板。这种看板规定了所要生产的零部件及其数量，它只在工作地和出口存放处之间往返，例如多数的机械加工工序就采用这种看板来进行管理。

Ⅲ. 工序之间的看板。工序之间的看板是后工序到前工序领取所需的零部件时采用的看板。**这种看板的使用主要是由于精益企业采用后工序牵动前工序进行生产的方式所造成的。**

Ⅳ. 外协看板。这种看板与工序之间的看板类似，主要应用于外部的协作厂家。外部的协作厂家可以看作是前面的“工序”，在看板上主要记载了进货单位的名称和具体的进货时间、每次进货的数量等信息。

Ⅴ. 临时看板。这种看板是进行设备维护、设备修理、临时任务时所使用的看板，它的使用具有临时性的特点。例如设备的保全和修理、加班进行生产时所需要的看板。

（4）看板的使用方法

看板是一种用来传递信息、组织生产的手段。假如制定看板的使用方法不够周详，生产就会无法正常进行，而精益企业的特点也就在于可以根据不同的情况，使用不同的看板，从而对生产的过程进行牵引，以确保生产的进行。

看板的使用方法主要表现为以下四种。

①信号看板的使用。信号看板在车间中的作用在于显示所需生产的产品数量，一般它被挂在成批量的产品上，若这批产品的数量减少时，就将看板摘掉送回生产工序。根据看板显示的所需数量、生产工序安排生产。

②工序内看板的使用。**工序内看板是随着零部件在制品及产品的实物形式之下同步运作的。**后工序在完成整个生产过程之后来领取产品，并将同产品在一起的工序内看板取下换上传送看板，而还需生产的产品数量可以从被取下看板的数量了解。若没有被取下的看板，就表示不再需要生产此种产品。这种看板使用方式的优点就在于即使进行多种产品的生产，也可对每种产品的生产情况做到有效地掌握，从而确保生产的均衡化。

③工序之间看板的使用。工序之间的看板作用是向前一道工序传送信息。假设前一道工序传送的零部件或在制品已经使用完了，那么就要将工序间的看板从零部件上取下并送回到前一道工序，说明零部件已经用完需要进行补充生产。这些看板通常会放在工序之间看板回收箱之中，由生产运作的管理者进行回收且向前一道工序传送信息。

④外协看板的使用。首先将使用完的零部件的看板进行回收，而回收之后的看板依照协作厂家的不同进行分类。在协作厂家送货的时候将回收的看板取回，再根据看板上所显示的数量及时间进行生产。产品的运送时间、使用时间、看板的回收时间及下次生产开始的时间之间的时间差是需要注意的，这是因为回收看板的时间与厂家送货的时间是不统一的。因此只有根据时间差对看板所提供的数量进行调整，按时间的间隔安排送货，才能消除时间差，达到精益作业的要求。

（5）看板管理的规则

①在使用的时候，不论是移动看板还是生产运作看板，都一定要附在

装有零部件的容器上。

②需方必须依据移动看板到供方工作地提取所需的零部件，或供方收到由需方发出的信息，依据移动看板转送零部件。但这一过程必须要依照需方的要求传送零部件，没有移动看板不得传送零部件。

③要求使用标准容器，不允许使用非标准容器或使用标准容器却不依照标准数量放入。**这样做的好处是不仅可以节省搬运和点数的时间，还可以防止零部件的损伤。**

④只生产运作从生产运作看板盒中取出一个生产看板的量，即一个标准容器所容纳数量的零部件。当标准容器装满时，必须要将生产运作看板附在标准容器之上，且放置于出口存放处。在生产运作过程中，必须要依照看板出现的先后顺序进行。

⑤不良产品不得交给下一道工序。生产不良产品本身就是一种浪费，假若再将这些不良产品交给下一道工序的话，不仅会造成新的浪费，而且还会影响整个作业线的工作。因此，在严格控制不良产品出现的同时，还必须严格禁止不良产品进入下一道工序。

若依照以上规则，生产运作就会形成一个极其简单的牵引式系统。也就是，每一道工序都为下一道工序准时提供了所需的零部件，每个工序都在需要的时候从其上一道工序得到所需的零部件，使物料从原始加工到最终的装配都同步进行。

看板管理是实现企业生产精益化的重要管理手段，主要用于生产现场控制作业的管理。看板管理是在生产技术革新基础上发展起来的有效的管理创新。

6. 日清日结法：基础管理的创新设计

日清日结法是根据现代管理理论，在“按质论价，按利计奖”模拟市场核算体系基础上，以分厂、工段、班组三级核算为手段，以指标层层分解、责任落实到人为保证措施，以各工序产品（半成品）及劳务有偿转移为依据，达到成本的超前控制和职工的有效激励，实现各生产要素的合理配置，确保企业效益最大化的管理方法。

（1）日清日结法的内涵

日清日结法主要包括两个方面，即“日清”和“日结”。

所谓“日清”就是厂、段、班当日生产经营过程中的产量要清、质量要清、成本要清、效益要清，工人所得奖金要清。在统一、规范的统计表格、台账的基础上，做到对当天的投入、产出、利润、奖金回报心中有数。

所谓“日结”有三层含义：第一是结果，即对当天的各种表格、台账进行认真统计核算，得出正确的结果以便分析。第二是结论，即对统计结果进行认真分析，与计划指标相对比，找出影响指标完成好坏的各种因素，确定问题点。第三是解决，找出问题后的关键是解决问题，对当日能够解决的、本厂能够马上办的，马上办；对需要其他单位或部门协助办的，要抓紧时间尽快办；对需要请示领导帮助解决的，要主动汇报力争早办。“日清”与“日结”的关系是相辅相成的，“日清”的目的是为了“日结”，是为了更好地指导生产和调动广大职工的积极性，而“日结”的要求，又使“日清”工作的开展具有现实意义，其深层次含义实际上是把企业中一部分生产资料的管理权、使用权交给职工去行使。

日清日结法的运行，要求企业必须有扎实的基础管理，符合市场经济规律要求的核算体系和完善的奖金分配体制。

①日清日结法要求各分厂把本单位承担的计划利润、超计划利润指标以及构成利润的产量、质量、成本等指标根据工作性质和可控程度，按分厂→工段→班组→个人的形式层层分解，各工序间产品和劳务实现有偿转移。这就要求企业必须有一套完整的符合市场经济规律要求的按质论价的核算体系。

②日清日结法要求最小的核算单位都要做到当天的利润当天清楚，这就要求企业要有扎实的基础管理，种种计量、检测手段完备，各类统计、会计台账、报表规范准确，要有一支素质较高的核算队伍。

③日清日结法是在指标层层分解的基础上，划小核算单位，让每名职工都有家可当，有财可理，有责可负，有利可得。因此就要求企业要有一套完善的，上下一贯制的奖金分配体系，分厂、工段、班组、个人所创造

的效益与应得奖金水平要一致，严格避免所创效益与应得奖金不对等的“两层皮”现象。

(2) 日清日结法的主要内容

日清日结法主要包括指标分解、指标核算、核算结果的分析及核算结果的考核与分配等几方面内容。

①指标分解。所谓指标分解，就是将企业年初下达的各单位的利润指标、超创利润指标，按价值量层层分解到各职能部门、工段、班组、个人，形成由大到小、从宏观到具体的指标体系，确定相应的完成指标的保证措施并落实专人加以负责。

指标分解的原则是：a. 以利润的形式，按价值量分解；b. 应分尽分，不留死角；c. 谁可控谁承担，责任到人；d. 指标分解与保证措施相结合。

指标分解内容主要是企业年初下达给各单位的超计划利润，同时还包括产量、质量、成本及其构成项目等与本厂效益密切相关的其他指标。

所有指标都要落实到具备主要控制手段的责任人，每项指标都要有相应的保证措施。落实保证措施主要从以下几方面入手：新技术、新成果的应用；革新、改造；专题攻关；精细操作，深化管理等。要落实专人负责，制定详细的可行性计划，要有明确的阶段性目标和长远目标，以及实施办法和检查方案等。

②指标核算与分析。日清日结法要求每日要对各自承担指标的完成情况进行核算与分析。

③建立完善的奖金分配机制。在奖金分配上要求做到：a. 各单位必须建立日清日结考核责任制。责任制的主要内容应包括：对指标分解、指标核算、核算台账、核算板在具体操作过程中的要求和奖罚制度；b. 分厂、工段、班组必须按核算结果分配奖金。职工当月所得奖金必须与本人承包指标或业绩紧密相连，坚决杜绝考核指标与奖金分配“两层皮”现象；c. 奖金分配必须经本单位经济责任制考核小组正式会议通过后执行。分厂、工段、班组必须有本月奖金分配记录。禁止少数人分奖和人为平衡奖金；d. 坚决禁止各部门以任何理由私分或截留职工奖金，奖金必须在本部门公开场合公布。

(3) 日清日结法的五大原则

实施日清日结法必须遵循以下五大原则。

①全心全意依靠员工的原则。日清日结法通过指标层层分解，把生产资料的使用、管理、核算落实到每个员工，通过按利计奖的模式，把员工的利益与企业的经济效益紧密结合起来，使员工与企业结成责、权、利相统一的共同体，形成自我管理、自我约束的新机制。

②以价值量为中心的核算原则。日清日结法在指标分解与核算过程中，要求必须按价值量进行。**最终以利润这种形式，使内部核算、内部价格更接近市场。**

③核算实行有偿转移的原则。贯彻日清日结法，要坚持实行内部核算有偿转移的原则，把内部所有能转移的产品、劳务都确定内部价格，使发生转移的双方形成“买”“卖”关系，形成厂内市场。

④民主管理原则。日清日结法要求做到“千斤重担大家挑，人人肩上有指标”，要充分发挥每个员工的聪明才智和主人翁精神，紧紧围绕效益这个中心，特别是对自己承担的指标，提出合理化建议，小改小革，最大限度地为企业创利增效。

⑤奖金分配公开透明，实行监督、制约的原则。日清日结法，在严格核算的基础上，要使奖金分配和承担指标紧密结合在一起。杜绝分配没有和效益挂钩的“两层皮”现象。在分配过程中，要实行民主监督，加强廉政建设，确保分配的公平、公正、公开、透明。

(4) 日清日结法的主要作用

日清日结法的主要作用有以下四个方面。

①成本超前控制。实行日清日结法后，当天工作，当天核算清楚，可以通过当天成本、利润的波动情况，及时掌握生产过程中出现的各种要因变化，并通过要因分析和整理，使影响因素得到克服和纠正，以维持各工序的高效运作。

②变少数人积极为多数人积极。过去一些核算指标，平时只有少数管理人员清楚，多数人不知道，现在指标每天上墙公布，使每个员工心里既有压力，又有动力，有利于公平竞争。

③工段、班组之间产品和劳务实现了有价转移。**实行日清日结后，员工都变得“斤斤计较”**。实物消耗、劳动力转移等各项核算数据都成为每个员工关注的热点，生产指挥者也要按经济规律办事，明确了工序关系，顺畅了管理渠道，形成一个自上而下的清晰的物流、信息流网络。

④促进企业基础管理工作上档次。每一笔核算都涉及计量、检测、统计、会计等各个管理环节，任何一个环节都可能影响核算的准确性和及时性，都可能影响到每个员工的切身利益，因此企业必须加强基础管理工作，方能真正实现日清日结法的最终目标。

7. 合同全面控制管理：责任清晰，条理分明

市场经济是契约经济，企业与企业之间的相互行为，必须依据合同规定进行，然而有些企业对合同管理并不重视，以致因为合同管理薄弱、程序不合法、条款不严谨、合同主体不合格、权利义务不清、违约责任不明确等各种原因造成不必要的损失。所以，如何加强合同控制管理成了企业维护自身利益，保障企业经营管理正常运行的重要手段。

(1) 合同全面控制管理的主要内容

企业合同全面控制管理的整个体系由六个方面构成，即科学的组织体系、完善的规章制度、坚实的基础工作、严格的过程控制、健全的激励机制和人员的素质保证。并从全员、全过程和全方位三个角度对涉及的所有要素进行有效的控制，达到杜绝合同失误、避免合同纠纷、提高经济效益的目的。

(2) 全面合同管理的具体做法

①以人为本，强化培训，提高全员素质。提高公司全员素质主要进行三个层次的教育培训。

Ⅰ. 培训领导层。加强这个层次培训：一是公司领导定期参加《合同法》知识讲座，在分公司领导干部培训中，增设合同管理的内容；二是把法制教育，特别是《合同法》的教育作为分公司领导学习的重要内容之一；三是规定各直属单位的主要领导必须是合同管理领导小组组长，亲自抓合同管理。

Ⅱ. 培训合同承办层。**在市场经济条件下，合同管理者、合同承办人员处在市场交易活动的前沿，是企业形象的代表**。因此，必须利用各种机会对合同具体管理者进行培训。对专兼职合同管理人员进行了五个方面的教育：一是学习国家的法律法规和公司的有关规定；二是邀请工商局合同管理和有关方面的专家、学者进行专业知识培训；三是利用合同纠纷案例对照法律法规进行案例分析；四是利用经济犯罪案例进行廉政教育；五是适时组织召开全公司的合同管理经验交流会，及时总结经验和教训，互相学习交流。通过这些教育培训，使全体合同管理员树立依法办事的法制观念、规范合同行为的自我约束观念、合同管理的效益观念，增强依法自我约束的能力。

②健全制度，实施全过程控制。健全完善的制度是实施合同全过程管理的基础。完整的制度体系对合同管理机构与职责、委托代理及签约责任人、合同专用章管理使用、合同订立与履行、考核与奖惩等等都做出了详细规定。在此基础上要抓住八个环节，有效地进行合同全过程控制。

Ⅰ. 合同立项审批。合同立项是合同管理的起点。为了立好项，一是公司提出并实施按月审报计划、集体会审、按计划采购的规范措施；二是由主管部门首先汇总审查，核对情况；三是由分管领导召集主管部门、专业人员、财务人员进行集体会审。由于采取以上措施，所以基本上制止了人情合同、关系合同的发生。

Ⅱ. 资信调查。签约对方主体是否合格、是否有履约能力，是签约前必须掌握的一个重要问题。因此，公司要求业务部门详细调查对方的资信情况，坚决做到五不签合同：一是信誉和经营状况不好不签；二是超出供货厂商履约能力不签；三是代理人超出代理权限不签；四是没有进行资信调查不签；五是“三证（营业执照、生产经营许可证、资质证）一书（授权委托书）”不全不签。同时，认真负责地填写《资信调查表》，并与合同一起送合同管理部门进行审查。

Ⅲ. 合同洽谈。针对买方市场的情况，加强合同谈判的管理。合同谈判实行集体会审制，提高合同签约的透明度，同时充分发挥价格管理体系、质量保证体系、合同主管部门、监察部门的作用，为保证谈判质量，为合同的签约、履约打下良好的基础。

Ⅳ. 合同起草。合同起草必须准确表达双方谈判确定的意思，做到：条款不漏项；标的物表达清楚、标的额计算准确；质量有标准、检验有方法；包装物、提（交）货地点、运输方式和结算方式明确；违约责任及违约金（或赔偿金）计算方法准确；文字表达严谨，不使用模棱两可、含糊不清的词语。**合同起草完后要认真地进行检查。**

Ⅴ. 合同审查。合同管理部门要对合同实行七审：一审合同双方的信誉和履约能力等资信情况，防止合同欺诈；二审合同的质量、数量、规格，防止错订；三审合同标的物的价格及其他收费是否合理；四审合同文本使用是否合规，合同条款是否齐全，用语是否准确，违约责任是否符合法律规定；五审法人资格是否有效，代理人的代理资格是否合格，防止出现无效代理；六审经济担保是否合法；七审合同定金、预付款是否合理。

Ⅵ. 合同章管理。公司制定合同章使用管理规定强调了四点：一是合同章必须由专人保管使用，并采取严密的防范措施；二是外出签订合同需要携带合同章的，必须经主管领导同意，由两人以上携带外出，不允许任何人以任何理由擅自携章外出；三是使用合同章必须进行登记，以作备查；四是合同章丢失、被盗不仅对负责人和管理人员进行经济处罚，还要对当事人进行行政处分。

Ⅶ. 合同履行。公司在合同履行管理过程中落实合同履行责任人，规定凡 5 万元以上的合同，在合同履行完毕后，必须写出履行报告，经合同主管部门和分管厂领导签字后方能进行财务结算付款。

Ⅷ. 结算付款。实践证明，财务结算也是一种合同管理行为。所以，合同管理把合同立项到合同结算付款均纳入全过程管理，并规定了财务人员在这一过程中的职责，严把结算付款关，防止欺诈行为发生，这就有力地保证了合同的履行，维护了企业的权益。

③强化职能，实施全方位管理。合同管理涉及企业生产的各个方面，仅有合同管理部门的管理活动是难以完成管理职能的，必须发挥相关职能部门的作用，实施全方位管理，才能达到有效控制的目的。**做法是：重大合同计划部门参与合同洽谈，非重大合同由计划部门审查签字；**工程、设备、技术等专业管理部门、财务部门参与公司重大合同的谈判；未参与的合同要进行会签，以有效地保证财务监督。各直属单位对其管理范围内的

合同，也按上述模式运行。目前，公司应形成由合同管理部门综合负责，各业务专业部门分口把关，条理分明的全方位管理模式。

8. “高竞人”造就法：企业的新希望

在激烈的市场竞争中，企业要获得可持续发展，首先必须拥有高素质竞争员工，即“高竞人”。“高竞人”造就法，向企业管理者提供了评价选择，培养造就“高竞人”的方法，为企业人力资源管理提供了重要的手段。

(1)“高竞人”的由来

世界上的绝大多数人可以从个性上分为两大类：一类人愿意寻找机遇和接受挑战，愿意努力工作取得良好业绩，这些人的进取心非常强，往往是工作狂，无论安排他们做什么事情，他们总能做得很好。而另一类人对生活、工作往往持消极态度，这些人不但缺乏工作主动性和创造性，而且交给他们做的工作，其结果往往不尽如人意。心理学将第一种人称为“A型人”，而将第二种人称为“B型人”。管理学家将具有“A型人”特征的人称为“高成就动机者”，他们的研究表明：“高成就动机者”主要是后天环境造成的，是可以被激发，并可以培养造就的。我国企业在招聘和造就优秀人才时，如果直接应用“A型人”或“高成就动机者”这些概念，不一定能取得好的效果，因为“高成就动机者”往往以个人成功作为唯一的参照，而企业所需要的优秀人才是能够将个人目标与企业目标实现最佳结合的人。因此，企业有必要利用“A型人”或“高成就动机者”的研究成果，发展出一种能够具备二者优点、克服二者缺点的新概念：高竞争素质员工，即“高竞人”。

(2) 评价“高竞人”的指标

“高竞人”的评价指标主要有以下几个方面。

①是否有明确的工作目标。目标明确才会有具体的行动，有明确的目标才能产生大的动力。明确的目标包括做一个好会计，成为全公司最好的销售人员等。

②是否喜欢挑战性工作。“高竞人”的一个突出特征是：喜欢那些必

须“跳一下才能够得着”的挑战性工作，既不是安于现状者，也不是希望侥幸成功的赌徒。

③是否认为全身心投入工作是一种快乐。全身心地投入工作是做好一件事情的必要条件。统计数据表明：**绝大多数人的智力都差不多，究竟谁能够成功，往往就取决于谁投入工作更多。**对一般人来说，全身心地投入工作往往被视为一种痛苦，而对“高竞人”来说，全身心地投入工作则是一种生活方式，一种愉快。这种特性可能是天生的，至少是长期形成的。

④是否经常被一些成功人士的事迹所激励。一些人在报纸、杂志或电视上看到那些历尽艰辛获得成功的人的事迹往往激动不已，并成为激发自己努力奋斗的动力。事实表明：一个有远大目标的人也会有消沉的时候，他或她需要经常从周围发生的事情中获得继续拼搏的动力。

⑤是否非常希望工作成果能够被社会所承认。“高竞人”的特征之一是希望自己的工作成果能够被社会承认。相反，那些不关心自己工作成果是否能够得到社会承认的人，要么是与世无争的人，要么就是一个不具备竞争能力的人。

⑥遭受失败时，是否往往将原因归于自己的努力不够。日常生活工作中有两类人，一类人总是喜欢将失败原因全部归于客观因素，而另一类人虽然也认识到失败的原因中有客观因素，但是考虑到个人较难控制和改变客观原因，于是他们往往将失败的主要原因归于自己的努力不够。心理学上将第一类人的表现称为“外归因”，第二类人的表现为“内归因”。**一个人对失败采取“内归因”还是“外归因”，是衡量一个人是不是“高竞人”的指标之一。**“高竞人”就是什么事情都在自己身上找到原因，苦苦地自己想办法解决。

⑦是否经常觉得自己很幸运（感恩心理）。日常生活工作中有些人总是将自己与那些比自己更“幸运”的人比，因此，他们总是不满，甚至激愤不已，这样的人很难成为一个“高竞人”。只有经常觉得自己很幸运，对生活、对社会怀有感恩心理，这样的人内心才可能平和，才可能担当大任。

⑧一生中是否有过成功的经历。一个从来没有获得过成功的人不可能有足够的自信面对未来，另外，在一个机会很多而且充满竞争的社会中，

一个人总是不成功，要么是能力不够，要么是他的想法脱离现实。

通过这个问题，不但可以了解被测者是否成功过，是否对未来有信心，还可以根据他或她认为什么是成功，从而了解他或她的抱负水平。

⑨是否喜欢竞赛，每次考试或竞赛前，是否紧张得睡不好觉。生活中至少有两类人：一类人喜欢竞赛，他（她）们不但能够在竞赛中正常发挥自己的水平，甚至也能使自己超水平地发挥。另一类人害怕竞赛，或竞赛的心理素质比较差，他（她）们在竞赛前非常紧张，睡不好觉，甚至根本睡不着，以致在竞赛中不能发挥正常水平，“高竞人”必须是第一类人。

⑩如果对目前的工作不满意，但是找新工作又很困难，会怎么办。20多年来，我国的改革开放为人们提供了很多发展机会，不少人充分利用这些机会，并获得成功，也有不少人由于患得患失，到今天就只能“望洋兴叹”。分析这些人的经历就可以发现哪些人是“高竞人”。

⑪人生目标是否经常随着环境而变化，不断调整，而且呈不断上升的趋势。绝大部分成功人士都不是从一开始就能确定一生目标的，在不同阶段，他们往往都有不同的目标，当他们做好一件事情之后，他或她就向自己提出了更高的目标，这样就出现“马太效应”——越来越好。**相反，不少人却“小富即安”，取得一定的成功就“小人得志”起来。**

⑫看到那些通过自己努力获得巨大成功的人，是什么感觉。看到那些曾经是自己的朋友、同学、同事的人（那些曾经与自己各方面能力差不多，甚至还不如自己的人）获得巨大成功，往往有两种完全不同的态度，一些人为自己找借口，一些人获得强大动力。“高竞人”必须是后者。

（3）如何培养造就“高竞人”

①企业管理者和员工需要确立一个共识。这一共识即企业必须是一个高度竞争的组织，招聘和造就“高竞人”对员工个人和企业都是最好的事情。

人生态度可以分为三大类：一是崇尚成功，甚至认为成功就是一切；二是人生的目的是追求幸福，而人生的不幸往往都是由于欲望太多，为了追求幸福，人应该斩断奢望，追求内心的清静无为；三是尽力而为，谋事在人，成事在天。

企业在招聘新员工时，应该尽量选择第一类和第三类观念的人，使企

业或应聘者都各得其所。

②通过讨论和培训等方式使所有员工都知道“高竞人”具有哪些特点，使员工有进行自我修炼和自我提升的依据。

事实表明，受过训练的人在两年后取得的成就明显地高于条件类似但没有受过训练的人。

③用优秀的企业文化造就“高竞人”。企业应该创造一种文化：崇尚奋斗精神，崇拜通过艰苦努力获得成功者，鄙视依赖他人。

管理学家的研究指出：如果一个国家流行出版物、流行歌曲等涉及成就感的内容愈多，这个国家经济增长就愈快。

④帮助他们“化腐朽为神奇”。人们对痛苦、失败、挫折和受辱，有两种截然不同的态度：或被彻底击垮，或得到升华。对后者来说，痛苦、失败、挫折和受辱是他们的财富，是他们“化腐朽为神奇”的契机。

企业应该设立有关如何对待痛苦、失败、挫折和受辱方面的培训课程，介绍这方面的大量成功案例，如：“感谢生活”“带着感激生活”“谢谢那一段债务如山的日子”等等；另外，在企业内寻找这方面的榜样。使痛苦、挫折、失败和受辱成为员工进取的动力和财富。

⑤帮助“高竞人”学会心情放松。企业应该帮助那些具有高竞争素质的员工在紧张的工作之余学会如何放松。如：a. 拼命地工作，拼命地玩（放松）；b. 提高对生活的认识，保持平和的心态；c. 感谢生活。所有快乐的人都心怀感恩，不知感恩的人不会快乐，一个人期望的越多，感恩心就越少，就越是没法放松。在期望获得满足的一刹那，我们必须想到这绝不是必然的，而是幸运；d. 采用发泄疗法、森田疗法等等。

另外，企业应该将员工满意度的调查和改进作为常规工作之一。

⑥将曾经是“高竞人”，但现在已经不再具备高竞争素质的员工及时调离重要职位。有的人也许一生都是“高竞人”，而有的人只想在某个阶段做“高竞人”。企业对现有员工进行测评后，如果发现某些人已经不是“高竞人”，因而不适合企业的某些高竞争性的工作时，应该及时地将他们调离高竞争性的职位。

⑦为所有员工提供充分发展的机会，在工作中注意随时发现“高竞争素质”的人，并及时提升他们。**通过不断地提拔和淘汰，逐渐使企业的大**

多数员工成为“高竞人”。

在这方面，一些优秀企业已经有不少成功经验，如海尔改“相马”为“赛马”，实行“你有多大能耐，给你搭多大舞台”；联想公司实行人才竞争：“从赛马中识别好马”，为员工“提供没有天花板的舞台”，提倡“人人都是发动机”，对某些员工进行有意识地培养；用工作轮换的方式进行造就等等。

> 在激烈的市场竞争中，企业要获得可持续发展，企业必须建立一个能够吸纳、造就和留住企业所需要的大量优秀人才的机制。这样就可以使企业的绝大多数员工的竞争素质远远高于社会的平均水平，从而使企业能有更大把握在竞争中获胜。

9. 薪酬自助餐：用人管理的激励动力

随着时代的变化，员工的需求已呈多样性、动态化发展趋势，以往单一死板的薪酬体制已缺乏足够的吸引力。在这种情况下，一种新的薪酬手段——薪酬自助餐应运而生。

(1) 一般薪酬方法的缺陷

常见的薪酬方法一般由五个部分组成：底薪、奖金、提成、分红、福利、额外津贴、额外赏金等等。而所有这些薪酬表现形式的一个基本依据是员工在公司中的职位，获取更多薪水的唯一途径是雇主将雇员提升到更高一层的职务级别，当雇员达到他的职务顶端时，加薪即告一段落。

这种职位与薪金的紧密螺旋循环模式隐含的危机在于以下三个方面。

①激励机制失灵。薪水是由职位决定的，与业绩的直接关联不紧密，而职位多是论资排辈，按部就班。在这种体制下，刚刚加入的新员工由于资历浅、职位低，相对微薄的薪水无法刺激新员工的积极性；而老员工则躺在自己苦熬出来的资历簿上安稳地享受着公司补偿的丰厚报酬，同样缺乏继续进步的积极性。

②激励动力枯竭。通过提高员工的职务级别来增加他的薪水，这个命题的前提条件是公司必须要有一个很长的职务级别链。职务级别链越长，

员工越有盼头，激励动力才能持续长久。不过，这种激励动力总有枯竭的时候，因为公司的职务级别链不可能无限延伸，当员工的职务级别达到最顶层时，他的加薪旅程也走到了尽头。

③激励成本攀升。由于激励原理简单、激励手段单一，公司只能通过在底薪的基础上根据员工一段时期的表现增加薪水来激发员工的工作积极性，挽留员工，尤其是核心员工和重要员工。这就意味着公司在员工身上的投资会逐渐上升，而对应的生产效率并不是以同样的速度在递增。**同时工资又具有“向上刚性”的特征，涨工资皆大欢喜，降工资则怨声载道。**

（2）薪酬自助餐的特点及作用

自助式的薪酬方法是在公司和员工充分沟通的基础上来确定员工的薪酬形式，它主要的特点是：多样性、定制化和动态性。

①薪酬自助餐的多样性突破单一的现金形式。由于员工的需求是多样的、动态的，所以员工的报酬也应该突破单一的现金形式。自助式的薪酬方法将薪酬细分为五大类十种成分，并以薪酬等式的形式表现出来：

TC =（BP + AP + IP）+（WP + PP）+（OA + OG）+（PI + QL）+ X

TC = 整体薪酬

BP = 基本工资

AP = 附加工资，定期的收入如加班工资，还有分红、工作绩效奖励

IP = 间接工资，福利

WP = 工作用品补贴，由企业补贴的资源，诸如工作服、办公用品等

PP = 额外津贴，购买企业产品的优惠折扣

OA = 晋升机会

OG = 发展机会，包括在职在外培训和学费赞助

PI = 心理收入，员工从工作本身和公司中得到的精神上的满足

QL = 生活质量，反映生活中其他方面的重要因素（如上下班便利措施、弹性的工作时间、孩子看护等）

X = 私人因素，个人的独特需求（如：我能带狗一起来上班吗?）

②薪酬自助餐的定制化让员工各取所需。由于不同的员工对薪酬体制有着不同的认识和需求，一刀切的激励机制不能产生最佳的效果，最好的

方式是与顾客市场上的情形一样，实行员工薪酬方法定制化，根据员工不同的需求来安排以上十种薪酬成分的比重，一个员工对应一个薪酬组合。比如某个员工对额外津贴不感兴趣，那么他可以放弃额外津贴这一部分，而挑选能让他感兴趣的部分，诸如生活质量（减少每周工作时间或者早晨可以在家办公）；再如，某个员工不需要医疗保险（因为他的配偶的保险已经将他包括在内了），他就可以把这份原本用于医疗保险的薪酬转换到其他方式上去，比如增加基本工资，还有，某个员工可以选择高工资，放弃一些事后的奖励，而某个员工选择低工资，希望年底多一些分红……总之，定制化的薪酬方案不仅满足了员工的差异化需求，也降低了公司在员工身上的投资成本，提高了投资效率。

在报酬效用无差异曲线上，尽管A点和B点的薪酬组合不同，但它们给予员工的感受是相同的，激励的效果也是一样的。

③薪酬自助餐充满人文关怀。由于员工的需求在不同的阶段、不同的时期有着显著的差异，所以定制化的薪酬方案也不能一成不变，需要根据员工需求变化的情况做相应的调整。比如年轻员工希望在直接工资和晋升机会、发展机会等方面的比重大一些而随着年龄的增大，员工可能对间接工资、生活质量等方面有了更多的关注。

薪酬自助餐的实施能产生极大的激励动力，又降低激励成本，充分调动员工的积极性和创造性。

（3）薪酬自助餐实施方法

①最终的薪酬目标必须与公司和员工今后的发展方向相一致。公司在照顾员工个性化需求并为其定制薪酬方案的同时，也要注意适当约束和引导，创造一种积极向上的企业文化氛围，不可因此而混乱了公司正常的管理秩序。

②确立以团队为基础的奖励概念。薪酬自助餐鼓励员工之间的协作与相互学习。

③必须允许员工参与。员工薪酬方案暗箱操作的做法越来越得到员工的厌恶，自助式薪酬方案突出的就是员工积极参与自己薪酬形式和内容的确定，如同在自助餐厅吃自助餐一样，根据自己的口味选择自己喜爱的菜肴。决策人员需要与员工进行充分的沟通、交流，与员工共同商定其一段

时期内的薪酬方案。同时还需要一定的透明度，允许员工公平竞争。

④实施分类管理。不同的员工对公司的价值和重要性是不同的，其类似人才的市场供求状况也是不同的，公司对他们的薪酬方案的设计和管理花费的时间应有所区别。按照 ABC 管理法则，公司的 A 类人员（占公司总人数的 20%），是公司的中坚力量，他们的贡献远远超出了雇佣他们的成本，公司必须留住他们，所以他们的薪酬方案需要精心设计，支付的薪水也应该高出市场平均水平 20% 甚至更多；公司的 B 类人员（占公司总人数的 60%），是公司的雇佣大军，他们一般恪尽职守，兢兢业业，对公司忠诚，所以可以按照市场平均水平或略高于市场平均水平来支付他们的薪水；公司的 C 类人员（占公司总人数的 20%），业绩差，效率低，已经成为公司的累赘，公司需要劝说他们离职，所以应该支付给他们低于市场平均水平 10% ~20% 的薪水。

薪酬管理是激励性极强的管理利器，它能有力地开发员工的潜在能力，提高员工的主动性和创造性，有力地推动企业的发展。

10. 安全积分法：安全管理的有效手段

安全对于任何一个企业，无论是过去现在，还是将来，都是天大的事。安全第一是企业管理永恒的主题。**对安全管理任何时候都不能掉以轻心，麻痹大意**。为了时刻警醒员工安全生产，必须对员工的违章行为进行有效的监控，这样才能减少违章行为，杜绝违章事故发生。因为违章事故是违章行为积累的结果，所以使用“安全积分法”以累计分值的形式记录职工的违章行为，能有效地监控可能发生违章事故的个人，减少或避免事故的发生，实现安全生产。

（1）安全积分法的内涵

安全积分法就是对可能出现的违章行为进行预知，并且量化为分值，违章行为一旦发生，就将相应的既定分值记入个人违章档案，逐次累积，达到一定标准后按照制度处理，从而实现对职工安全业绩连续量化评价的一种安全管理手段。

（2）**“安全积分制”的操作方法**

①与《安全经济责任制考核办法》相对应，对常见违章行为设定积分法。安全违章行为一经查出，除按规定进行经济考核外，还要按《安全积分法》进行积分。

②设定帮教分值为 5 分，积满 5 分者为帮教对象，帮教时间为 3 个月，帮教时间享受综合奖的 50%。

③设定容许分值为 10 分，积满 10 分者为安全危险分子，离岗培训 3 个月，培训期间享受试岗待遇。

（3）**“安全积分法”的理论依据**

①组织行为学的强化理论。强化理论就是把心理学的学习和条件反应原理应用于影响人们工作中的激励和绩效过程。安全积分法与安全经济责任制考核配合使用，就是采用了负强化的方法，在某个人做出某种违章行为之后，管理者采取经济考核安全积分的措施否定或消除这种行为，使其减弱，甚至不再发生。“安全积分法”的特点在于当某个人再次发生与前次同等程度的安全违章行为时，行为产生的结果要强于前次行为产生的结果，因为违章的次数越多，离 5 分线或 10 分线就越近，这种行为结果的放大，有效地加强了有害行为减弱的趋势。

②管理心理学的近因效应。**众所周知，最近发生的事件留给人们的印象最深刻，事件发生的时间越远，被人们淡忘得越彻底。**“安全积分法”就是为了当某一个人发生安全违章行为并接受经济考核和安全计分时，在这之前发生的安全违章产生的结果从时间上被拉近，与本次行为产生的结果同时发生作用，使“远因”变成近因。“安全积分制”使强化的效果得到加强，作用时间得到延长，即安全经济责任制考核方法对安全违章行为的强化的效果和作用衰减时间每次都是相等的，“安全积分法”方法对安全违章行为的强化效果和作用衰减的时间是逐次递增的。在同样的时间里，实行“安全积分法”方法后，人们的违章次数大幅减少，违章程度大幅降低，避免了违章事故的发生，实现了安全生产。

第四章
最新潮的管理与最基础的管理

现代企业管理是一项十分辛苦的智慧劳动，是一门知行合一的科学艺术。企业管理者既要紧随时代潮流的发展，又要强化企业管理的根基。为此，掌握最新潮的管理方法可适应形势变化，加强最基础的管理环节可提升实力，将两者结合起来，双轮驱动加速企业的变革，应当成为当代企业管理者的任务要求。

一、最新潮的管理：信息化管理

21 世纪是信息经济的时代，信息资源竞争成为竞争的战略制高点，信息资源成了企业生存、发展的命脉。

现代信息技术能够对任何信息进行搜集、处理和加工，从而达到对信息资源及时、准确、充分的利用。**信息技术是 21 世纪企业提高自身竞争力的重要手段。尤其是 21 世纪初叶，企业竞争力的高低将取决于获取和处理信息的能力。**企业发展依靠的是科学的经营管理，而科学的经营管理的基础则是及时、准确的信息。企业管理者必须及时了解市场信息，清楚企业自身经营状况，掌握竞争对手的动态。对企业来说，怎样比对手早一步获得有效的市场信息显得尤为关键，而这一点正是信息技术的优势。正如比尔·盖茨所言，在这个快速变化的商业世界中，企业必须具备与对手竞争需要的反应速度，而这就需要一个类似人类神经系统的企业“数字神经系统”——数字化信息处理系统。于是，信息化管理也就顺理成章地成为企业管理变革的主要内容。

1. 信息化管理：使企业进入快车道

随着全球经济一体化趋势的增强，顾客对产品需求走向多样化和个性化，导致企业产品的生命周期越来越短，企业承受的压力越来越大。信息技术的迅速普及，使企业能更快地捕捉市场机遇、合理配置企业资源、优化企业生产要素，从而生产出能够满足市场需要的产品。

（1）信息化对企业管理的影响

信息化对企业管理的影响是全面而深刻的，渗入到管理的方方面面。

①信息技术对管理手段的影响。信息技术使管理手段现代化。**随着现代信息技术的发展，计算机和网络正在成为企业管理的战略手段。**其功能不单是一般地提高管理效率，而且还将通过管理的科学化和民主化，全面

增强管理功能。通过现代信息技术，企业管理人员及员工可以在任何地点、任何时间使用专用的信息处理器对任何信息进行处理和加工，从而达到对信息资源及时、准确、充分的利用。

②信息技术对管理组织结构的影响。纵横交错的信息网络改变了信息传递方式，使其由阶层（等级）型变为水平（自由）型。与信息传递方式紧密相依的管理组织结构也就从尖顶的“金字塔”型变成扁平的“矩阵”型，原来起上传下达作用的中层组织被削弱或走向消失。高层决策者可以与基层执行者直接联系，基层执行者也可根据实际情况及时进行决策。**分工细化的管理组织已不适应发展需要，相反把相互关联的管理组织加以整合成了大势所趋。**

③信息技术对市场营销方式的影响。网络技术的发展，尤其是互联网的出现，将改变习惯的营销方式。网上营销成本会更低廉，消费者也将会更满意。

④信息技术对生产管理的影响。现代信息技术将使生产管理发生根本性的变革。首先，信息技术配合自动化技术使生产过程自动化；其次，由于信息技术引起的管理组织结构的变化，会使生产管理的设计、组织、计划、控制也发生相应变化；另外，生产管理的方式越来越趋向智能化；最后，由信息技术带来的通畅的信息将使高层管理的控制能力大大增强。

⑤信息技术对财务管理的影响。现代信息技术将使财务管理变得越来越重要，同时财务管理工作却越来越轻松。财务管理人员将从烦琐的财务工作中解放出来，参与企业的生产经营管理，而高层领导能更方便、容易地获取财务信息，从而做出正确的决策。

⑥信息技术对人力资源管理的影响。现代信息技术使得企业对于人力资源的吸收、开发、测试、录用、培训和奖励等都变得更容易，而且费用也大大降低。

⑦信息技术对决策管理的影响。现代信息技术带来了畅通无阻的信息资源，使得企业高层管理者在决策时有了更加丰富的依据。管理人员可以更加容易地运用现代博弈论方法进行企业的战略决策。

（2）企业信息化要求实行管理的变革和创新

信息技术带来的组织变革中，最常见的形式为自动化。这是信息技术在提高员工工作效率与效益方面的首先应用，如计算工资记录和付账登记、连接银行读取机和客户的存货记录、开发航空服务终端的全国网等。自动化就好似给机动车再配上一个更大的发动机。机构变革的更深层形式为过程的合理化，自动化经常暴露出生产过程中的瓶颈，使得现存的机构与处理过程显得复杂多余。过程的合理化使得操作过程流水线化，消除了明显的瓶颈，提高了效率。但这主要是技术上的应用问题，作为管理者更应该注意信息化给管理体制带来的变化。

任何企业谋求生存和发展都离不开其严密的内部管理。在一个企业里，管理渗透到全方位的各项工作中，贯穿于生产、存储、运输和销售的全过程。技术的发展和应用，对管理提出了新的要求。信息技术越来越多地应用于生产领域和流通领域，给各行业带来了一个新的面貌。管理工作的变革和创新，是更合理地使用信息技术这一有力工具的保障。管理信息化是企业信息化变革的重点。**管理信息化，从广义上说就是运用现代电子信息技术对企业生产、经营和管理流程（包括人员）进行全方位改造，重新整合资源，提高效率和效益，增强企业竞争力的过程。**

传统的管理过程，在原来的物质技术条件下是非常合理的，能够起到提高效率、保证质量、帮助决策的作用。但是随着信息技术的应用，它与企业的物质流、信息流显得格格不入，往往会对提高效率、辅助决策起副作用，至少无法起到充分发挥信息技术优势的作用。很早以前，我国就有企业把昂贵的计算机系统应用到传统生产过程中，这种敢为天下先的勇气值得称道，但传统的生产过程本身的障碍使计算机发挥不了什么作用，反而让有的人得出错误的结论："计算机那玩艺没啥用。"如果把技术比作是脚，管理所扮演的自然就是鞋的角色。没有鞋，脚哪里也不能去；脚长大了，却没有换大一些的鞋，脚也跑不快，而且还会挤出泡来。对企业的管理过程进行信息化再设计的过程，就是更换鞋的过程。以前，国外的信用卡服务公司要处理一项顾客投诉其信用卡账单出现错误的业务，需要进行大量的信件往来，经过40个环节来处理，有时甚至要花上数周的时间。随着管理信息化设计的发展，顾客只要拨通电话800就可以被转到用计算机显示所有信用卡账单的人员那里，那么这一问题只需一个电话就能够得到解决。**随着对管理过程的重组，人们所需的工作时间和工作量都可以大为**

减少，并且令客户满意的能力也大大提高。

在信息化的环境中，对管理进行变革的目的是为了提高处理和使用信息的能力。如果企业的规模和它的处理及使用信息的能力不成比例，不仅达不到它所应能达到的创造价值的上限，而且有时将是很危险的。因为那样意味着管理者可能对企业内部潜在的问题认识不到位，对竞争对手可能发起的攻势不能保持警惕，更别说能及时地做出反应。

作为领导者，做出变革的决定是需要很大的勇气和决心的。因为人总有因循守旧的惯性，企业管理方面的变革也会面临各种各样的阻力。有些人并不认为所进行的变革对于企业是有利的，那么，出于对企业负责的态度，他会站出来反对。另一种阻力是来自人们担心由于变革而失去自身利益的心理。管理上的信息化改革，出于对信息的时效性和准确性的考虑，管理机构肯定要进行相应的变化。管理信息系统的应用在很大程度上改变了企业的管理层次结构，中层管理人员由于不再是基层工作与高层领导之间的关键纽带，在企业中的地位下降；普通办公人员的优越性也大大降低，因为终端用户能将完整的信息传送到高层管理者手边，后者可以直接读取信息。人们对现有体制投入的越多，他们反对变革的阻力就越大，因为他们担心失去现有的地位、收入、权势和福利等。这点也说明了为什么老年员工比年轻员工更加反对变革，年老的员工一般来说对现有的体制投入的更多，变革以后可能失去的也更多。另外，变革会带来许多不确定的因素，不只是企业的员工，连企业的领导者——变革的倡导者和指挥者，有时也只能“摸着石头过河”——一边进行学习一边进行改革，其中掺杂的风险性不言而喻。面临这种情况，对企业领导者的胆识和决策能力将是一次考验。

由于技术发展上的原因，引起了企业经济活动和经营活动上的变化。企业在信息时代的环境中，应当表现出灵活多变、反应敏捷的特点，如果企业尚不具备这样的特点，那就应该朝这个方向努力。因为未来的竞争是全球化的，而国外的许多企业信息化建设相对于我国企业领先很多，我国企业应当未雨绸缪，更何况一些行业已经很明显地感觉到了国外企业的威胁。

管理上的信息化，缩减了许多不必要的中间环节。在信息的价值中，时间价值是非常重要的。在第一时间掌握了别的竞争对手所没有掌握的信息，就等于掌握了主动，就有了先行一步的机会，而往往这先行一步与慢行一步的区别，就会带来最终结果的巨大差异。

技术的发展使得管理机构和管理过程必须进行相应的变革，这样才能发挥出技术所蕴含的生产力的作用。因为传统的等级制的企业结构已经不再适应时代的要求，我们需要对其进行重新设计，使之具有灵活、高效、反应敏捷的特点。不是说这样就一定能在正在到来的企业信息化、经济全球化的浪潮中屹立不倒，而是说不这样做就一定站不住脚。传统的等级制度是当初西方在工业化时代探索出的一种管理模式，它在工业化时代发挥了不可估量的作用，这是不容否认的。但是现在等级制度的时代即将成为过去，我们必须从现在就开始对新的信息时代的企业管理模式进行探索和实践，不能指望等外国的企业结束了探索的过程以后再“坐享其成”。那个时候已经为时晚矣，即使我们的企业能够侥幸存活到那个时候，也已被挤压在狭小的空间里，连喘气都困难，又怎能翻身呢？而且，我国的经济发展有其自身的特点，我国企业也肩负着完成工业化和进行信息化改革的双重使命，照搬别人的经验不一定有效，更多的时候还需要我们自己去摸索。**弯路是不可避免的，但我们应该尽量地少走一点。任重而道远，但迟早都要出发，晚一步不如早一步。**

（3）企业信息化管理的主要内容

企业组织管理人员对所有层次上的需求信息进行界定，明确各领域所需的信息范围，再对信息收集的可行性进行分析，明确可收集信息和将来可收集信息的范围和途径。企业信息的收集可分为企业内部信息的收集和外部信息的收集。企业内部的信息包括企业生产经营领域内的各类信息，如企业生产设备情况、人员的劳动生产率、企业目前的资金状况、企业通信条件等等。企业外部信息包括企业所处的社会环境信息（如政府政策、社会经济态势、信息技术的发展等）、竞争对手的信息（如市场份额的状况、竞争对手的竞争策略、竞争对手的经营状况等）以及顾客信息（如顾客分布、顾客的爱好、顾客的产品需求等）。

明确信息收集的人员配置，通过恰当的信息收集途径有针对性地获得信息。而收集得到的信息形式可能是多种多样的，专门人员对信息实质内容的把握要清晰。

①对信息进行分析的原则。对收集到的信息进行分析，在分析过程中应把握如下原则：

- 要明确目标，由目标作为进行信息分析的向导；
- 要遵循逻辑规则，掌握信息的内在逻辑结构关系；
- 要注意信息的时序关系，正确反映信息的历史变化过程；
- 要讲究适当的方法，做到对信息分析的科学性；
- 要注意发挥人员主动性，提高人员对信息分析的能力。

②信息利用的方法。利用信息分析的结果，在企业经营过程中发挥信息的价值，指导生产经营决策的制定。在对信息进行利用时，有几种方法可以使用：

- 累积法：把信息分类积累，达到一定程度时，零星的信息会产生一种积聚效应；
- 综合法：把握信息的内在联系，从局部看整体，综合地发挥信息的整体效应；
- 推导法：利用信息之间的因果关系、关联度和类比性，以及多项拓展途径，进行合理推导，得出新结论；
- 联想法：通过非逻辑的推理过程起到智慧的激发和触类旁通的作用；
- 预警法：识别征兆，把握苗头，使信息发挥预警作用；
- 置后法：将暂时没用或用不上的信息储存起来，放到以后利用，体现信息的置后效应；
- 觅主法：信息的使用针对其实际使用者，才能发挥信息的价值。

如果把企业比做一部汽车，那么信息化管理就是全新的发动机，企业只有装配上信息化管理这一强力引擎，才会在信息技术的快车道上飞驰，从而超越对手，取得领先的优势。

在全球信息化的推动下，企业信息化管理将是一种不可逆转的趋势。管理信息化不是一般意义上的新技术运用和革新，而是更高层次上的全新管理。

2. MIS：为企业插上腾飞的翅膀

(1) MIS 的含义与作用

MIS 是企业管理信息系统（Management Information System）的简称，是运用现代化的数据处理设备和方法，对企业的管理信息进行收集、加工处理、存储和传输，对企业的行为进行控制，辅助企业进行决策，系统地实现企业经营目的的一种综合性的人—机管理系统。

MIS 作为各个企业的管理信息系统，无法用一种标准的、一致的结构来描述。这里，按照企业的管理职能来描述企业管理信息系统的结构。**企业的管理机构可以按一定的职能划分成若干个部门，因此，企业的管理信息系统也可以按管理的职能来建立。**根据职能的不同，可将企业的管理信息系统分成若干个子系统，而每一个子系统又有不同的管理层次。

系统和子系统是相对的，一个子系统可以是一个大系统的子系统，同时它又包含更低一级的子系统。如上述的企业人事子系统又可分为职工档案管理、人事计划管理、劳动管理等子系统或模块。

在上述人事子系统中，职工档案管理模块、人事计划模块、劳动管理模块等又可进一步细分。**市场销售、生产管理等其他子系统，也可类似人事子系统按功能进行细分。**

可见，企业管理信息系统（MIS）是一个复杂的系统结构，是系统中各个组成部分之间相互关系的总和。

企业 MIS 建设的主要作用有以下三个方面。

①辅助分析。企业对生产经营活动进行决策，需要各种生产经营数据作为依据。在人工的数据处理方式下，由于条件所限，只能按条条块块提供定期的报表，难以根据需要提供各种综合分析的数据，所以只能根据经验做出企业的决策活动，因而其决策常常带有一定的盲目性。这种粗放式

的经营方式是一种低水平的运作，会造成大量的浪费。而通过计算机系统将数据组织起来，可以随时提供各种所需的数据，保证决策的准确、及时。

②规范化管理。企业中的许多数据管理并不像财务管理那样，有一个严格的制度，常常带有较大的随意性。数据采集的时间、格式、计算方式等，往往是根据经验和记在脑子里的公式完成的，且不便于审核，容易引起混乱、错误。计算机系统为数据处理提供明确的尺度，使之标准化、规范化。

③节省人力。大量的重复计算由计算机处理，可以减轻人的劳动强度，更重要的是，在输入数据以后，所有的处理都由计算机系统来完成，可以免去人工方式下的许多中间环节，达到节省人力的效果。

另外，值得注意的是，在管理机制大变动的时期，如果利用好 MIS 这个工具，对于企业领导有效地把握管理过程，形成新的管理机制是很有用的。

总之，MIS 是集计算机技术、网络通信技术为一体的信息系统工程。采用先进、适用、有效的企业管理体制，运用于企业管理的各个环节和层次，可以改善企业的经营环境、降低生产成本、提高企业的竞争力，改善企业内部商流、物流、资金流、信息流的通畅程度，使得企业的运行数据更加准确、及时、全面、翔实；对各种信息进一步加工，使企业领导层的生产、经营决策依据充分，更具科学性，更好地把握商机，创造更多的发展机会；有利于企业科学化、合理化、制度化、规范化的管理，使企业的管理水平跨上新台阶，为企业持续、健康、稳定的发展打下基础。

（2）MIS 的开发方式

企业的管理信息系统（MIS）开发方式有以下四种：自我开发、移植开发、合作开发和委托开发。

①开发方式的比较分析。从许多企业的应用实践、经验教训中，这里对企业管理系统四种开发方式的优缺点简单作些归纳总结和比较分析。

Ⅰ. 自我开发，即依靠本单位自身力量独立开发。最大优点是能结合本单位的实际需要，针对性和适用性较强，同时管理信息系统的维护和功能扩展较为经济、方便。

明显缺点是开发难度大、周期长，且一般开发水平不高，产品功能不强。

Ⅱ. 移植开发，即根据需要购置现有的成熟软件，集中力量进行消化吸收和移植。最大优点是可避免重复劳动，实现资源共享，同时缩短开发周期，节约开发时间和资金。

明显缺点是现成的软件通用性较强，并非完全适合本单位需求，要进行一定的修改和功能扩展才能运行使用。而且软件是目标代码形式，自行移植、维护及功能扩展困难较大，同时培训消化需要较长时间，弄不好就会与本单位实际管理工作形成两张皮，事倍功半，变得面目全非。

Ⅲ. 合作开发，即与高等院校或科研单位联合开发。最大优点是研制的水平和质量较高，产品能够结合本单位的实际需要，且易脱离原先落后的管理模式，大幅度提高管理水平，同时亦可锻炼自己的队伍，提高自身的技术力量。

明显缺点是开发周期长，投资总额不易控制，往往会超出预算，系统的维护和功能扩展通常需要合作单位的长期协助。

Ⅳ. 委托开发，即是一种“交钥匙”式的开发方式，全权委托或承包给外单位开发。最大优点是责任明确，组织管理、计划控制及经济问题的处理较为简单。

明显缺点是事先提出明确无误的系统目标较为困难，不易约束对方，开发周期长，很难适应时变性的管理要求；日常运行的维护、应用修改及功能拓展因运行管理和更新建设已截然分开而变得困难，需完全依赖开发单位。很可能会出现这样的情况：使用者感到系统没有满足自己的需要，大量投资没有得到预期的效益，开发者觉得用户的需求总在变化，无法满足，维护工作没完没了，总脱不了手，像是无底洞。

②开发方式的有机结合。上述四种方式各有千秋，但到底哪种方式更好些呢？能否考虑把四种方式糅合起来，兼收并用呢？要回答这个问题，有必要先明白：管理信息系统是出于管理的需要而成长起来的，而不是从外面造好了硬装到管理体制中去的，管理信息系统建设和发展的主体必须是（也只能是）管理人员。总结诸多单位开发的经验教训，企业完全可以把四种开发方式有机地结合起来，形成以下两种方式，以便使企业管理信

息系统的开发变得“快而省”“全而实”。

Ⅰ. 以自我开发为主，引进系统为辅。**实践告诉人们，利用别人开发的软件，最终要由自己付出相当大的代价进行日常维护**。基于目前计算机的广泛应用，许多企业都有一定的技术力量，他们对本单位的情况比较熟悉，并能对自身开发系统的生命周期全过程负责到底，这些都是自我开发的有利条件，完全可以放手让他们大胆地干，使管理人员和技术人员相结合，不断完善拓展现有系统，设计开发新系统（必须立足管理工作的当前水平），利用自身力量推动本单位的发展。

不过，自我开发一般周期较长，水平不会太高。对一些通用软件或核心软件，如果市场上已有成熟的软件包，经技术人员的调研考察、精心鉴定后，引进相对合适的软件也是值得和必要的，这样既可以实现资源共享、避免重复劳动，赢得时间，使整个系统能较快地安装使用产生效益，同时又能腾出精力去开发其他应用软件。但应该注意的是由于购买的软件通常只注意通用性和核心问题，对很多问题不一定考虑得很完善，也不可能完全适合本单位的需要，在消化吸收过程中需要稍加修改，并在应用的过程中开发必要的辅助软件。这种自我开发和引进系统的有机结合，必然会大大地促进和加快 MIS 的开发和应用。

Ⅱ. 以自身为龙头，参与合作开发的道路。目前，一些企业的技术和管理人员大都具有良好的组织能力和管理水平，但对 MIS 的了解及应用还有一定的差距。在这种情况下，以本单位为主，和高等院校或科研单位联合开发是比较合适的，请他们提供咨询、参与规划、介绍技术、开发工具，这样不仅能够提高研制的起点和质量，使系统比较结合实际，适应时变性的管理要求，同时也有利于培养业务骨干，推动本单位计算机应用工作的开展，产生巨大效益。

所以以自身为龙头，积极参与进去，走合作开发的道路是切实可行的。具体地说就是根据本单位的具体条件，邀请合作单位共同组织一套班子进行专职的分析与设计，或以聘请顾问的形式进行业务指导和帮助。

当然，各企业所拥有的技术力量不一、开发环境各异，对开发方式的选择应就具体情况权衡利弊，择优选择。

> 信息网络控制着世界，任何事物都无法避免。但是大量无用的信息与我们所需要的信息掺杂在一起，这就需要企业家用慧眼辨别有用信息。

3. DSS：提高企业决策的工作效率

DSS是企业决策支持系统的英文缩写，是在MIS基础上发展起来的。DSS是管理学、信息学、计算机与人工智能等现代化技术相互结合、综合运用的产物，是一种基于计算机信息系统和信息技术，用于辅助决策者进行决策，提高其决策能力和决策水平、提高决策质量和效果的系统。概言之，它的目的是提高决策工作的效率。

（1）DSS的含义与作用

DSS即决策支持系统通过把数据、复杂的分析模型以及能与用户友好交互的软件结合为一体，成为一种独立功能的系统，用于辅助管理决策。它能够支持半结构化或非结构化的决策，且自始至终都是在用户的控制下实现其工作的。

DSS**是支持决策者研究解决半结构化或非结构化决策问题的人—机组合系统**。决策者在决策分析中，通过人—机交互反复调用系统中的数据、知识、方法、模型进行分析，以提高对问题的认识，并选择适合的决策方案。与一般的问题求解系统不同，它并不直接向决策者提供确认为最优的方案，而是以提高决策者的决策能力为目的。事实上，这种定义是比较苛刻的，大多数决策系统并不能完全满足它。所以我们可以把其定义延伸为包括所有对决策有帮助的系统。任何（以各种方式）支持决策的系统都可以说是一个决策支持系统。

（2）DSS的特点和特征

DSS涉及管理、计算机、信息等多个学科，其研究对象包括决策信息与决策模型、决策问题及其环境、组织结构与决策者以及相关的计算机、信息和通信技术。而决策信息、决策模型、决策者是诸要素中的三个最基本的要素。DSS 的目标应该是辅助决策者做出决策，提高决策者的决策技能和组织的决策水平，获得好的经济效益。提高效益是 DSS 追求的主要目标，这一目标与人类活动所追求的最终目标是相符合的。由上述目标决定了 DSS 具有如下特点。

①倾向解决半结构化或非结构化的问题。**解决结构化决策问题是一个一次性的处理过程，而解决半结构化或非结构化决策问题则是一个反复探讨的过程**。因为这类问题存在不确定因素，需要对决策过程进行研究和探索，因而是一个反复认识和实践的过程。

②强调支持的概念，而不是取而代之。DSS 本身并不做决策，它仅是一个辅助性工具，即使把决策专家的知识融合到系统中去也是如此，决策者仍然保持其决策的自主权。

③人—机交互作用。这是由决策问题的性质确定的，系统应能让决策者便于探讨问题。例如，按决策者的希望，系统给出了一个解（可能给出了相应的理由），但决策者对它还不满意，此时他们可以修改其要求，系统又能重新设计求解方案并组织模型进行求解，如此交互进行，直到满意为止。

④追求的是效果和效益。DSS 追求的是帮助组织获得决策的良好效果，即能帮助决策者作出正确的决策，为组织带来经济效益。**因此 DSS 必须是一个有效的系统，支持决策方式的改进，强调决策的有效性。**

⑤使用数据和模型。在辅助决策过程中，DSS 应能提供相关的决策信息和足够的决策模型，并力图把模型或分析技术的使用与传统的数据存储和检索功能结合起来，提供多种可供决策的行动方案和可能的结果，供决策者判断。

⑥操作方便。友好的人—机交互式界面，利于非计算机专业人员的操作和使用，这是 DSS 成功的关键所在。

基于上述特点，可以归纳出 DSS 区别于其他信息系统的五个主要特征：

- 是半结构化或非结构化；
- 是支持性的而不是替代性的；
- 是描述式的而不是过程式的；

- 是效益而不是效率；
- 是易于发展变化的。

在这里，主要强调了 DSS 的作用是支持；解决问题的性质是以半结构化为主要对象；系统追求的目标是效益，即有效性；系统设计应该注重适应决策环境变化的要求，其结构是灵活的，便于扩充和发展；提供给用户描述决策要求的语言应是说明性的语言，只要求用户陈述做什么，使用户乐于使用。

（3）DSS 与 MIS 的主要区别和内在联系

DSS 的产生和发展与 MIS 有着紧密的联系。实际上，MIS 与 DSS 是计算机应用于管理活动的两个不同的发展阶段。关于 MIS 与 DSS 关系的认识，因看问题的角度不同而有所不同。有人认为 DSS 是 MIS 的一个部分，也有人认为 DSS 与 MIS 是人类对信息处理规律认识的不同阶段的不同组成部分。**但不论如何，都说明 MIS 与 DSS 之间既有着不可分割的密切联系又有所不同。**

①DSS 与 MIS 之间的主要区别

Ⅰ. 目标不同。MIS 的目标是问题求解过程的最优化，要求高速度、高质量、低成本地完成任务；而 DSS 的目标是支持管理者提供切实可行的决策方案。

Ⅱ. 求解问题的性质不同。MIS 侧重于解决结构化的管理问题，一般考虑的是建立一个完成例行日常信息处理的系统；而 DSS 侧重于解决半结构化或非结构化的管理决策问题，如长期管理目标。

Ⅲ. 驱动方式不同。MIS 是数据驱动，主要进行数据的管理、操作和利用；而 DSS 是模型和用户驱动，模型系统提供了很强的分析能力。

Ⅳ. 交互方式不同。MIS 强调系统化、科学化的求解方式，在其运行过程中不希望过多的人工干预；而 DSS 强调较高的交互能力，通过用户启动、控制、使用、评价系统和介入系统的全过程来共同完成决策。

Ⅴ. 适应性不同。MIS 在实现上强调系统性、客观性，使系统实现方案符合客观实际情况；而 DSS 强调灵活性、适应性和快速响应能力，要支持决策者的不同风格和方法，支持他们智能的发挥。

Ⅵ. 信息需求不同。MIS 分析设计时，要求体现全局整体的信息需求，强调客观性；而 DSS 分析设计时强调决策者个人的信息需要，这就与决策者的诸多个人因素有关。

②DSS 与 MIS 之间的主要联系

以上介绍了 MIS 和 DSS 的一些主要区别。**事实上，DSS 和 MIS 也有许多相互关联和共同的部分**。它们之间存在的联系主要表现在如下四方面。

Ⅰ. MIS 所建立的各种业务数据库存储着组织中大量基础数据，这是 DSS 最基本的数据源。DSS 的建立可使 MIS 所收集的信息真正充分发挥作用。

Ⅱ. MIS 可以承担收集决策反馈信息的任务，支持 DSS 的决策后果检验与评价。

Ⅲ. DSS 在使用过程中，对那些可以逐步明确的问题模式进行结构化处理，并纳入 MIS 的工作范围。

Ⅳ. MIS 开发的经验和教训为 DSS 的研究和发展提供了有益的借鉴，而 DSS 的工作也包括了对 MIS 工作的审计与检查，为 MIS 的改善和提高指明方向。

由此可见，MIS 与 DSS 不仅有着密切的渊源关系，而且它们在各自的发展中必将相互补充和促进。

（4）DSS 的组成

广义地讲，在一个结构体系环境中，整个决策系统由面向用户的 DSS 以及环境、任务及用户所组成。而就 DSS 本身结构而言，它由一个数据库（DataBase）、一个模型库（ModelBase）以及连接用户到它们之中的一个复杂软件系统组成。这个复杂的软件系统包括所有与数据库和模型库相关联的软件，即数据库管理系统（DBMS）、模型库管理系统（MBMS）以及会话生成管理系统（DGMS）。

①数据库子系统。数据库系统是 MIS 中的主要组成部分。但 DSS 中的数据库子系统与 MIS 中传统的数据库以及数据通信方法有着显著的不同。

DSS 具有一组比通常在典型的非 DSS 应用中丰富得多且重要的数据源。数据既来自内部又来自外部。由于 DSS 是面向高层做决策，因此对经济数据这样的外部数据有着很强的依赖性。

在 DSS 中，从更广泛的数据源集合中捕获和析取数据的过程是十分重要的。在大部分卓有成效的 DSS 中发现，它须生成一个与其他操作数据库在逻辑上分离的 DSS 数据库。它的主要功能为：

- 通过数据的捕获和析取过程，来综合各种数据源；
- 快速而方便地增加和删除数据源；
- 提供各种逻辑数据结构，它是独立于物理存贮结构的；
- 在数据的应用程序之间提供独立性，以减少数据冗余；以及当系统需要改变时可减少对程序的维护。

②模型库子系统。模型库子系统是用来支持决策者做出决策的一个重要工具。它主要支持设计和选择状态的活动。如：演绎、分析、选择、比较、优化、仿真。模型的生成过程必须是灵活的，具有一个强有力的仿真语言和一组模块系统，就像子程序一样，可以任意组配去支持仿真处理。而模型管理功能也非常类似于数据库管理功能。

在 DSS 中，模型库子系统所提供的功能是：

- 迅速、容易地生成新模型；
- 存取和组成“积木式”模型；
- 分类和维护支持所有用户层次上的、范围广泛的模型；
- 通过数据库适当连接那些相互关联的模型；
- 用类似于数据库管理的功能（如：存贮、分类、连接和存取模型的结构）来管理模型库。

③人—机接口子系统。在决策支持系统中，人—机接口子系统是为用户提供与 DSS 直接对话的软件，它是 DSS 与用户之间的“桥梁”。

当建立一个决策支持系统时，通过它来进行定义。在用户对实际问题求解时，先通过人—机接口子系统把问题及环境的描述、解题的要求输入系统，经过识别和定义，分别交由其他子系统处理。另外，在问题求解的过程中，DSS 也要经过该子系统不断地同用户交换信息，最后把处理结果输出给用户。

通常人—机接口子系统由接口语言和提示库两部分组成。接口语言是指用户输入方式和DDS删除方式，为用户提供检索和运算处理手段。**提示库是为了使用户能迅速、方便地使用DSS所提供的一套屏幕提示功能。**

在DSS中，要求人—机接口子系统成为用户理解和操作DSS的“窗口”。因此，该子系统应该具备下述功能：

- 具有处理和识别类似于会话方式的能力，如交互语言类似于自然语言的非结构化形式；
- 具有使用多种输入设备适应用户要求的能力；
- 具有对各种处理结果进行解释、描述和输出的能力；
- 具有为用户“帮助使用”本系统的能力；
- 具有与数据库子系统、模型库子系统友好交互的能力。

> 我们正站在一场革命的边缘。从某种意义上说，我们也许是站在悬崖的边缘。这场革命是环境革命，是基因革命，是材料革命，是数字革命。然而，这一切都必须依靠正确的决策作引导。

4. 电子商务：千里商机一线牵

随着因特网的全球性普及，人们不再受时间和空间的约束，完全能够借助网络更为自由和迅速地进行贸易活动。电子商务应运而生并进入了蓬勃发展的春天。

(1) 什么是电子商务

电子商务是指对整个贸易活动实现电子化。从涵盖范围方面可以定义为：交易各方以电子交易方式而不是通过当面交换或直接面谈方式进行的任何形式的商业交易。从技术方面可以定义为：电子商务是一种多技术的集合体，包括交换数据（电子数据交换、电子邮件）、获得数据（共享数据库、电子公告牌）以及自动捕获数据（条形码）等。

(2) 电子商务的作用

电子商务的迅猛发展和勃勃生机，正在改变着企业经营模式和贸易业务方式。

①电子商务正在改变企业经营模式。计算机网络技术的发展改变了传统的企业定义。因为有了网络，企业正在突破原有的边界，扩展为广义型企业。广义型企业是这样一些公司，它们通过使用公司 Internet，使员工能够在任何地点任何时刻安全地对公司资源进行访问。然后，进一步扩展，通过 Extranet，利用安全的 Internet 方式，与业务伙伴包括供应商、分销商、零售商以及外部购买合作伙伴等连接起来。它支持在 Internet 上的电子业务解决方案，以便在所谓的电子市场上占领新的市场和赢得用户。广义型企业需要一些服务供应商来建造支持 Internet 的基础设施，包括提供访问、跨网数据交换、电子支付、信用，以及其他为电子业务市场提供一系列支持服务的供应商。

②电子商务正在改变贸易业务方式。互联网是实现全球通讯和联网的一项基本技术，随着它的出现，不同规模的企业现在都必须面对这样一个事实，即它将给企业提供许多新的业务机会，但同时也会带来不断增加的业务和信息技术方面的挑战。**各家企业都在探寻出路，既要考虑如何投资获取新的业务收益，同时又要认真对待随之而来的业务风险。**

（3）基于互联网的电子商务系统

简单地说，电子商务有两个层次：一是网上交易，二是网络营销。网络营销一方面是推销宣传，一方面是交易、结算处理。网上交易或买或卖，买货采购是查询、洽谈、选择，卖货则是网上洽谈、报价，买卖都有结算处理。

一般来说，电子商务的发展往往需要经历四个阶段：第一阶段，人们在 Internet 上互发电子邮件来传递信息；第二阶段，在互联网上开发一个主页，把企业的内容和形象发布到网上；第三个阶段，在网上可以互动式交换信息；第四个阶段是电子商务的最高境界，网络不再仅仅被用来进行信息发布，而是帮助企业打破时空限制，实现在线交易。

①运作过程。对于电子贸易的实际运作，可以做如下描述：消费者在 Web 上已核准厂商编目中查找并填写一份订单，其中当然还有一个自我验证订单的过程；经核实的购货订单送达厂商；几秒钟内厂家确认订单并在不到纸面交易用时十分之一的时间内就可以交货。

电子商务的应用可以概括为“3C”，即内容管理（Content Management）、协同及信息（Collaboration and Messaging）和电子交易（Electronic Commerce）三个层次的应用。

“内容管理”是指通过更好地利用信息来增加产品的品牌价值，主要体现在通信和服务方面。内容管理的内容主要包括三个方面：信息的安全渠道、客户信息服务、安全可靠高效的服务。

“协同及信息”是指自动处理商业流程，以减少成本和缩短开发周期。**它由四个方面组成：邮件与信息共享、写作与发行、人事和内部工作管理与流程、销售自动化。**

“电子交易”是指从新的市场和电子渠道增加收入。电子交易包括三个方面的具体应用：一是市场与售前服务，主要是通过建立主页、Web 站点等手段树立产品的品牌形象；二是销售活动，如 POS 机管理、智能目录、安全付款等；三是客户服务，即完成电子订单及售后服务、电子购物和电子货币支付。

②基础设施。有人这样比喻电子商务：电子商务 = 工厂 + Web。

Web 是指网络站点。其实只有 Web 是没用的，企业还应有自己的一套网络系统，一套带有 Web 的网络系统，确切地说企业应有足够的信息化程度。如应有自己的 MIS 和一些特有的应用软件等。

③搜索引擎与导航器。因特网上分布着数以万计的网站，信息可谓浩如烟海、千变万化。信息的需求者寻找信息如大海捞针，任何一个信息的发布者的声音也都像是闹市中的一丝细声。搜索引擎就是为信息查询者到各个网站去搜探信息、提供网址给查询者的工具。导航器是便于查询者从正在访问的网址直接跳转到另一个网址的工具。

宣传自己网站最直接的办法就是将网址列入同行业中著名的搜索引擎。

雅虎、搜狐是最出名的两个通用的搜索引擎。Yahoo 是全球通用的因特网信息资源分类查询系统，搜狐是全中文化的因特网信息资源分类查询系统。

自己的网站内部建立导航器，可以为用户提供直接访问合作伙伴、分销商、联营商的手段。内部建立搜索引擎，可以帮助用户通过各种逻辑组合查询方法，尽快找到复杂的背景信息。

④网上营销的技术措施。开展网上营销比之现场交易和纸面交易有很大不同，宣传、洽谈、交货、结算等各环节都不同，需要大量的全新的技术措施。

- 建立、宣传自己的网站，将网址列入著名的搜索引擎；
- 精心制作广告——动画、图像等；
- 建立导航器、搜索引擎，帮助访问者获得完整的信息；
- 采用 BBS 方式开设论坛、沙龙，吸引、引导客户；
- 设置访问计数器，研究消费趋势；
- 利用电子邮件传递商务单证；
- 建立防止欺诈的制度和机制（例如查询商业违规黑名单）；
- 建立客户信息库，利用广播方式发布促销信息。

> 电子商务改变了企业和客户之间的关系，使企业在与商家经营的同时，增加了一个信息提供者的角色，为与客户的交流提供了良好的基础。

5. 网络营销：营销模式的革命

在网络时代，企业如何变革自己的生产经营方式，有效地开展网络营销活动，寻找新的商机，跟上时代的潮流，已经成为一个现实而又迫切需要解决的问题。

（1）网络营销的内涵与作用

网络营销的本质，首先是营销的本质。营销的本质，是排除或减少障碍，引导商品或服务从生产者转移到消费者的过程。从商品供求的角度，这个过程包括商品或服务从设计创造到销售和消费实现的全过程。从营销系统的角度，这个过程包括信息传递与沟通、商品与货币价值交换的全过程。**在这个过程中，存在着种种时间或空间、意识或技术上的障碍**。而进行网络营销，就可以在一定程度上排除这些障碍。

网络营销的价值，就在于可以使从生产者到消费者的价值交换更便利、更充分、更有效率。它的独特之处，在于利用网络手段与技术，面向特殊的网上市场环境。这个作用与特征已经深刻地影响了企业未来的生存方式。可以预测，网络营销将成为现代营销的最基本的形式。

(2) 网络营销是一场企业销售模式的革命

网络营销的出现全面革新了传统的营销模式、营销理念，包括时空观、信息观、市场观和消费观等。网络营销新理念是网络营销的先导，这些新理念主要有以下几种。

①电子时空观。在从传统工业化社会向信息化社会的过渡期内，人们将要受到两种不同的时空观念的影响。一是建立在工业化社会顺序、精确和物理上的时空观，这是人们赖以生活和工作的基础；二是建立在网络化社会可变性、没有物理距离之上的时空观，即电子时空观，它反映人们生活和工作基础的信息需求。这两种不同的时空观，不可避免地会引起人们工作和生活中的不协调、甚至是冲突和矛盾。**但人们必须学会适应它，重组时空观念，以便在商业竞争中保持不败之地。**

时空观念的重组对于营销策略的制定和商业竞争是非常重要的。比如，网络营销的范围会大大地突破原商品销售范围和消费者群体、地理位置半径和交通便利条件划界的营销范围；产品订货会没有了地点和同一时间的概念，取而代之的是一个网址和客户希望的任何时间；群体集会变成了个体根据自己的需要来访问和处理；消费者了解商品信息的途径，从完全以被动接收为主，演变成为主动在网络上搜寻信息和被动地从传媒接受信息并重等。

②全新的信息传播模式。在网络信息化的情况下，信息的传播模式和大众传媒的工作模式都会有较大的变化，而商业信息的传播模式更是首当其冲。这些变化将主要表现在以下三个方面。

Ⅰ. 双向的信息传播模式。在网络环境下，信息的传播不再是单向的传播模式，而是逐渐演变成一种双向的信息需求和传播模式。

Ⅱ. 推拉互动的信息供需模式。在信息化社会中，人们接受信息的途径和范围都越来越多，选择余地越来越大。在这种情况下，用户对信息的需求模式也会发生变化。人们对信息的需求模式主要表现出两个特点：一是个性化的信息需求，即不再满足于统一固定的信息传播模式，越来越多的从个人的需求来接收信息；二是主动地上网搜寻所需要的信息。信息的供需模式将会演变为成为一种推拉互动的方式。

Ⅲ. 多媒体信息传播模式。传统的信息传播模式中视频信息、音频信息、文字信息是分离的，在网络上这三者得以统一。

③对市场性质的重新理解。网络营销将引起市场性质的变化。这些变化主要表现在以下四方面。

Ⅰ. 生产厂商和消费者直接网上交易。这种交易避开了传统的商业流通环节，对传统市场运作模式产生了巨大冲击。

Ⅱ. 市场多样化、个性化和时事化。不同的企业、不同的系统、不同的产品将千方百计地在网上营造自己的营销模式以吸引顾客，市场会更凸显多样化、个性化和时事化。

Ⅲ. 市场细分彻底化。网络营销把市场细分和个性化这两个方面的趋势推向极至，演变成一场针对每一个消费者的营销，即“微营销”（Micro marketing）。

Ⅳ. 商品流通和交易方式的改变。网络营销改变了中间商（即传统商业）的地位，无纸化、无现金化的直接交易过程将实现。

④消费观念的新特点。网络营销使消费者的观念和消费者行为都发生了很大的变化，这一变化主要表现如下。

Ⅰ. 消费者从大众中分离。传统营销理论中所指的消费者通常是一般大众，即在现实生活中，任何一个人都是潜在的消费者，而网络营销模式中的消费者是只有上网主动搜寻商品信息的人才是真正的消费者。所以，企业的广告宣传、营销策略应该针对他们，应该向他们提供科学合理的商品分类框架、方便快捷的上网查询方式以及详细的商品特点、性能、价格等信息，而不应再是泛泛的宣传和一般性的商品信息。

Ⅱ. 消费者直接参与生产和商业流通循环。传统的商业流通体系存在一定的盲目性，生产者不能直接了解市场需求，消费者也不可能直接向生产者表达对产品的需求，而在网络营销中，生产者和消费者在网络的支持下直接构成商品流通循环，商业的部分作用逐步淡化，消费者参与企业营销的过程，生产者更容易掌握市场对产品的实际需求。

Ⅲ. 大范围的选择和理性的购买。在网络营销中，由于网络和电子商贸系统巨大的信息处理能力，为消费者在挑选商品时提供了空前规模的选择余地。在这种情况下，任何虚假宣传、欺骗和误导都不会再起作用，消费者会变得很聪明，会理智地考虑各种购买问题。假冒伪劣商品没有了市场，那种“谎言说一千遍就是真理”的广告宣传战略将失去它的作用。**对生产者来说，生产优质并适合于消费者需求的产品才是唯一的正确出路。**

（3）网络营销的运行策略

营销策略是根据企业的目标、环境与资源，拟订的一系列营销活动，经由提供比竞争者更具价值、更有效率的服务与产品，扩大市场销售规模，进而实现计划的营运目标。网络营销的优势在于能结合问卷、网络、资料库，而以最新、最快、最详细的方式获取顾客信息。再透过网络上互动的资料修订与智慧型的统计分析功能，拥有大量的主要顾客与潜在顾客的完整资料，并由此形成许多不同于传统营销的新策略。

①网络细分市场。网络经济时代的顾客与以前不同，以前的顾客是被动地接受信息、接受产品。然而网络经济时代的顾客则是带有主动性的，这类顾客在决定是否购买产品之前往往会通过互联网络主动检索大量的产品说明以及相关信息。此时，企业所需要做的是在确定了企业所希望吸引的目标顾客之后，便可有针对性地推出企业的网页，通过网页内丰富的内容来吸引企业的目标顾客。

通过互联网络上公司的网址，目标顾客可以在任何时间获取产品的信息以进行理解和决策。当顾客通过网上的文字、图片等各种细节信息获得一个满意答复后，你便无须派销售人员去做大量的邮寄、电话工作来解答顾客的疑问，而令他们更专注于产品销售工作，将产品送到目标顾客手中，并由互联网络代行寻找目标顾客的职责。企业通过互联网可以大大缩小其销售范围，而仅仅保留那些真正对产品有需求的顾客。利用互联网络，企业将其目标市场团结成了一个巩固的顾客网络，并以此作为企业生存与发展的根本。

②顾客网络的建立。现在，每天有数亿人在网络上走过，他们都是企业的潜在客户。如何留住他们的脚步，让他们成为企业的客户，是互联网上面每一家企业都必须面对的现实问题。在互联网电子空间，贸易的本质便是抢夺用户资源，没有客户的企业是无法生存的。

在网络经济条件下，高科技产业具有不连续性，每一代产品彼此并不衔接，更替迅速，企业应及时侦察到这些征兆，找到应付对策。对企业而言，最重要的是注意客户在做什么。大多数变化都不是一夜之间形成的，他们都从小事开始，如果你注意市场动态，了解客户的新动作，就可及早侦察出变化。

Ⅰ. 寻找客户资源。客户就在周围，利用因特网能很快地发现他们的存在。

Ⅱ. 吸引客户。首先，得分析网络族的结构及阅读习惯，还得研究网络媒体的特性，例如版面设计的特色、美观与传输速度的平衡点等。一般而言以下网络内容最吸引用户：提供人们能够靠该信息赚钱的信息；提供经过判断的信息；让人有掌握现在与未来感觉的信息。

Ⅲ. 建立顾客网络的方法。企业要建立自己的顾客网络，一般有以下四种方法可供借鉴。

a. 提供免费服务或免费产品。要把网络顾客吸引过来，提供免费服务似乎是最直接并且是最有效的。

b. 信息提供。要吸引用户，企业网络内容必须吸引人才行，吸引人不等于内容多，太丰富的内容反而影响传输速度。

c. 组建俱乐部。网络俱乐部是以专业嗜好为主题的网络用户中心，网络用户可以“聚集在一起”交流信息。目前，网络上的用户俱乐部包括有：车迷俱乐部、水族世界、爱狗族俱乐部、爱猫族俱乐部、高尔夫俱乐部、保龄球俱乐部、网球俱乐部、音响发烧友、影迷资料馆、摄影迷俱乐部、无线电之友、野战训练营、射击俱乐部、模型高手俱乐部、水上俱乐部、潜水俱乐部、钓鱼俱乐部、旅游俱乐部、马迷俱乐部、园艺俱乐部、生活百科园地、流行精品世界、刷卡族交谊室、流行话题交流中心、工艺品博物馆、手表收藏家、茶与壶交谊室、品酒与调酒，美食大师……

网络用户俱乐部的每一个分类项目都设有讨论区，可以吸引大批网友来此交流意见，为企业提供促销信息。

d. 有效的媒体组合。由于网络营销的特点是消费者具有较强的主动性，故此必须在消费者选购或是搜寻信息之前，就建立品牌形象，这样才有机会让消费者主动地到企业的网址中去搜寻信息，企业也就能够将产品信息更好地传递给消费者。在目前多种媒体并行，并有其特色和优势领地的情况下，借助电视及其他媒体预先建立起品牌形象，不失为一个好办法。当品牌形象一旦树立起来，消费者愿意主动了解这个产品的特色时，网络营销便可以利用其低廉的价格，提供详尽的资料，充分发挥它的功能。

③顾客网络的巩固。企业在采取了一定的有效措施来吸引顾客之后，接下来所要做的事便是如何留住顾客。留住顾客的一个有力手段是进行一对一定制化营销，提升顾客的满意度。**一对一定制化的营销方式成本低，且效果好，故此是巩固顾客网络的一个有效方式。**

> 网络的发展速度比我们看到的任何技术的变革都要快。网络管理改变了企业的竞争基础、竞争方式和竞争形象。

二、万变不离其宗：有效的基础管理

管理变革强调创新，但并非全盘否定传统。经验告诉我们，对于前人的创造，我们既要摒弃过时的糟粕，又要继承遗下的精华。在企业的经营管理中，对陈旧的不合时宜的经营管理理念当然要毫不留情地摒弃，而那些优秀的基础管理不但要保持而且要加强。

在过去的无数次变革过程中，被证明是行之有效的基础管理必须不断地得到加强。例如质量管理、成本控制、绩效考核和必要的规章制度。一个企业，首先是由员工组成的，其次才是生产、制造、销售、利润等。一个管理者的任务，首先也是把这些员工组成一个运转的企业，方能谈及进一步发展，而唯有加强基础管理才可以完成这一重任。

1. 基础管理：厚积薄发练内功

强化企业管理、提高科学的管理水平是建立现代企业制度的内在要求，是推动企业发展的根本所在。而这一切都必须建立在科学的基础管理之上。那么，什么是基础管理呢？概括地说，基础管理是指人们基于对管理客体的内在规律的把握，对各个基础环节进行合理地调控，即通过各种基本手段，对管理客体施加影响，以达到预期目标的一系列活动的总称。就基础管理的内容而言，它有着较为丰富的内涵，诸如：质量管理、绩效管理、资金管理、成本管理、制度管理、班组管理等等都属于基础管理的范畴。

(1) 基础管理是企业管理中的永恒主题

在市场经济时代，社会生活的一切方面都离不开基础管理。大到联合国和主权国家，小到一个家庭手工作坊，都需要科学的基础管理。企业基础管理作为企业的一种机能，是社会管理活动不可缺少的重要因素，是提高企业经济效益、推动企业发展的有力武器。

然而，至今还有不少企业领导人对基础管理的重要性认识不足，忽视和放松基础管理，从而导致企业基础管理薄弱，整体素质下降，规章制度不全或过时陈旧，基本功差，原始记录、报表、台账、档案管理混乱，信息不准，各项标准定额不全或指标水平落后。甚至在某些企业，劳动无考核，物耗无定额，质量无检验，设备无人管，生产无核算，大量生产能力被闲置浪费，缺乏开拓、占领市场的竞争意识。有的企业长期生产一个产品，进入市场经济后，仍不能按照市场需求的变化及时调整产品结构，开发新产品，致使成本居高不下，产品滞销积压，陷入连年亏损的境地，使企业不能适应竞争激烈波谲云诡的现代市场经济环境，面临生存危机，发展乏力。因此企业变革必须厚积薄发练内功，努力加强基础管理。

加强基础管理是企业管理的重要内容。**没有规矩，不成方圆。企业经营管理的各个环节、各个方面，都与基础管理紧密相连、息息相关。**强化基础管理工作，要狠抓企业管理的薄弱环节，堵塞企业经营管理中存在的各种漏洞。原始记录、会计凭证、统计资料等基本数据必须完整、准确，及时、全面反映生产经营活动的全过程和各个方面、各个环节的基本情况；经济信息、科技信息能准确、及时满足企业各种决策的需要；劳动定额、物资消耗定额、资金占用定额、费用定额等要健全、合理，能充分利用企业的资源，最大限度地调动各个方面的积极性。要坚持质量第一，采用先进标准，搞好全员全过程的质量管理，全面提高产品、工程和服务的质量。各项产品质量、原材料、半成品、零部件、工艺、工装、检验、包装、运输、储藏等，凡有国家标准或部颁标准的，要严格执行，没有国家标准或部颁标准的，应有企业标准，并保证标准的先进性，积极采用国际标准和国外先进标准；计量、检测手段要齐备、准确，原材料、燃料、工艺过程和产品性能凡能计量、检测的都应计量、检测；企业各种基础制度和专项制度必须健全，并认真贯彻执行。更重要的，各项管理制度都要把对工作绩效的考评与对人的奖惩紧密结合起来，并严格执行。这既是企业管理变革的起始点和落脚点，也是促进企业持续、快速和健康发展的重要所在。

（2）加强基础管理关系企业的生死存亡

当前有些企业之所以经济效益低下，其基础管理差是重要原因之一。在社会主义市场经济环境中，企业面临着优胜劣汰的考验，在企业管理变革过程中，加强企业基础管理不仅关系到企业管理变革能否成功，更关系到企业生死存亡荣辱兴衰。

①加强企业基础管理是提高经济效益的前提。管理变革的根本目的是提高企业的经济效益，增强企业的市场竞争力和适应力。当前，国内外市场竞争日趋激烈，不确定因素增多，这就要求企业必须高度重视基础管理工作，客观而言，企业经营困难的原因可以找出成千上万条理由，但不能不说，基础管理松驰是最主要的原因之一。

②加强企业管理是发展生产力、完善生产关系的需要。**现代经济管理理论认为：管理和科学技术一样，本身就是一种生产力而且属于第一生产力范畴**。过去我们只强调生产关系把劳动者和生产资料结合起来的作用，事实上，基础管理在两者结合中所起的作用更大。基础管理是联结各种生产要素的纽带，对劳动力、劳动工具和劳动对象起全局性的组织作用。可以说，没有科学而完善的基础管理，现代化大生产就无法进行，生产力的发展就会停滞。

> 基础管理对企业发展至关重要。在薄弱的基础管理之上是构筑不起整个管理大厦的。因此，加强基础管理既是企业永恒的主题，也是企业管理变革中应有之义。

2. 制度管理：把公司放进“保险”箱子里

现代企业管理之父泰罗在《科学管理原理》一书中指出：“过去为人才第一，从今以后，都必为制度第一。”制度管理是企业良好运作的前提和保证，是企业高效发展的可靠保障。所谓制度管理，概而言之是指一个组织根据组织目标的需要，从本组织的实际出发，运用一系列章程、条例、规定等对组织成员及其行为进行协调、控制、约束和规范，它是一系列规章制度的总称。就制度管理的内容而言，它包含有多个方面，如：组织管理制度、人事管理制度、财务管理制度、生产管理制度、营销管理制度等。

（1）制度管理是保障企业有序运行的根本

今天，全球化的市场竞争，已不仅仅是技术与质量的竞争，而是智慧与经营管理功夫的较量，是制度管理是否科学健全的展示。

面对生与死的竞争与挑战，有关专家深刻地指出，企业发展的关键是切实加强管理，练好内功，搞好制度管理的建设，只有把制度管理视为管理活动的重中之重，才能使企业平稳而又高效的发展。

如果把企业比做一个复杂而庞大的网络，制度管理就是保证其正常、有效运行的驱动程序。当代社会生活的一切方面都离不开制度管理，任何时期都需要制度管理，可以说制度管理是永恒的社会机能，制度管理是企业经济活动不可或缺的重要因素。

企业制度是企业管理思想、管理组织、管理方法、管理技术、管理方式的综合体现。科学的现代企业管理制度是企业进行科学管理的前提和保证。没有科学的现代企业管理制度，就没有科学的现代管理，就不可能有规范高效的现代企业。

可以说，制度管理是一种以人为中心的，有意识、有目的的行为和过程，制度管理是保证企业正常运行的重要前提。从这个意义上认识，制度管理也是生产力，制度管理也能出效益，卓越的制度管理必定能为企业的生存发展做出最直接的突出贡献。

总结现代成功企业的发展经验，可以得出这样一个结论：制度管理具有强大的力量和功效。任何企业只要从本企业实际出发，建立和运用科学的制度管理，就能把企业的潜能最大限度地调动和发挥出来，就能让企业充满朝气与活力，就能提高企业的竞争能力，就能在千变万化的市场中占有属于自己的生存空间。

（2）企业制度管理的主要内容

企业制度管理的内容十分丰富，主要有以下五个方面。

①组织管理制度。组织是企业管理的载体，科学的组织管理制度，是管理工作高效而有序地运作的保证。所以，建立组织管理制度不仅是必要的，而且是必不可少的。

企业组织管理制度所包括的主要内容，如图 4－1 所示：

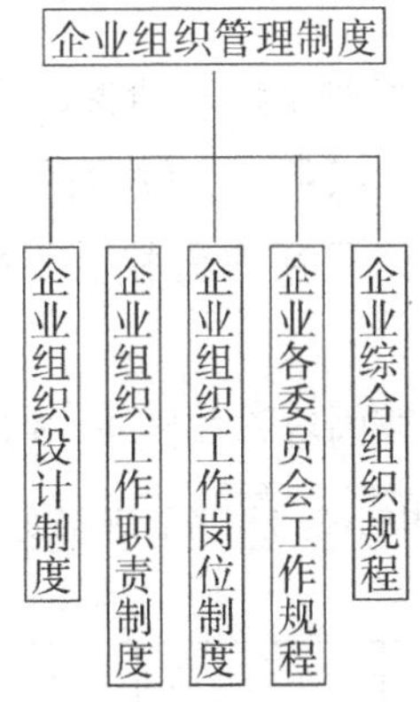

图 4－1　企业组织管理制度主要内容示意图

②人事管理制度。企业的人事管理制度是用于规范职工行动、指示办事方法、规定工作流程，是企业一切活动的典章制度。

人事管理制度是针对人事管理中经常重复发生或预测将重复发生的事情制定对策及处理原则，而不是针对个别的、偶然的事情。它是规律性的行为规则。

企业人事管理制度所包括的主要内容，如图 4－2 所示：

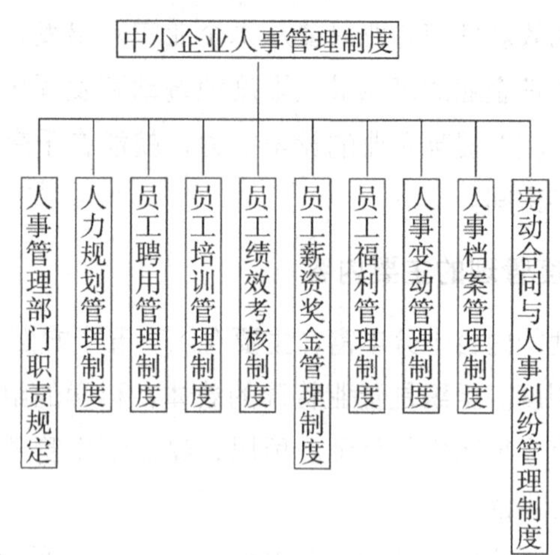

图 4－2　企业人事管理制度主要内容示意图

③财务管理制度。财务管理作为一种管理职能的一个信息系统，它是任何社会体制下的一切经济组织所不可缺少的一种管理手段。尤其是对以获取最大利润为出发点，以满足所有者权益为根本目的的中小企业来说，更有着特别的必要性。

企业财务管理制度的主要内容，如图 4－3 所示：

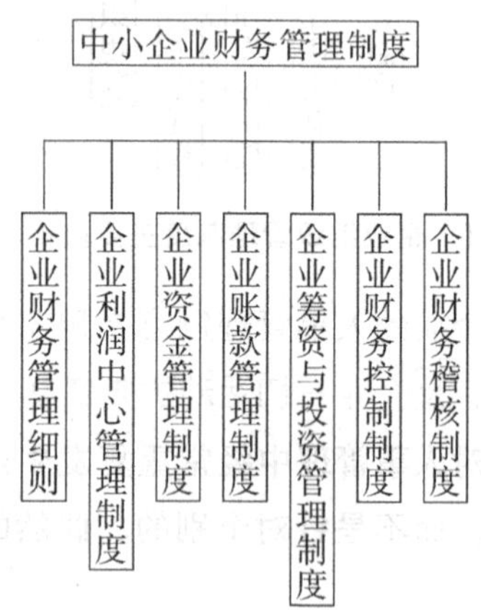

图 4－3　企业财务管理制度主要内容示意图

④生产管理制度。生产是工业企业各项工作的中心，生产管理是工业企业管理的重要组成部分。做好生产管理工作，就是要合理地组织生产过程中的劳动力、劳动工具和劳动对象，取得最好的经济效益，保证多快好

省地完成计划任务和供销合同。**因而，在生产经营型管理方式下，强化生产管理显得十分重要，从而生产管理制度也就成为企业制度建设中的重要内容。**

企业生产管理制度所包括的主要内容，如图4－4所示：

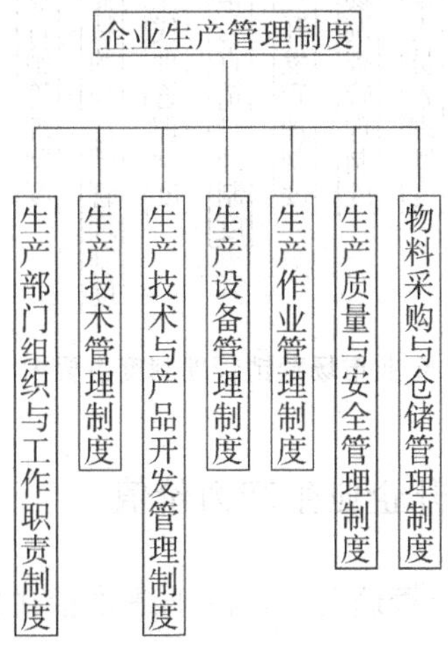

图4－4　企业管理制度主要内容示意图

⑤市场营销管理制度。跟着市场走，牵着顾客的手。**琢磨市场所需，建立和运用科学的市场营销管理制度，是拓展企业成功之路的重要所在。**

市场经济是一种竞争经济，优胜劣汰是竞争的基本规律。竞争伴随市场经济而生，在市场上表现得日益激烈，那么市场营销管理制度必将成为调节供求关系、影响乃至决定生产者命运、促进生产发展的强有力杠杆。

企业市场营销管理制度所包括的主要内容，如图4－5所示：

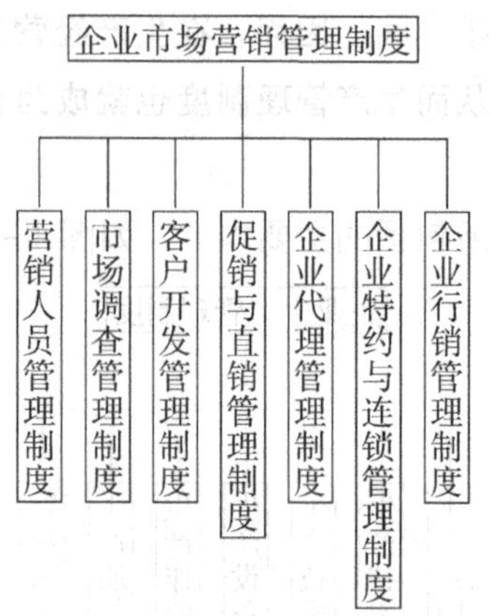

图4-5 企业市场营销管理制度主要内容示意图

3. 绩效管理：提升企业生产力价值

绩效管理是企业基础管理之一。由于绩效管理是将企业的战略目标分解到各个业务单元，并且分解到个人，因此对每个员工的绩效进行管理、改进和提高，无疑是提高企业整体绩效的重要所在。企业的生产力和价值随之提高，企业的竞争优势也就由此而获得。

（1）绩效管理的内涵与定位

绩效考评是越来越被人们熟悉的人力资源管理中的一个概念。提起绩效考评，在许多人眼前浮现的是一堆各种各样的表格。但是很多管理者心里很清楚，这些表格往往存于人事部门的档案柜里，最终的遭遇可能是被遗弃。即使想要依据这些表格做出一些人事决策，也会发现很难操作，因为表中所提供的信息往往很模糊或不准确，这样所做出的人事决策也不可靠。于是，绩效考评往往与“浪费时间”“流于形式”等评价联系在一起。其实，出现这样令人痛心的结果的一个根本原因就是过于孤立地看待绩效考评这一行为，这是对绩效管理内涵和定位上的误区。**绩效考评只是完整的绩效管理过程中的一个环节。**

成功的绩效考评不仅取决于考评本身，而且很大程度上取决于与考评相关联的整个绩效管理过程。

传统的绩效考评往往忽视了绩效管理的过程，绩效考评与绩效管理并

不是等价的。作为企业基础管理的绩效管理是指为了达成组织的目标，通过持续开放的沟通过程，形成组织目标所预期的利益和产出，并推动团队和个人做出有利于目标达成的行为。

绩效管理与绩效考评的主要区别，如表 4－1 所示。

表 4－1　绩效管理与绩效考评的区别

绩效管理	绩效考评
·一个完整的管理过程	·管理过程中的局部环节和手段
·侧重于信息沟通与绩效提高	·侧重于判断和考评
·伴随管理活动的全过程	·只出现在特定的时期
·事先的沟通与承诺	·事后的评价

由于对绩效管理的片面认识，将绩效考评与完整的绩效管理割裂开来，往往使组织的绩效管理系统没有与组织的战略目标联系起来。而且，绩效考评仅仅被视为人力资源管理的一个工具，通常被认为仅仅是人力资源部的人应该考虑和应该做的事情，而没有把它视为企业管理的基础或整个管理过程中的一个有效的工具。

（2）绩效管理的重要性

绩效管理在企业管理中的重要作用，体现在以下六个方面。

①绩效管理为人员任用提供依据。人员任用的标准是德才兼备，人员任用的原则是因事择人、用人所长、容人之短。要想判断人员的德才状况、长处短处，进而分析其适合何种职位，必须经过考核，对人员的政治素质、思想素质、心理素质、知识素质、业务素质等进行评价，并在此基础上对人员的能力和专长进行推断。招聘过程中的测评、甄选也可以提供这方面的资料，但是，那是在员工并未在本企业中进行工作的情况下进行的，而事实上员工能否融入新的环境、能否在本企业中发挥出良好的绩效，以及在实际工作中是否具备本组织所需要的能力、素质，尚需要在实际工作中通过绩效管理过程中的考核等环节来进行评价。也就是说，绩效管理是"知人"的主要手段，而"知人"是用人的主要前提和依据。

②绩效管理为人员调配和职务的升降提供依据。人员调配之前，必须

了解人员使用的状况、人事配合的程度，其工具是绩效管理。人员职务的晋升和降低也必须有足够的依据，必须有科学的绩效考核作保证，而不能只凭领导人的好恶轻率地决定。通过全面、严格的考核，如果发现一些人的素质和能力已超过所在职位的要求，而适合担任更具挑战性的职位，则可晋升其职位；如果发现另一些人的素质和能力已不能达到现职的要求，则应降低其职位；如果发现还有一些人用非所长，或其素质和能力已发生了跨职系的变化，则可进行横向调动。

③绩效管理为人员培训提供依据。人员培训是人力资源开发的基本手段，但培训应有针对性，针对人员的短处进行补充学习和训练。因此，培训的前提是准确地了解各类人员的素质和能力，了解其知识和能力结构、优势和劣势、需要什么、缺少什么，也就是进行培训需求分析，为此也必须对人员进行考核。**同时，考核也是判断培训效果的主要手段。**

④绩效管理为确定劳动报酬提供依据。按劳分配是公认的企业员工的分配原则，不言而喻，准确地衡量“劳”的数量和质量是实行按劳分配的前提。没有绩效管理，考核、报酬就没有依据。没有绩效管理提供的考核结果为依据的报酬，就可能出现偏差而不能体现真正的劳动报酬。

⑤绩效管理是对员工进行激励的手段。奖励和惩罚是激励的主要内容，奖罚分明是劳动人事管理的基本原则。要做到奖罚分明，就必须科学地、严格地进行绩效管理，以公正、长期的考核结果为依据，决定奖或罚的对象以及奖或罚的等级。

考核本身也是一种激励因素。通过考核，肯定成绩、肯定进步，指出长处，鼓舞斗志，坚定信心；通过考核，指出缺点和不足，批评过失和错误，指明努力的方向，鞭策后进，促进进取。只有这样，先进的斗志更昂扬，后进的变压力为动力，使广大职工保持旺盛的工作热情，出色地完成组织目标。

⑥绩效管理是平等竞争的前提。建立社会主义市场经济，需要鼓励企业竞争，也需要在企业内部鼓励员工之间进行竞争。而平等竞争的前提，是企业有良好的绩效管理，使员工能够在一个公平、公正的环境下开展竞争，提高各自的绩效，从而提高企业的竞争力。

(3）绩效管理的基本内容

绩效管理是一个完整的系统，其内容主要有四个方面，即绩效计划、绩效实施与管理、绩效考评和绩效反馈面谈。这四个方面通常被看作是绩效管理过程顺序进行而形成的一个循环。

①绩效计划。绩效计划是绩效管理流程中的第一个内容或环节，发生在新的绩效期间的开始。**制定绩效计划的主要依据是工作目标和工作职责**。在绩效计划阶段，管理者和被管理者之间需要在对被管理者绩效的期望问题上达成共识。而后在共识的基础上，被管理者对自己的工作目标做出承诺。管理者和被管理者共同的投入和参与是进行绩效管理的基础。绩效管理是一项协作性活动，由工作执行者和管理者共同承担。并且绩效管理的过程是连续的过程，而不是在一年内只进行一两次的活动。

②绩效实施与管理。制定了绩效计划之后，被管理者就开始按照计划开展工作。在工作的过程中，管理者要对被管理者的工作进行指导和监督，对发现的问题及时予以解决，并对绩效计划进行调整。绩效计划并不是在制定之后就一成不变，应随着工作的开展根据实际情况不断调整。在整个绩效期间内，都需要管理者不断地对员工进行指导和反馈。

③绩效考评。**在绩效期结束的时候，依据预先制定好的计划，主管人员对下属的绩效目标完成情况进行考评**。绩效考评的依据就是在绩效期间开始时双方达成一致意见的关键绩效指标，同时，在绩效实施与管理过程中，所收集到的能够说明被管理者绩效表现的数据和事实，可以作为判断被管理者是否达到关键绩效指标要求的证据。

④绩效反馈面谈。绩效管理的过程并不是到绩效考评打出一个分数就结束了，主管人员还需要与下属进行一次面对面的交谈。通过绩效反馈面谈，使下属了解主管对自己的期望，了解自己的绩效，认识自己有待改进的方面；并且，下属也可以提出自己在完成绩效目标中遇到的困难，请求上司的指导。

经过上面的4个环节，就经历了一个绩效管理的循环。在这个循环中所得到的绩效评估的结果具有多种用途。首先，绩效评估的结果可用于员工工作绩效和工作技能的提高，通过发现员工在完成工作过程中遇到的困难和工作技能上的差距，制定有针对性的员工发展计划和培训计划。其次，绩效评估的结果可以比较公平地显示出员工对企业做出的贡献的大小，据此可以决定对员工的奖励和报酬的调整。此外，通过员工的绩效状况，也可以发现员工对现有的职位是否适应，根据员工绩效高于或低于绩效标准的程度，决定相应的人事变动，使员工能够从事更适合自己的工作。

绩效管理是企业人事管理的重要基础，是人员任用、调配、升降等方面的重要依据。成功的绩效管理，有利于鼓舞斗志，调动人员的积极性，从而保证企业健康地发展。

4. 成本控制：降低成本求生存

（1）不断地降低成本是企业管理中的一项根本任务

企业管理的一个根本任务，就是如何不断地降低成本。美国管理大师彼得·德鲁克在《新现实》中对成本有一句非常精辟的话，为许多人所喜欢引用。他说："在企业内部，只有成本。"戴明指出："不断降低成本是企业管理创新永恒的主题。大批量的生产和销售可以降低成本；提高质量是为了降低质量成本；适时管理和信息化是为了降低时间成本；降低工资，解雇工人可以压缩成本，但提高工资和福利也可以压缩成本。"那些被一时胜利冲昏头脑的公司一旦离开了精打细算，早晚会受到惩罚。正是看到了这一点，英特尔公司总裁葛鲁夫在公司蒸蒸日上的时候厉行节俭，甚至连自己的办公室都没有。

现代企业的经营活动中，情况变化万千、错综复杂，但万变不离其宗，无非是投入与产出的问题，并以两者之比论成败。投入大于产出的经营，必然是失败；而投入少，产品多，则为胜利。因为企业的盈亏和企业的成本是互相挂钩的，成本高，利润便相应降低，或是直接导致亏损。相反，成本越低，利润便越高。任何一位企业管理者都会明白这样一个道理：省钱等于挣钱。

企业经营管理的根本目的在于使企业利润最大化，企业的收入增长在某一段时期是固定的，要想使企业利润增加，只有降低成本，因为利润＝

收益－成本，此消彼长，才能达到企业的经营目标。企业管理者无不以降低成本为重任，尤其是对于初创业者，生存是第一要务，面对市场上大量的同行，唯有通过降低成本来分得市场一杯羹。**他们深深懂得，省钱即是挣钱，一分一毫虽然少，但细水长流，积少成多，终会积聚起自己的第一桶金。**以后依此类推，在做好成本控制的同时再加以精心运营，即是成功之道。有许多亿万富翁正是从小处着手，一步一步走上成功。

在现代化的市场竞争中，降低成本作为一种传统手段，仍然具有强大的生命力。降低成本是企业家一致的共识，不管是过去还是现在。因为在当代市场经济中，由于产生的商业化大生产，已很难再寻觅到一种市场上空缺的产品，而同类产品的日趋饱和导致的最直接结果就是打价格战。这时候，成本优势即得到了最显著的体现。即使是创新的独特商品起初销售形势火爆，但不久之后，类似商品大量登场，最终还是回到价格战中，成本高低仍是决定性因素之一。

（2）不断降低成本的思路与技巧

企业成本管理作为日常管理的一个重要组成部分，其效果取决于成本管理的方法和技巧。加强成本管理，不断降低生产成本，不论对于企业提高利润，还是对节省企业有限的资源均有着十分重要的意义。下面是企业降低成本的一些技巧。

①发现潜在的过剩人员。许多企业都不同程度地存在潜在的过剩人员，从而增加生产成本。比如，两个人能做的工作却由三个人来承担。就会造成1/3的过剩人员的损失。同理，拥有100%能力的人，仅发挥50%的能力，则该人的50%能力就浪费了，这样，便发生了人事费的损失。因此，为降低生产成本，必须发现潜在的过剩人员并尽可能另行安排。

②不要大量增加间接人员。所谓间接人员，即像事务人员、技术人员、销售人员或监督人员之类的人。在人事费用的损失之中，特别需要重视间接人员的大量增加。

在公司的效益趋好时，公司喜欢大幅增加间接人员，而且间接人员开支增加的比例会超过生产增长的比例，从而导致公司生产成本上升，经济效益相对下降。

公司的间接人员之所以呈大幅度增加的趋势，除了公司生产扩大需要相应增加间接人员的原因外，还因为间接人员的工作没有客观的标准，多点人少点人都可以。另外的两个原因是，管理者想增加部下的人数，提高自己的身价，并且间接人员比直接作业员在公司里地位较高。

企业要想降低生产成本，就必须克服间接人员大量增加的趋势，尽可能控制间接人员增加的幅度和比例，使其低于生产本身的增长。

③省略对企业无益或益处不大的工作。企业要想排除潜在的过剩人员，首先要除去那些对企业无益或益处不大的工作，只有这样，才可能真正减少过剩人员。比如，办公室几个秘书，成天认真地写各种报告书、材料，从工作忙碌的情形来看，再增加一二个人都轻松不起来。但是，这些秘书们所写的报告、材料等，是不是都有益处呢？不见得。很多都是无用功，总经理可能只看了看标题就丢在了一边。对于这类益处不大的工作，就应该省略一些，这样，便可减少不少潜在的过剩人员。

④在原材料的购买上精打细算。在公司里，经理通常对生产和经营部门十分重视，并注意到对这些部门生产成本的降低。但对原材料购买部门则不那么重视，仅安排一些二三流的人员，而且对购买过程中是否存在浪费关心较少，这是经理人员所应克服的。事实上，对一个企业来说，不管生产与销售如何增加，要是在购买部门发生损失，购买一些质次价高的原材料，就有如将水拼命地汲入有漏洞的水桶一般，流失的利润不可小视。故公司要降低生产成本，对在制造成本中占极大比例的原材料费要精打细算，严加控制。

⑤贯彻少数精锐产品政策，大刀阔斧地清除赤字产品。一个企业，通常会生产几种或数十种产品。在经济形势好时，为了扩大规模，生产几种不同类型的产品，有的产品有高收益，有的产品是低收益甚至是不嫌钱反而亏本的赤字产品。低收益的一般产品和亏本的赤字产品，会侵蚀高收益产品的利润，使整个企业的利润降低。**因此，企业要降低生产成本，提高利润率，必须采用少数精锐产品政策，重点生产少数高收益产品，清除赤字产品**。不能因为担心影响销售总额，而舍不得清除赤字产品，因为赤字产品既耗费时间，又增加销售费用，与其维持下下去，不如忍痛舍去。

⑥尽量避免倒账损失。在销售方面的最大损失是倒账的损失。比如，一家企业向另一家企业提供原材料产品，在货款回收前，接受原材料产品

的那家企业倒闭了，于是，所交付的货物就变成了倒账。要弥补此损失，需要相当长时间的努力。比如，如果发生 10 万元的倒账损失的话，当经济不景气销售利润率降低到 4% 时，如果没有重新获得 250 万元的销售额，是无法挽回损失的。对中小企业而言，倒账是致命伤。因此，企业必须尽量避免倒账损失，为此，应加强对往来客户的信用管理，一旦对方的信用出现问题时，应果断中止往来。

⑦加快货款回收的速度。回收的货款迟延，厂家要背负那部分的成本负担。比如，100 万元的货款回收如果迟延了 90 天的话，100 万元的资金在 90 天内都是死的。该资金，如果有效利用的话，每月可获得 2% 的营业利润。如此一来，在 90 天内就会发生 6 万元的损失。因此，对一个企业来说，如何加快货款回收的速度，是一个不容忽视的重要问题。

⑧在生产管理上减少不合格产品。每个企业都存在不同比例的不合格产品，要完全杜绝不合格产品当然不可能，但减少不合格率却是可以做到的。不合格产品会带来多种损失，如材料本身的损失，生产不合格产品的人事费损失，重做该产品的人事费与时间损失等等，这些损失会提高产品的制造成本。**因此，提高产品合格率，就显得十分重要。**

⑨削减使资本呆滞的库存品。在经济不景气时，产品的库存会大幅度增加，紧紧束缚住企业的脖子。

产品的库存，即为资金的呆滞。它除了使资金周转不畅外，还会带来其他一些损失。比如，为了保管库存产品所开支的保管费，为推销库存产品所打的折扣，等等。为此，必须将库存的损失减少到最小。方法是，将库存的产品按品目加以分类，花主要精力清除占最大库存比例的少数几个库存产品。比如，在 100 个品目中，8 个品目占产品库存总额的 75%，此为 A 组；其次 25 个品目占库存总额的 20%，此为 B 组；剩下的 67 个品目仅占库存总额的 5%，此为 C 组。此时，应将主要时间和精力花在 A 组库存产品的消除上，这样就能取得事半功倍之效。否则，花主要精力去清除种类多、所占比例小的 C 组库存产品，则会事倍功半，吃力不讨好。

⑩金钱要用在刀刃上。与个人不同，公司是由多个部门或工厂构成的，因而容易产生散漫经营的情形。比如，公司决定每期的预算时，通常是由各部门先提出部门预算，然后高层管理人员在各部门的预算基础上加

以调整、折中。结果，虽然顾及了各部门间的平衡，但却容易出现投资资金分散，投资效率降低的现象，这就是平均使用预算的弊病。为打开经营局面，降低生产成本，有必要实行集中主义的经营原则，将主要财力及人力花在少数几个重要项目上，而不是平均使用力量。

不断地降低成本是企业管理创新永恒的主题。大批量的生产和销售可以降低成本；提高质量是为了降低质量成本；适时管理和信息化是为了降低时间成本；降低工资、解雇工人可以压缩成本，但提高工资和福利也可以压缩成本。

5. 质量控制：把好企业的生命线

在竞争中各公司的产品常常会“势均力敌”、不分上下，这时竞争的胜负便取决于产品的质量高低。俗话说：“不怕不识货，就怕货比货。”消费者在比较中就会知道谁优谁劣。那么，他们会择优而汰劣，而劣者将失去市场。所以，公司都将提高产品质量作为取胜之道。美国一家洗衣机公司的广告中这样写道：“本公司负责维修的人员是世界上最孤独的人。”**如果负责产品维修的人真正孤独了，那么，产品本身一定有很多的朋友。**事实上，他们也正是靠质优来取胜的。

（1）把质量放在第一位

产品质量关系着企业的效益，关系到企业市场竞争的胜负，关系到企业的生存与发展，乃至关系国民经济发展的速度和亿万人民生活水平的提高。产品质量的高低不仅是衡量一个企业素质和实力的基本标志，而且从一定意义上讲，也是衡量一个国家民族素质、技术管理水平的重要标志。有人说：“企业的竞争力和生命力取决于质量”，还有人说：“质量就是效益，没有质量就没有效益”“质量是效益的保证和阶梯”。这些话都是具有深刻道理，并被实践证明是正确的。因此，作为一个企业家，必须要把不断提高产品质量作为经营、竞争的一个战略重点来抓，使自己企业的产品不断地上等级、上水平，成为名优产品、一流产品。

产品质量是产品的魂，是企业的生命线。

高科技的迅猛发展，大大地推动了产品的设计与开发，并显著地改变着人们的生活方式与水准。广大消费者对产品从以往只求耐用与廉价的观念，变为日益追求个性化和多元化。伴随着这些引人瞩目的变化情势，从世界范围来看，产品质量管理的观念、重点、标准和程序等方面都在发生明显的变化。海外不少市场营销专家认为，在现今和未来，对产品质量的管理，企业管理层必须注意以下六个主要的新趋势。

①顾客主宰质量。在现今和未来激烈竞争的市场中，任何新产品的推出，要是得不到消费者认同，销售将会受到严重影响，甚至无法销售。同时，消费者由于教育水准和收入的提高，有越来越多的机会获得更多信息，对产品的要求也越来越高。在这样的情况下，产品在市场上的定位将不会像以往那样可以由生产厂商随意决定，而必须先要认真调查消费者的真正需求，其中包括质量问题。这就是说，产品质量的要求和水准将不是由企业说了算，而是由消费者说了算，由顾客来主宰。可以说，只有顾客所认定的“质量”，才是决定市场竞争成败的关键。

②质量从设计开始。长期以来，许多企业为改善产品质量，常把过多的注意力放在分析生产线上所出现的不良产品，采用很多“防堵性”的质量检验人员与设备，以防止不良产品流出生产线。近年来，日本著名管理专家田口玄一博士对产品质量的管理，做了许多精辟论述。他认为：“要控制产品质量，与其按传统方法把注意力放在生产程序和设备上，还不如在产品设计一开始，就考虑如何使该项产品足以经受生产过程的变异，而不致影响质量水准。”

由此可知，如何把品质“设计到产品内”，是保证产品质量合乎要求的关键所在。

在海外的工业产品生产行业中，流行一种所谓“1:10:1000”的成本法则。就是说，假如在生产前发现一项缺陷而予以改正，只花1元钱的话；若此项缺陷到了生产线上才发现，则需花10倍的钱来改正；假若在产品销售到市场被消费者发现而要改正，就不是花100倍的钱而是要花上1000倍的代价。

③质量取决于“人员质量”。不论多么好的管理制度，都要由人来执行、来实施、来完成。无数的实践证明，产品质量取决于企业的“人员质

量”。但是，“人的质量”除了指企业人员的学历深浅、学问的高低、知识的多少等有形的“质量”外，还应涵盖经验、技术、进取心、向心力、爱厂心、热心、公德、尊重消费者等等这些无形的“质量”。这一切凝结成“人员质量”。有的管理学者为了强调“人员质量”对产品质量的影响，明确提出：“产品质量不是制造出来的，质量是一种习惯”“对产品质量的尊重，等于对消费者的尊重”。显然，这就把产品质量问题推向人的“文化层面”。IBM 管理学院有一句名言指出：“质量是 90% 的态度，知识只占 10%。”对于企业来讲，只有在把握了质量的本质及其深层的外延之意才能更好地贯彻它。

④产品的内在质量与外观质量。产品的内在质量是就产品的可靠性、耐用性和保险性等方面而言的。产品的外观质量是就其外表的好坏而讲的。产品的内在质量与外观质量是紧密相连、不可分割的，二者处在相互依赖，又相互制约的矛盾统一关系之中。

产品的内在质量是外观质量的基础。内在质量是产品立足的根本，在产品质量中居于首要地位。一件产品，首先应具有可靠性、耐用性、保险性，其次才谈得上外观问题。没有内在质量做保证，产品外观质量的价值就难于被消费者接受。因为一件劣质品，尽管外观质量很好，消费者也是不肯问津的。所以，企业要提高自己的产品质量，必须扎扎实实在产品的内在质量上下大功夫，不要摆“花样儿”，要靠过硬的内在质量去占领市场，赢得消费者的信赖。

产品的外观质量是产品内在质量的表现形式，它对内在质量有着不可低估的影响。俗话说：“货卖一张皮。”一件产品的好坏，应是由其内在质量决定的。**但是，产品进入市场后，外观质量的好坏，会直接影响顾客的购买兴趣**。因为顾客购买商品，不可能都对市场上商品的内在质量了解彻底，主要还是通过商品外表，去观察、猜测其内在质量。很多时候，因为该商品外观质量好，顾客产生了购买兴趣，于是抱着买一件试试看的态度，就购买了该种商品。特别是服装行业，产品的外观质量就显得更为重要了。现代人购买服装，对布料的结实、耐用、舒适等方面当然还是苛求的，但更突出的是看服装的外观质量，做工是否精细，是否美观、新颖、惹人注目。人们穿衣服，从心理上不是让自己看，而是让他人看。所以，有些服装，尽管内在质量次些，但由于外观质量好、样式新，能引起一些消费者的购买兴趣，在市场上走俏。

另外，企业必须清醒认识到内在质量与外观质量是统一的，二者不能割裂开来，哪一方面忽视了都不可取。内在质量重要，但忽视外观质量，也会影响该产品的销售。消费市场对产品的外观质量要求不断提高。就说彩电市场，过去由于货少，供不应求，人们不大顾及外观质量。而现在货多了，对外观质量的要求就大大提高了。有些产品的外观质量，直接跟包装相联系，产品包装也是外观质量的一部分。我国的包装业起步较晚，所以质量还不太高。国外对包装业非常重视。因为许多商品，并不是直接能看到它的外观的，只能透过包装去观察和猜测。像酒、烟这种商品，包装就是它的外观，包装的质量也就是它的外观质量。同是一盒烟，包装精致，就可能使消费者产生购买兴趣。但是，外观质量的提高必须紧紧结合内在质量。有些公司，为了降低产品成本，偷工减料或使用一些劣质原材料，仅仅在产品外观上花费气力。**这种华而不实的做法，违背了产品内在质量与外观质量的统一性，最终是会碰壁的**。因为没有内在质量做保证的外观质量，就等于没有源头的水、没有根的树，尽管也能迷惑一些不明真相的人购买它，但消费者购买东西一般“上当只一次”。而且这个人上了当，也不会沉默，他会四处游说亲朋好友、街坊邻居，你传我，我传他，会影响一大批消费者。这样，过不了多久，企业的产品就会失去消费者的信誉，失去市场，结果“聪明反被聪明误”，以欺人开始，以害己告终。

所以，企业管理层一定要正确地辩证地认识和把握内在质量与外观质量的矛盾统一性。既要兼顾外观质量，更要在内在质量上扎扎实实地下功夫，把提高产品的内在质量与外观质量很好地结合起来。只有这样，企业才能在竞争中立于不败之地，才能取得良好的效益。

⑤建立全面的质量保证体系。美国 P. G 公司零缺陷管理强调，以人为中心，激发工作人员的工作热情与自觉性，以全体职工工作无缺陷，保证整个产品的完整无瑕。同时为了使“零缺陷”贯穿于一种产品生产过程的始终，福日牌电视的生产厂家建立了质量保证组织体系、质量指标保证体系、质量检查保证体系及生产过程的质量保证体系“四大保证体系”，并建立了涉及公司各部门工作的“全信息反馈网络”。

⑥建立厂际质量保证体系。某厂家与为“福日”牌电视配套的产品厂家签订了“技术、质量、管理经济合作协议”，组成了合资、合作、协作等多形式、多层次的经济联合体。

建立全面性激励机制，该公司在实施这一管理的过程中，党政、工、团一齐配合。

制定标准工作时间，以均衡生产促进优质高产。该公司在科学分析的基础上，规定了标准时间及实际工作时间，据此安排流水线的直接生产人数，并根据生产电视机的节拍，安排每一个工位应当完成的工作，使每个工位的作业尽量一致，力求使生产过程显示出既紧张又轻松的节奏。

这样质量保证了，再加上其他部门的配合，没有不取得良好效益的。

（2）如何提高质量

质量可在生产体系的全过程中用测试与检查的办法得以提高，也可除去每一阶段中查出的次品来提高产品质量。但是，这是远远不够的，不仅费用高，而且它还忽略了质量控制的最重要的部分，即每个人都有责任对照产品或服务看其是否达到了规定行动并加以改正，承担起自己的工作职责。

生产一件产品或提供某种服务，都得从原材料开始。在生产过程中改进质量的每一个方面，就是要确保投入原材料的质量。公司应明确地告知供货商他们要求什么样的货，投入的原材料在抵达后应立即进行检查。制定规格是客户的工作，保证客户收到的货符合标准则是供货公司管理层的职责。在对原件进行安装时，供货质量上的差异会产生一些问题。如果原件的误差超出了规定的范围，就不能很好地装入到原先设计好的地方，此时安装就变得费时费力，不仅增加了生产成本，同时还延误了最终产品的交货时间。

最终产品的质量也同样取决于原材料的质量。如果所供应的牛排原料很硬，餐馆就不可能做出嫩牛排来。许多高级餐馆的厨师严格监督原料的进货，因为他们都知道原料的质量如何对最后菜的质量有重要的影响。

确定一个公司的质量要求可按顾客的规格要求来定，或按管理层对顾客购买产品的认知来定。产品的设计完全取决于产品的具体用途和顾客的需要，事先应就测试这些规格的方法达成一致的意见。就如产品的强度可以测试一样，顾客的服务也可根据客观的标准进行评判。产品回收或废品的比率与顾客要求、顾客对服务水平的投诉、重复购买及顾客的忠诚度等反应的时间是平行的。公司管理中必须确定由谁负责质量，以及如何评估质量。在生产线上，产品质量无法一一控制，但如果产品超过了规定的误差范围，雇员应有权中断该生产线。有些统计办法，比如，控制图和取样法等，都有助于维持质量。

最后的质量控制是在生产体系的最后一个阶段——即在产品离厂之前。在这个阶段中，应取样测试，看看产品是否符合要求。理想的做法是，每个项目都得检查到，但有些如测试最大负载，就得作破坏性检测。如果每一根火柴都去检查一下是否能燃着，那么火柴质量控制的结果就会无火柴可销售。对每一个产品进行检查，既费时又花钱，还可能造成延误交货，令人难以接受。然而，只要仔细地进行抽样检查，产品的质量是可以得到保证的。

纵观国内外所有获得成功的企业，无不十分重视产品质量及其管理。有人说："质量在哪里，市场就在哪里，质量有多高，市场就有多大""质量好走遍天下，质量差寸步难行"。

（3）全面质量管理：企业长盛不衰的保证

①全面质量管理的特点。全面质量管理是企业为了保证和提高产品质量，综合运用从产品的研究、设计、制造到售后服务的一套质量管理体系、手段和方法；是企业组织全体员工和各部门参加，把专业技术、经营管理结合起来，综合运用现代科学和管理技术的成果。**控制影响质量全过程的各因素，从而有效地利用人力、物力、财力、信息等资源，提供用户满意的产品和服务。**

全面质量管理的基本特点是：把从过去的就事论事、分散管理转变为从系统的观点进行全面的综合治理，管理的范围是全面的，包括产品的设计、生产、供应、销售及使用的全过程的质量管理；管理的内容是全面的，不仅事后要检查、改进和事中把关，还要事前预防，不仅要管好产品质量，还要管好工作质量；管理的方法是全面的，要从管理结果转变为管理因素，把影响质量的诸因素查出来，根据影响因素和不同情况，采用各种管理技术和方法；参加质量管理的人员是全面的，要发动全员参加，依靠科学管理的理论、程序和方法，使经营、生产、作业的全过程处于受控状态，以达到保证和提高产品的服务质量，满足用户要求的目的。

全面质量管理的特点具体可分为以下四个方面。

Ⅰ. 从用户需求出发，对质量进行全面管理，包括与产品质量有关的各项工作质量。保证优质、价廉、及时交货、服务周到，使用户满意。

Ⅱ. 从保证和提高产品质量出发，实行全过程的质量和使用过程，它涉及产品市场调查、设计试验、工艺制订、工装准备、物资供应、生产制造以及用户服务等所有环节。

Ⅲ. 从调动广大员工积极性出发，实行全员性质量管理。

Ⅳ. 全面地综合运用统计质量控制及其他多种方法进行管理。全面质量管理在质量分析和质量控制上都要以数据为科学依据，以统计质量控制法为基础，同时还要运用组织管理、专业技术等多种方法。

②全面质量管理的内容。全面质量管理（TQC）包括人的质量、工作质量等多方面因素。

Ⅰ. 人的质量关键在人素质的提高，人才需要事业来磨炼。任何事情都是人干的，没有大批人才，事业就不能成功，人才不断涌现，事业才有希望。切实解决好用人问题，关键在于能不能发现人才，能不能使用人才。

Ⅱ. 工作质量是企业的根本。企业提高工作质量至关重要，不断加强全面质量管理体系中工作质量的管理，才能使经济朝着更加健康有序的方向发展。

Ⅲ. 全面质量管理思想始终贯彻“市场导向质量创新”。**产品质量要有规范标准，这就是工艺。**工艺是将作为软件形式的产品设计转变为现实产品主要采取的技术手段，是使原材料、半成品变成产品以达到设计要求的方法和过程。一个浅显的推理是，效益看产品——产品看质量——质量看工艺——工艺看创造。

③全面质量管理的四种方法。

系统工程的方法。系统，是指“互相关联的各因素的集合体”。从这个概念出发，质量管理就是企业中一项复杂的系统工程。质量的形成本身就是一个投入→转换→输出的过程，在这个过程中存在着许多相互关联因素的综合影响。在全面质量管理中应广泛地应用系统工程的概念和系统分析的方法。现代质量管理中所使用的七种新工具（即关联图法、KJ 法、系统图法、矩阵图法、矩阵数据分析法、PDPC 法、箭头图法）都是基于系统工程概念的基础之上的。所以，系统工程的方法是全面质量管理中的重要方法。

统计分析的方法。**统计分析的方法已成为质量管理中应用最广、效果最好的一种科学方法**。例如，利用正态分布、二项分布、泊松分布、t 分布与 F 分布等研究质量特性的变异规律；利用相关分析和回归分析研究不同质量因素同质量特性之间相互影响和相互作用的关系；利用推断和估计进行工序控制；利用抽样理论进行统计抽样检查；利用方差分析和正交表进行质量设计等。总之，统计的方法已深入到质量管理的各个方面，数理统计已成为质量管理方法的基础。

激励与监督的方法。激励是质量管理中的一项重要措施，也是现代管理不可缺少的手段，有效地应用激励手段，对于提高产品质量和质量管理水平是十分重要的。在国外，早就实行了"质量标志制度"，它是一种很好的激励方法，即凡是经国家有关部门按规定的质量标准验收合格的产品，可以授予一种特殊的质量标志，这个标志可以附在产品说明书上。这种标志一方面表示给予用户一种质量保证，使用户购买产品时放心，取得用户的信赖；另一方面表示国家给予企业的荣誉，有的国家还对得到质量标志的企业给予优厚的奖金。当然，除了激励的方法以外，还必须对产品质量实行有效的监督。

世界上工业发达的国家都设有专门的质量监督机构和庞大的专业检验队伍，如英国已在全国各地建立了 80 多个贸易标准服务站，对产品质量进行经常的监督检查；德国 10 个州都设有技术监督协会，拥有 13 000 多名专家，对产品的安全进行监督；法国有 5 个大试验室和 150 多个中小试验室从事质量监督工作。

质量监督有多种形式和途径，有产品出厂前企业自身的监督，有上级管理部门和专业管理部门的监督，还有社会和用户的监督。只有通过多层次的监督手段，才能促进产品质量和社会经济效益的提高。

企业实行的质量监督方式可以分为以下几种类型。

Ⅰ. 抽样型质量监督：由国家或各地区法定的质量监督部门随机地对企业或市场中的产品进行抽样检查，判定其质量是否合乎质量标准，发现不合格品时，按制度的规定进行处理，促使企业达到标准规定的要求。

Ⅱ. 评价型质量监督：国家或各地区的质量监督机构对生产条件、产品质量合格的产品或企业，颁发某种产品质量证书，确认企业或产品达到某种规定的质量水平。

Ⅲ. 仲裁型质量监督：由国家或各地区的质量监督部门，站在第三方的立场，客观公正地处理有争议的质量问题，或对不法行为进行监督，以促进质量的提高。

反馈与控制的方法。反馈，是指质量信息的反馈，质量信息的反馈是提高产品质量，进行质量控制的重要依据。**为了掌握和把握生产过程的全部有用的质量信息，就要建立一个有效的企业质量信息系统。**

质量信息系统是企业的神经系统，企业的决策者需要有准确的信息对质量问题做出正确的决策；生产的指挥者需要准确的质量信息以安排和指挥生产的进行；生产的执行者需要准确的信息来执行和控制生产操作的活动。

质量信息可以分为两类：一类为指令性信息，如企业有关质量的方针、目标、标准、计划、通知等。这类信息一般是自上而下的，由上级决策机构或领导层的决议、指示下达到各执行机构，是企业各项质量管理活动的依据。第二类为反馈性信息，如执行结果的报告、表报、信息反馈单、用户的意见或索赔的要求，以及分厂、检验机构检验结果的数据等。这一类一般是由下而上逐级向上层领导反映、汇报或请示，通常是以与物质流相反的方向流动。决策者或领导层需要反馈性信息，执行者需要指令性信息，而生产指挥者则需要两种信息。**若反馈的信息与指令性信息的要求不符合，则需要采取控制和调整措施。**

为了加强质量信息的管理，必须在企业中建立质量信息中心，负责对厂内外的信息进行收集、整理、分析、储存、传递和反馈等各项工作。有条件的企业应配备计算机进行辅助管理，提高效率，使各种有用的质量信息发挥更大的作用，国外已把这种软件质量管理，作为全面质量管理重要的发展方向之一。

优秀的质量管理技能具有持久性。譬如说，当美国把质量控制当作时尚时，谁知它已是日本持续几十年的商业哲理之一。这也正是日本嘲笑美国企业界的原因。

6. 客户服务：企业商战成功的基石

在新经济时代，客户不仅仅是企业的重要资源，而且成为企业的经营资本。企业家们愈来愈深刻地认识到，客户是企业的生存之本。为此，愈来愈多的企业制定并实施客户服务战略，甚至可以说，**实施客户服务战略成为某些企业成功的秘密武器。**

（1）客户是企业的生命之泉

企业的生存和发展都源于交换，是顾客用他们的钱来换取企业的产品和服务，“顾客是企业的生命之泉”，失去顾客的企业，是无法生存下去的，因此，顾客是尊贵的，是至上的。

有这样一个很著名的例子。诺兹特劳姆是一家超级连锁店，他们以“顾客至上”而闻名。一个老太太带着一只轮胎，来到诺兹特劳姆连锁店要求退货。她坚持说这只轮胎是在这家店中买的，其实这家店从来没有销售过这样的轮胎。

售货员很礼貌地向老太太解释他们从来都不曾出售过这样的轮胎，她肯定是搞错了。“不”，老太太坚持说：“我肯定是在这里买的，只要我不满意，你们就必须给我退货。”

最后经过主管人员和售货员的仔细考虑，他们决定接受“自己的轮胎”，并且态度相当好地把钱如数退还给了老太太，老太太十分满意地离开了。从这以后，她就经常去这家商店买东西。

这位固执的老太太成了诺兹特劳姆的忠实顾客。这家连锁店得到的好处远不止是一个轮胎的价钱。这个公司的格言是：“为顾客做一切可能做到的事。"而且公司给其售货员相当大的自主权，帮助公司实现自己的目标。这个目标就是：成为一家以顾客为中心的零售店。

这个令人感到温暖的退还轮胎的故事，其价值在于当顾客的确是错了的时候，诺兹特劳姆还是用一种新的方式解决了问题。

美国最大的一家航空公司的现场直播广告，也演示了这种“顾客至上”的变化。

在挤满经理的大房间的一端，公司的执行董事站在那里悲痛欲绝，原因是公司最大的一家客户因为要求未被满足而甩手离去。执行董事带着痛苦的表情，言简意赅地说道：“不能怪他们。我们习惯于面对面地为顾客服务，而现今却用传真机、语音信箱来做生意，面临的是对顾客的‘你争我夺’。我们忘记了谁是我们成功的基石！”

这位领导人拿出厚厚一摞飞机票递过去，命令下属上路去与新老顾客重新会面。短短30秒钟的一席话，含义已经很清楚了：“我们对自己的成就过于夸大了。现在应该回到公司基本战略的信念、使命上去，其含义就是‘顾客至上’。”

用这样的方式来思考，就不难看出良好的服务质量既是现在也是将来企业的基础。事实上，在世界诸多企业中，它们无一不把良好的服务质量摆在首要位置，用“顾客就是上帝”的宗旨赢得企业的生存和发展。

(2) 提高企业服务质量的基本思路

企业必须提供高质量的服务，其基本思路是采用严谨的策略、制度及人员管理，满足或超常满足现有的、新的内部顾客和外部顾客的要求和愿望。通过创建以服务为宗旨的企业，我们能够获得更多的市场份额，提供比竞争者更多的价值，并为在其中工作和为其工作的每个人，建立一个保证利益、保证健康、保证发展的工作环境。

大部分企业通常这样定义服务策略：“对顾客具有重要意义的，对企业又是可行的，有关提供服务质量方面的明确的公式、方法或原则。”再简要地说，就是制定出为顾客提供满意服务的根本方法，知顾客之所需，供顾客之所求。

(3) 重视顾客需要，理顺服务体制

在一个企业中，只有以完善的制度保证良好的服务，才能真正视顾客为“上帝”。**制度的缺欠会极大损伤员工的工作热情，反过来员工也会把你的顾客赶跑**。假如一个企业需要予以“否定”的东西太多，员工就会对“优质服务规程”失去信任。员工在健全制度的高度激励下，能够富于服务意识，给顾客以及企业带来益处。

对于服务制度来说，其最好的定义是：“向顾客提供服务的方式。”在这个宽泛的定义里，把你为顾客得到产品或服务所能做的大小事情全都包含进去，把烦恼、失误、耗时以及血压升高都降至最低点。这种制度的实施，无论是在体力上、程序上、技术上还是精神上，都有助于一线员工为顾客提供服务。

①服务修整。有一种方法，可以用来弥补服务中发生的严重问题，还能使最挑剔的顾客满意，这就是所谓的“服务修整”，它能使你和竞争者之间产生明显差别。

简言之，服务修整像其字眼里表露出来的意思一样，就是用“对不起”这样简单的话语，把劣质服务的第一印象扭转过来。

用劣质服务对待顾客，没有什么比这更令顾客气愤，无论什么原因，都不能容忍身边的服务人员出言不逊。服务修整其实很简单，只要形势需要，你或你的员工就应该向顾客致以歉意。你或许都想象不出一些简短的话语能带来多大的效应。

事件过去之后的时刻，对顾客来说十分关键。你此时此刻所能做的一切，对他们都会有很深的影响。用热情的行动为他们排忧解难，将很大程度上左右他们的决策，促使他们再回来与你做生意。在这个场合，绝不是解释的时候，如“我们无能为力”；也绝不是找借口的时候，如“是别人的错”；更不是漠不关心的时候，如“对不起，不是我的事，不是我这个部门的事，也不是我的错”。

顾客既想要也需要你的帮助，我们何不巧妙地、愉快地去解决问题呢。如果举措得当，你就会赢得朋友；如果做得不好或根本不做，你就将树敌。

服务修整的概念既简单又基本，在尽力解决顾客问题时，理所当然地要用到它。

服务修整主要包括以下几个方面。

一是产品问题。用服务修整方案来整理或替换这部分内容，告诉顾客你打算怎样解决问题。你或你的员工应该能够利用现有的制度规定，为顾客更换产品，并把服务纠纷的可能压到最低。

二是服务制度问题。有许多制度可以用来指导顾客、员工和企业一起来做生意。要想解决顾客问题，就应该制定一个服务修整方案，用以调整或替换原有的制度，但要说清楚你打算怎样做。

三是员工的问题。这或许出自一名优秀员工，他可能在这一天不顺心，而又和往常一样与顾客做着生意。如果出现员工问题，直接影响了企业在顾客心目中的第一印象，那就应该由你或经理、业务主管代表顾客来干预员工的行为，而且还要再次告诉顾客，你将如何处理这些问题。

制定制度应该使你和一线员工能为顾客解决问题，满足他们的需求，达到和超过他们的期望。

那么，你的企业和员工是怎样处理下面这些问题的呢？

Ⅰ. 顾客想要退货。对顾客来说，这是一个不太为难的过程，还是一个漫长、费力甚至令顾客苦恼不堪的过程呢？你制定的服务制度是否能表达出这样的意思："我们就在这里为您办理退货；我们安排了足够的销售人员，你无须久等；我们甚至可以派出销售人员，到商店、仓库或工厂为您取回替换产品。这样，您不必寻觅或等候，希望您确信这一点，一旦出现产品问题，你不必为退货而担心。"

Ⅱ. 顾客想要退款。这样的事在你的企业可能吗？你是否向一线员工授权，允许他们在必要时向顾客退款吗？如果顾客想要退款，你就应该有这样的制度来做到这点："我们可以迅速有效地处理这项要求，保证由就近的经理或业务主管批准这样的退款，这样您就不必非得等着谁来答复了。我们会用现金或信用证为您退款，因此不必等到公司总部审核索赔表后六周至八周才拿到支票。为您办理退货退款是我们的职责。"

Ⅲ. 顾客想亲自或通过电话与经理、业务主管接触。同样的制度问题，出自公司的不同部门。这里，顾客是想和你的公司里有关的人谈论问题。可是，秘书、一线服务人员以及门卫，都挡在了中间，成了路障，顾客会觉得被人推托，受人冷淡或自感无足轻重。

检查一下自己的企业，看看顾客是否能很容易地和那些可以为他提供帮助的人说上话。你在电话里屈尊算是不错的了，起码你还能挂断电话，更糟糕的是等顾客亲自上门来时，更得让你屈尊了。

Ⅳ. 顾客需要对投诉信得到答复。看起来，征集反面意见、批评和投诉，与我们的本性不符。其实，生活现实中，有关爱我们的顾客，有希望我们企业蒸蒸日上的顾客。投诉（与解答）过程是服务修整概念中的重要组成部分，也是重要的服务制度。你得有思想准备，或是愿意接受，或是能忍耐不顺心顾客向你发火。**如果这样做能抵得上对顾客投诉信作出答复的话，那就这样做好了。**

当然，你也可以向创办了普尔门铁路卧铺车的乔治·普尔门学习。每当接到愤怒的旅客抱怨卧铺车上有臭虫的投诉信后，他都会给旅客回复一封非常礼貌的道歉信，解释说自己是第一次听到这样可怕的事情，自己也将立即采取措施来加以解决。实际上，他早已下令每节卧铺车在投入运营之前都必须经过烟熏处理。

②完善服务制度。假如确定的制度是帮助员工去更好地为顾客服务，那企业里就会真正有善待顾客和善待员工的制度。

是的，管理者总希望企业管理层的人员都精明强干，但别忘了一线员工的巨大努力。经营差的企业常常不考虑直接为顾客服务的那些员工的需求。应该精心挑选为顾客服务的员工，最好直接给员工分配工作。

顾客所闻所见的并影响他们对企业的看法的是什么？是企业的货车、产品包装、产品、标语、员工的制服、文件格式、信誉卡、附赠物品、送货人员、印章、设在高速公路边的广告牌、邮寄物品、广告吗？为什么不把服务理念与它们结合起来呢？

出售产品时，送给顾客一张印有企业服务策略的小卡片。在邮寄物品中加入一些宣传品，其中介绍服务质量保障，以及给顾客的实惠。在小卡片和宣传品上加上这样的标题：“致顾客的公开信。”

麦当劳用盘子的衬垫宣传新产品和服务承诺。你也仔细想想，能用哪种途径向新老顾客宣传企业的服务质量理念呢？要有创造力，要超凡脱俗。

当今的市场竞争激烈，看看电视上的商业广告和杂志上的整版广告，就会使你明白这一点。要赶紧召集你的管理人员，或者雇用一个广告代理公司或公共关系，给他们分派任务，比如公开我们的承诺给公众以深刻印象。

标语、介绍资料、印有服务目标的宣传单能给生意带来意料不到的好处。在宣传企业时，要同时宣传企业的服务理念，这并不意味着仅凭产品或服务吸引人，而是让人们意识到你的企业服务有与众不同之处。

③实施服务方案。任何一个服务质量方案要想得到实施，必须得到企业上上下下的不断支持。不同的人有不同的事务表，有些人的工作是可见的，还有些人的工作则不可见。按日程表分配工作从而得到支持是很重要的。

责任分派往往会受到管理者管理风格的影响。有些企业经营者愿意亲自执政，而有些则愿意撒手放权。聪明的经营者所要做的应该是在这二者之间找平衡点，而后给员工分派职责，并对他们施加影响。

建立以员工为核心的服务小组。这个组以一线员工及顾客的健康和快乐、管理队伍领导方式和监督职能等问题为中心。另外设置一些交叉职能，以便处理与服务相关的问题，比如调解矛盾、作出决定等，这些往往是一线员工力不能及的。

管理小组规模不必太大，只要有活力，即便只有两个人员组成，只要能在管理者与一线员工之间起到有效作用就行。

可以让每个分支机构的管理者或部门经理来组成这个管理小组，也可以从经理中选择志愿者或由部门管理者的推选人员来组成。组员应当完全靠自愿，而非强迫。选出的人应该有主见、会领导、懂管理、善于与一线员工和顾客交流。

一线员工往往掌握为顾客服务的良方，作为管理者应该知晓孰优孰劣。服务管理小组按管理者的意愿来观察企业，观察工作中的制度和员工，听取顾客的反映，将信息加以归类，观察运行中的服务链，发现和搜集来自管理者、员工、顾客的反馈。

服务倡导的目标，是激励员工依据管理者的理念来行事，不准那些可能会淡化、误解、破坏理念的言行在各个部门存在，更不允许管理人员、监督者和员工之间发生不必要的争执。

假如采取的是激励性的销售方式，或者是以佣金为主的销售方式，那么这一点就很难做到。因为营销人员会不顾一切地去赢得客户以便自己赚取佣金。因为目标是依赖于整体来实现的，有位老教练就说过：“队伍中没有个体的我。”

如果企业经营者发现自己的员工在以错误的方式争抢顾客，就应该改革一下服务制度，引入一些补偿和激励机制。

> 世界诸多大企业以顾客为中心作为企业的服务宗旨，同时让企业中的每一个成员心领神会这个宗旨。

第五章
管理变革中的领导艺术

企业管理是通过管理者的努力工作与领导艺术来实现预期目标的实践活动过程。因此，企业领导者的素质能力决定了企业经营的水平与效果。当今时代的企业管理，最需要的是有头脑、有胆识、有激情、有干劲、有能力的企业领导者，需要有方法，懂得领导艺术的管理者。这是管理变革对企业领导者的素质要求，也是关乎企业未来发展结局的关键因素。

一、管理者要做变革型领导者

每一次变革对企业来说都是一次生死抉择。

一个优秀管理者的管理风格是动态的，没有许多的条条框框，永远不会让企业运行得像火车一样，虽然平稳但不能自主驰骋，他们宁愿自己的管理处于灵活变换之中。企业需要什么样的管理，他们就推行什么样的管理，只要是对企业和员工有益，能激发出企业活力的，他们都愿意尝试并推行，这是因为现代的企业需要这样的领导。

在新的形势下，信息化使得企业和员工乃至社会上的每个人都拥有不可思议的信息接收速度，而信息化的推行也使企业彼此之间的争夺更趋激烈。这就要求企业管理者拥有比以往更加高超的领导艺术，因为现代化的竞争不只在市场上才会短兵相接，在企业的每一个角落里都是硝烟弥漫。

企业领导者的领导能力关乎着一个企业的兴衰，而决定企业领导者的领导能力，除了观念之外，还有具体的领导艺术。

1. 变革时代呼唤着新型领导者

有人说，新时代企业领导者需要年轻女演员的魅力、体操运动员的灵活身手和豹子的灵敏快捷。其实，新时代企业领导者首先应该是具有头脑的企业家。

我国已经进入了新的历史发展阶段，经济全球化加速了我国市场化改革的进程，也使资源配置主体发生了根本性的变化。**我国全面建设小康社会，加快推进现代化建设，将带来消费结构与经济结构的新变化。**消费结构的变化，拉动房地产、旅游、交通业的发展，由此出现了经济结构的新变化，即以信息化带动传统工业化发展。这些新变化给企业管理提出了新要求，就是企业的发展必须适应新生产结构的变化，要为新的生产结构服务。从计划经济向市场经济的转变过程，是政府把资源配置权交给企业和企业家的过程，是从计划本位、政府本位、官本位向市场本位、企业本位和企业家本位的转变过程。从这个意义上讲，市场经济就是企业家经济。时代呼唤新的企业领导者必须是有才能的领导者。

现代企业家要具备"五家"的才能，即经营家、战略家、创新家、组织家和协调家。企业家是复合型人才，是个杂家，太专的人成不了企业家。企业家应当是"三合一"的杂家，因为现代企业如同是一个乐团，企业家既是团长，又要懂作词、作曲，还要懂指挥，也就是说企业家要有驾驭各个岗位专家的能力。再者，企业家应当是"知行"的统一者，也就是说，企业家不但要有一定的知识修养，还要有一定的实践经验以及业绩，两者缺一不可。因此，MBA 不等于企业家。**对企业领导者来说，包括智慧、激情和十足的干劲在内的基本品质，仍然是必不可少的。**同时，新时代的领导们还需要幽默感、自发性、团队精神和对员工无形需求的真诚关注等特质，因为获取知识的能力将不再像传播和迅速应用这种知识的能力那么重要。

2. 管理变革对企业领导者的素质要求

管理变革对企业领导者的基本素质要求是，他必须勇于突破传统观念，能够运用知识不断创新。一般来说，下面几个方面的素质是他们必不可少的。

(1) 富有抱负

管理变革对企业领导者要有非常高的期望。

企业领导者高期望水平与企业的成功有非常强的相关性。在成功企业之中，93% 都有一个清晰、明确的远见，而在不成功企业中只有 25% 有这样的雄心壮志。这无疑为变革时代企业家提出了一条新的衡量标准。

(2) 敢于冒险

变革时代的企业领导者必须具有冒险精神。据世界著名咨询公司美国麦肯锡的调查显示，成功的软件产品公司领导者做出重要战略决定所花的时间平均要比其他同类公司少 25%，其主要原因并不是他们有更好的信息或市场研究，更多的是来自他们的冒险精神。

（3）反应敏捷

市场情况可能转瞬就会发生变化，计划很快就会过时。真正的企业领导者会接受市场不断地变化，及时调整企业经营策略，以适应他们遇到的所有情况。

“宁可做6个正确和4个错的决定，也不要等得太久。”SAP的霍普评述道。Platinum技术公司的CEO波佩克同意这个说法。“快速移动是很重要的，”他说，“这常常会导致错误，但错误是可以改正的。”在市场上反应迟钝就是死亡，变革时代的企业领导必须具备反应敏捷的商业头脑和行动敏捷的决策风格。

（4）勇于变革

活的组织都是高度变动的，因为动态的生存才有活力，所以变革时代的企业领导者必须具备创新素质，能够根据市场变化顺应时代发展，勇于进行变革。一个墨守成规、不善变革的企业领导者只能扼制企业的生机与活力，把企业引入不能持续发展的死胡同。

（5）创造文化

创造一种吸引人才的文化对变革时代的领导者们是必不可少的，实际上这也是他们最重要的挑战之一。

企业领导者富有创造性的独特管理风格可以形成独特的企业文化，它会成为公司的又一种动力。变革时代的企业领导者最重要的职责是使员工形成一种共同的价值观，结成富有特别战斗力量的团队。解决这一问题的关键是推动企业文化的建设。企业的竞争，既是企业核心领导的文化差异与低成本的竞争，又是企业文化的竞争。

企业家是企业的统帅和灵魂。面对改革的新形势、新环境，一定要树立新理念，具备新智能，培养新作风，形成新标准，提高统御市场的能力，不断地把企业带入新境界。

这就是改革时代的新形势、新环境给企业领导者提出的新要求、新标准。

左右公司命运的决定性因素，可以说是公司负责人的领导能力。如果缺乏具体、细致和强有力的领导，即使引进了新式的经营管理方法和生产组织形式，也不会产生好的效果。

二、在管理变革中讲求领导艺术

1. 施加影响力，实现领导功能

企业领导的本质是一种影响力，即对一个企业确立目标和实现目标所进行的活动施加影响的过程。

企业领导者影响员工或员工群体的基础是权力，即指挥下级的权和促使下级服从的力。

企业领导者的影响力主要来自两个方面：一是来自职位权力，这种权力是由于领导者在企业中所处的位置决定的，这样的权力随职务的变动而变动——在职就有权，不在职就无权。人们往往出于压力和习惯不得不服从这种职位权力。二是来自个人权力。这种权力不是由企业领导者在企业中的位置决定，而是由自身的某些特殊条件才具有的。例如，领导者具有高尚的品德，丰富的经验，卓越的工作能力，良好的人际关系；领导者善于体贴关心他人，令人感到可亲，可信，可敬，不仅能完成企业目标，还善于创造一个激励的工作环境，满足员工的需要等等。**这种权力不随着职位的消失而消失，而且这种权力对人的影响是发自内心的，长远的。**

（1）企业领导者的权力影响力

企业领导者的权力一般分为五类。

①惩罚权。它来自下属的恐惧感，即下属感到领导者有能力惩罚。

②奖赏权。它来自下属追求满足的欲望，即下属感到领导者有能力奖赏他，使他觉得愉快或满足某些需求。

③合法权。它来自下属传统的习惯观念，即下属认为领导者有合法的权力影响他，他必须接受领导者的影响。

④模范权，又叫感召力。它来自下属对上级的信任，即下属相信领导者具有他所需要的智慧和品质，具有共同的愿望和利益，从而对他钦佩和赞誉，愿意模仿和跟从他。

⑤专长权，又叫专家影响力。它来自下属的尊敬，即下属感到领导者具有某种专门的知识、技能和专长，能帮助他指明方向，排除障碍，达到组织目标和个人目标。

惩罚权、奖赏权、合法权属于职位权力，也称权力性领导力；模范权和专长权属于个人权力，也称非权力性领导力。**这几种不同的权力对下属产生的影响效果和个人满意程度是不同的。**

如果把以上两种类型的权力与领导权威联系起来看，就可以用以下的公式进行表示：

职位权力 + 个人权力 = 权威

两大权力系统的比较，如表 5 – 1 所示。

表 5 – 1　两大权力系统的比较

	职位权力	个人权力
来源	法定职位	个人魅力
范围大小	受时空限制　不因人而异 确定	不受时空限制　因人而异 不确定
方式	行政命令	人格感召
基础	必须服从	自愿接受
效果	畏惧（慑服）	信服（折服和心服）
性质	强制性影响力	凝聚性影响力

个人权力，包括专家影响力和个人感召力。

专家影响力来源于专长、技能和知识。世界的发展日益取决于技术的发展，专门的知识技能也就成为权力的主要来源之一。工作分工越细，专业化越强，我们目标的实现就越依赖专家。因此，有专长的人为其获取个人影响权提供了基础，因为他可以凭借他人对其专长的依赖而产生权力。知识与专长实际上就是一种权力，谁掌握了知识和专长，谁就拥有了影响他人的权力。人们往往会听从某一领域专家的忠告，接受他们的影响，例如一位权威医生的忠告会改变某人的生活习惯，一位装潢专家会改变一家公司或一个家庭的内部空间环境。那些具有专长的人员不占据某一职位，但他们却拥有权力，这一权力就是基于知识和专长而形成的影响力。

个人感召力的基础是对于拥有理想的资源或个人特质的人的认同。它是基于人们对你的崇拜、取悦而形成的。一般包括以下三种类型。

一是个人魅力权。这是一种无形的、很难用语言来描述或概括的权力。它是建立在对个人素质的认同及其人格的赞赏之上的。领导者个人的魅力构成了他的权力，吸引人们去追随他、欣赏他，并以接近他为荣。领导者的个人魅力激起了追随者的忠诚和热忱，因此这种权力具有巨大而神奇的影响力。

二是背景权。背景权是指那些由辉煌的经历或特殊的人际关系背景、血缘关系背景而获得的权力。

三是感情权。感情权是指一个人和被影响者感情融洽而获得的一种影响力。

(2) 企业领导的影响力

所谓企业领导者的影响力，就是指领导者在与他人交往中所表现出来的影响和改变他人心理和行为的能力，也就是我们通常意义上的领导者在被领导者中的威信，以及对下属的感染力、号召力和支配力。

影响力人皆有之，但是由于交往双方各自的知识、经验、能力、地位、权力等特点与条件不同，因而各自具有的刺激量不同，对对方心理和行为的影响力度也不同。一般来说，刺激量小的服从刺激量大的，前者的心理和行为明显地表现出接受了后者的影响；刺激量大的一方，同样也受到对方的影响，但由于影响力度较轻，在行为表现上往往不明显。在领导者与被领导者的交往中，一般地说，总是领导者对被领导者的影响要大些，而被领导者对领导者的影响要小一些。**从影响力的性质来看，领导者的影响力可以分为权力性领导力和非权力性领导力。**这两种领导力的构成因素不同，其作用也不同。

一般来说，权力性领导力来自职位权力，非权力领导力来自个人魅力。

现代领导理论认为，企业领导活动过程是企业领导者向被领导者施加影响力的过程，是以被领导者的自觉服从为前提的，领导的主要功能是影响力。

2. 整合团队：实现整体优势最大化

美国管理学家詹姆斯·马克说过："要想取得变革时代的成功，就应充分运用人力资源，尤其要尽力形成强大的团队合力。"

对企业领导者来说，建立一支强有力的团队，等于为自己打造了一支无往不胜的常胜军。

企业领导者欲建立一支高效强有力的团队要讲究以下几种领导艺术。

（1）精选共同目标

共同目标是团队存在的基础和奋斗的方向。因此，企业领导者要将团队打造成一支常胜之师，首先要精选一个共同目标，并采取有效策略，亲和每个职工的思想，使他们为实现这一共同目标全身心地奋斗。这一目标是职工共同愿望在客观环境中的具体化。它以实现企业整体利益为前提，同时包括职工的个人意愿和目标，充分体现职工个人意志与利益，并且具有足够的重要性和吸引力，能够引发团队成员的激情，同时这一目标要随环境的变化有所调整。**只有这样，才能充分调动职工的积极性和创造性，实现整个团队效率最大化。**

（2）完善制度与机制

一个团队如果缺乏完善的制度和机制将无法形成合力。合理的制度机制建设主要包括：团队纪律、领导者对下属的合理授权；团队的激励与约束；建立公平考核、健全升迁制度。如果说选择团队共同目标是建设高效团队的核心，那么建立合理的授权、激励与约束、考核制度是实现团队共同目标的保证。有严明的纪律，团队就能战无不胜；有合理的授权，就既能明确责任和义务，又能充分调动各方面的积极性和创造性；有效的激励约束、公平考核与升迁制度，就能做到人尽其才，既可充分实现员工个人价值和团队价值，又可杜绝团队中因责、权、利不明而导致的摩擦和冲突而损害团队整体利益与整体战斗力。

（3）**聚集人才**

企业领导者要重视人才，提倡学习和创新。人才是企业生存之本，是否拥有一批高素质人才直接决定着企业的成败。当今跨国企业竞争的焦点之一就是人才的争夺战，哪个企业得到优秀人才，哪个企业就掌握了商战取胜的主导权。知识经济时代尤其如此。但只拥有人才还不行，还要善于培养和运用人才，要充分激发其潜能，大力培育其创新精神，为人才的发展和成长提供广阔空间。**世界著名企业家比尔·盖茨说他成功的领导艺术就在于重视人才和学习，连续不断地进行创新。**

（4）**协作与沟通**

企业领导者应促成团队成员间的紧密团结和高效沟通，这样不仅可以减少成员间的矛盾和冲突，促进成员相互了解、相互帮助和相互交流，还能使各成员的矢量合最大化，实现团队的整体目标，同时可以实现团队成员间智力资源共享、促进知识创新。

> 一个机构能力的大小在于其员工的参与意识和奉献精神。领导者要调动员工积极性，发挥团队的作用，使他们劲往一处使，就需要激发所有员工全身心地参与企业经营活动，并具有奉献精神。

3. 充分授权：还自己一点轻松

现在许多领导者在企业内授权，但他们大都表现出一种非常拙劣的授权技艺。对工作的情况、下属员工的情况完全不了解，常常把工作分派给不适当的人去做，浪费了很多时间未见成效后他们又卷起袖子亲自去做。这不仅浪费了时间和金钱，还打击了员工的积极性。**要做一个轻松的领导，科学、有效的授权是关键。**

（1）**握权故我在**

每个企业领导者都想在企业经营活动中展现出自己的能力和威望，因为这样可以表明他权力的存在。为了尊重领导者的这一“虚荣心”，就有了不能授权的工作。比如一些处于最优先地位并要求马上处理的特殊工作，还有涉及非常保密的工作，这些都不能授权出去。如果某项工作关系到只有领导者才应该知道的特殊信息，就只有自己做了，比如对未来的设想和关键性的抉择。

原则上说，企业领导者可以把任何一件其他人能够处理的工作授权给下属员工去做。这就要认真考察所做的各种工作，在没有完全了解有关工作情况和工作的预期结果之前，不要轻易放权。对工作有了清楚的认识后，还要使下属员工也了解，并向他们说明工作的性质和目标。权力授出后，还要明确自己对工作程序的控制。如果一旦把工作委派出去，自己又无法控制和掌握工作的进度，那么就只有自己亲自处理这件工作，而将该下属员工另做安排。

（2）评议后放权

在考虑对工作人员的任用安排前，领导者要先对下属员工进行完整的评价。许多国外企业的做法是，花几天的时间让下属员工用书面的形式写出他们对自己职责的评价，要求他们诚实、坦率地告诉领导，他们喜欢做什么，还能做什么新工作。然后召开一个会议，让每个员工介绍自己的看法，并请其他人给予评论。在此，要特别注意两个员工间互相交叉的一些工作，因为这样会影响工作的整体效率，要主动地予以协调。如果某一个员工对另一个员工有意见，并表示出强烈的反对或提出尖锐的批评意见，这就要求领导者花些时间对员工进行私底下的交谈了。在这种评价过程中，领导者所要做的是了解员工们对他自己的工作认识究竟有多深和完成工作的速度。如果发现有的员工对自己的工作了解很深，这种深度远远超出你原来的预料，这类人就有可能担负重要工作。在了解员工们工作的进度上，领导者一旦掌握了每个员工对其工作了解的程度和完成工作的速度等情况后，就可以估计出每个人能够处理什么样的工作，这也就可以决定把什么样的工作委派给能达到目标要求的人了。在对员工们分析正确无误的基础上，才有可能让最有才能的员工发挥最大的作用，但要尽量避免把所有工作都交给一个人去做的倾向。

除了上述的两个主要标准外，时间价值也是一个重要因素。即不要把一些次优先的工作分配给公司中具有很强时间价值观念的员工去完成。

（3）择机授权

择机授权是领导者经常使用的领导艺术。择机授权要掌握好时机。时机把握不好，难以取得好的效果。若8点钟上班，则8点10分召开每日工作安排的碰头会。这是一种最不科学的工作安排方式，因为选择了最不好的时间段授权。这样做也许方便了企业领导者，知道下属员工今天所要完成的工作，但却在一定程度上有损员工的积极性。员工们带着一天做些什么的想法来到办公室，却又接到新的工作，被迫改变原定的日程安排，工作的优先顺序也要调整，这样做的结果往往是浪费了时间。

由此可知，择机授权委派工作的时间最好定在下午，要把交代的任务作为一天的最后一件事来做。这样就有助于下属员工对如何完成明天的工作进行自己的安排。

当然时机选准后最好还是面对面的交代任务。**这样做既有利于回答下属员工所提出的问题，又可以获得及时的信息反馈**。充分利用面部表情和肢体动作等形式来强调工作的重要性，这一点可以给员工们深刻的印象。如果写留言条安排工作，虽然能很快并且很容易做到，但它不会起到给人以警醒、予以重视的作用。

（4）理清授权内容

企业领导者如果交待一项任务要下属员工去完成，首先要把为什么选他去做这件工作的原因交待清楚，而且要强调积极的一面。必须要向下属员工指出的是，他的特殊才能才是适合完成这项工作的重要条件，尤其必须强调对他的信任。其次，还要让下属员工知道他对完成工作任务所负起的重要责任，对他目前和今后在企业中的地位会有直接的影响。这在企业转换职能和拓展新的项目时，可能经常会遇到这种类似的情况。

在解释工作的性质和目标时，要向下属员工讲出你所知道的一切，把所有的目标全部摆出来，谁要求做这件事，要向谁报告工作，客户是谁等等，让他们了解过去或同行的一些类似事情是怎样处理的，得到了什么结果。不要因为没有讲完所掌握的信息，给下属员工设下工作的陷阱。同时，还要让下属员工完全理解你希望得到的结果。**如果有可能，尽量列出**

事实、数据和具体目标，那种“这件事我要求一定要尽快办理”的说法就不是对工作的充分解释。

在此基础上，一定要给下属员工一个完成工作的期限。让他知道，除非在最坏的环境条件下才能推迟工作的期限，并认真详细地解释这一期限是怎么定出来和为什么这个期限最合理。另外，要制定出一个报告工作的程序，告诉他什么时间带着工作信息向企业领导者报告工作情况，检查工作的期望结果是什么，使下属员工对自己和所做工作有一个明确的要求。

领导者要非常肯定地表示出自己对下属员工的信任和对其所做工作的兴趣，像“这是一件重要的工作，我确信你能胜任它”之类的话，这样可以对下属员工产生很大的激励作用。

4. 巧妙引导：让员工快乐工作

最佳的工作效率来自高涨的工作热情，我们很难想象，一个对工作兴趣淡薄的人会全心地投入工作，取得很好的工作效果。兴致勃勃会让人更好地发挥想象力和创造力，在短时间内取得惊人的成绩。但是，要使员工永葆工作激情谈何容易？工作就像一场“马拉松”，参加过长跑运动的人都知道，“极限”是否能突破对于长跑是否成功十分关键，在每一米的角逐中，人的体力与耐力在不断消耗，在中途某一段就到达“极限”值，如果没有突破就会功败垂成。员工在长期平淡无奇的工作中如果产生厌职情绪，根源可能就在于我们企业领导者的领导方法出了问题。

（1）变领导为引导

不可否认，“撞钟和尚”是由领导不讲方法强迫员工干他不愿干的事造成的。长期以来，有不少领导者都是以命令的方式来强迫员工做这做那，结果并不理想，这也极大地阻碍了员工自己的发展。让我们看看下面的案例：

某服装厂绩效很差，虽然按件计酬，产量总是无法提高，经理尝试用威胁、强迫的方式要求员工，结果仍然无效。该厂请了一位专家来处理这个问题，专家将员工分两组：告诉第一组员工，如果他们的产量达不到要求会被开除；告诉第二组员工，他们的工作有问题，他要求每个人帮厂子找出问题在哪里。结果第一组的产量不断下降，压力升高时，有的员工干脆辞职不干了；第二组员工的士气却很快提高，他们依照自己的方式去做，担负起增加产量的全部责任。由于齐心协力，经常有创见，第一个月，产量就提高了20%。这种效果完全是诱导造成的。强迫没能使员工提高业绩，相反，诱导却有效地激励了员工，提高了业绩。

领导与引导是不同的，领导含有命令的成分多一些，而引导包含的命令成分要少得多。将领导变为引导是企业领导者灵活运用激励原则的高超艺术表现，在企业员工中能够取得了意想不到的激励效果。领导转化为引导，对领导者有着较高的要求，首先领导者要有非凡的智慧，能洞察企业运行的实质，不靠产品，而靠员工。激励员工是他应做的事。其次，领导者要做出表率，对于自己制定的规范、决定的政策，要以身作则，身体力行；对于自己的诺言，要言必信，行必果。**只有领导者以身作则，言行一致，员工才会心悦诚服地接受领导，跟着积极行动起来。**最后，领导者不能单凭自己的职务、权力和形式上的地位尊严去建立威信，而是要靠对员工的信任和指导去建立威信，要相信自己的下属员工有工作积极性的，有提高自己的能力、承担更大责任的愿望。

（2）将单调的工作变得有趣

变化繁多的游戏总是比单纯游戏来得有趣。同样的道理，倘若某个人对工作有兴趣，再加上工作本身富于变化，那做起事来便会着迷，更愿意从事复杂、困难之事。当事人之所以斗志高昂，那是因为工作迎合了他的兴趣，可使人充分发挥自己能力的缘故。领导者要想有效地激励员工，就要研究领导艺术并做到以下几点：

● 改变工作内容。

如检查工作每半天或一天交换一次，即可发生变化。

● 改变作业气氛。

如经常更改作业台位置，工作场所或房间格局，使工作环境焕然一新。

● 请一人经办两件或三件工作。

● 另外添加一项工作。

如本来从事加工的工人，可加给他一份质量预检等工作。

● 将工作分成几段。

一个人若自始至终地做同样的工作，就容易拖拖拉拉。每天如此，就会显得工作气氛不正常，故需在短时间内将容易完成的小目标一个个分开，如此就容易让人产生成就感，也就不会对工作产生逆反心理。

● 全自动操作的机械作业，可以找一部分人以人工操作代替。

● 工作时提供喝上午茶的时间，以增加一点乐趣，让员工暂离单调的工作歇一会儿。

（3）指导员工由“厌业”到“乐业”

领导者应运用艺术的方法指导员工改变环境，使员工对工作变得更有兴趣。

①改变员工对工作的看法。员工如果觉得工作单调，就会愈加觉得工作乏味。这就需要改变员工对工作的看法，对工作产生兴趣。比如，引导员工看到一张支票后，想象这笔钱将有何用途，这笔钱又来自何方，员工经过这一番有趣的思考后，便可以了解到公司的财务概况，看到一个零件，联想到该零件可能在何处制造、用途何在、有何特征、同样的产品别家公司有否制造，如此一考虑再经过求证，就能了解同行分布、公司概况，趣味无穷。

②指导员工专心工作。不管多单纯的工作，都不可能毫无变化，今日工作不可能与昨日完全相同，或许材料有好、坏之分，或许做法稍有不同，这点许多人都容易忽略。领导者若能注意此点，昔日未发现的今后或许可发觉，也了解到工作方法并非仅限于一种，也可考虑以种种方法来尝试指导员工专心工作。

③分析工作。若员工自觉工作单纯，领导者不妨帮助员工将其过程分析看看如何能追求到更高境界。**经过分析，员工会得知无论多简单的工作也必须由多种要素构成，会不由得对这种复杂性大感惊叹。**我们就以“拿东西”为例吧，“拿东西”必先伸手寻找，经过选择，拾起，最后紧握手中。这样简单的行为必须由如此多的动作拼成，这其实并不单纯，再分析

如何把握更省力、更牢固，则会更有趣。将这种观念应用到指导员工“乐业”帮助员工对事物先经过分析，最后必可得到改善的启示。

不管领导者使用何种方法，要使单纯的作业有所变化并非易事，应尽量让员工们思考，或给他们创造出一个竞争对手，这样才能更好地激励员工的干劲。

(4) 帮助员工完成任务

世界变化太快、越来越不可捉摸，现在需要的领导方式远比过去的要深刻得多，这就是领导力。领导力是帮助员工完成能力所及的事，描绘出未来的远景，鼓励、教导员工，并能建立与维持成功的人际关系。

哈佛大学商学院教授约翰·奎许说道：“在过去商业环境相当稳定的时代，单凭管理能力就足以应付了。可是，当商业环境如此多变，每个人所需要的应变能力远超过想象。这个时代需要更多的是领导能力，而仅非管理能力。”

汤普生微电子公司负责人表示：“变动已然发生，我对于各部门的准备状况却毫无把握。‘经理’这样的职务大概保留不了多久，‘领导’的观念也有重新界定的必要。所有的公司都无一幸免必须经过这次阵痛。许多公司在为提高产能勉力紧缩的当儿，都深切体会到协调的能力是最举足轻重的。**良好的沟通、人际关系的能力、现场指导、身体力行、组成团队——这需要更优秀的领导人。”**

> 激励是调动人们积极性、创造性的一种好方法，激励在管理活动中具有非常积极的作用。对群体成员的激励，是提高群体活动效率的根本前提。

5. 有效沟通：促进信息交流与相互理解

人类是沟通的动物。沟通渗透到我们所做的一切事情中，它是形成人类关系的材料，它是流注人类全部历史的水流，不断延伸我们的感觉和信息渠道。人类已经实现了登上另一个星球的梦想，目前正在寻求和宇宙中的其他生物进行沟通。沟通是各种各样技能中最富人性的技能。

各行各业，无论是会计、社会工作者、工程师，还是医生、护士、教师、推销员、管理者，有效的沟通都非常重要。正如著名学者埃利斯和威廷顿指出的那样，很少有哪项工作不需要相互沟通，特别是从事管理工作的人在与其他部门或人进行工作接触时，沟通的技能显得非常重要。管理活动的实践表明，管理者约70%的时间用于与他人沟通，剩下30%左右的时间用于分析问题和处理相关事务。

很显然，**领导者必须掌握与他人沟通的技能，而且他的很大一部分工作时间也必须用于与他人沟通。**

美国管理学家阿法尔指出：领导者应该用约70%的时间与他人沟通，这其中近1/3的时间用于单个会谈。领导者不仅要充分地表达他们的观点，还要善于应付各种局面以将他们的观点付诸实施。领导，如同其他一些职业一样，不仅需要专业的知识和技能，还越来越需要与他人沟通的能力。

所有的领导者，无论身处何时何地，都要与他人沟通，可是有些管理者往往对沟通漠不关心，有时竟置于不顾。这是管理活动中非常令人惋惜的现象。

专家们发现领导者总是低估他们用于与他人单独沟通的时间，而群体沟通的效率总是很低，沟通中的有效信息量竟只在20%～25%的水平上！

领导者对于有效沟通的理解不同和沟通能力的不同可能使他们的行为产生很大的差异。早些时候管理者的角色要求他们能够写报告、做致辞并能发动职员。而到了今天，对于一个现代领导者来说，还必须具有会谈、谈判、评定等能力。富有经验和能力的管理者还能用各种语言和非语言的技巧让职员感到他们得到了尊重，并能从职员那里获取反馈回来的信息。

所有的沟通行为都发生在一个社会环境中，因此沟通常被看作是社会性的能力，当然领导者的沟通能力是各不相同的，一些人在这方面能力超群，而另一些人只是差强人意。

不论是两人间的沟通，还是群体内部的沟通都是至关重要的。工作中不能有效地沟通不仅影响管理者的效率，也妨碍了与之沟通的其他人的效率。

作为培训企业管理高级人才的MBA，之所以一直将沟通作为管理的重要课程，就是因为离开了沟通，便无法进行管理，至少是无法进行有效的管理。

沟通也就是信息交流。确切地说，所谓沟通是指将某一信息（或意思）传递给客体或对象，以期取得客体做出相应反应效果的过程。

沟通与每个领导者息息相关，这方面的微小进步也能使他们的工作大受裨益。领导者要想成功，就必须学会有效的沟通，尽管增强沟通的能力不能一蹴而就。

6. 有效激励：促动员工不懈进取

激励是一种领导艺术，这种艺术能极大地唤起员工心中潜藏的能量。然而，激励手法不同，效果也不同，甚至同样的激励不一定对每个员工都有效。这就涉及激励的技巧问题。领导激励的技巧应恰到好处，否则，会适得其反。

（1）施者大方，受者实惠

只有得到了员工满意的回馈，员工才会因激励而更努力地工作，或员工因工作努力被肯定而继续保持其工作热情，这是有正面意义的。如果领导者将激励演变成他自己很满意，广大员工不是莫名其妙、就是不以为然，这对企业来说就是得不偿失了。

如何做到“施者大方、受者实惠”，这是领导者必须特别注意的。在工作中，适时地给员工一个微笑、拍拍员工的肩膀……就是一种很好的激励员工的手段。并非任何的激励都要大张旗鼓、兴师动众的。领导千万不要见到任何员工都露齿微笑，他们会以为这样的领导是白痴；若不论男女都拍肩膀，领导会被指控为性骚扰。

有效的激励往往是出乎“受者”意料的，这一招汉高祖刘邦用得最多。有人来自荐，先不去理他，或一边洗脚一边见他。等到把对方惹毛了、气跑了或破口大骂时，再找人把他追回来，出乎意料，封他个大司马或大将军。“受者”在失意之中，突然受到如此大的激励，此时此刻他诚惶诚恐，能不为刘邦卖命吗？

有效的激励常常是“受者”所不敢奢望的，在实践中这一招用得很多。如某甲一直想买一台除湿机，因为最近天气不好，雨下得很多，家里又有了小孩，除湿机便显得越发重要了。此时，领导者给某甲一项任务，限定时间完成，完成后，除报请公司奖励外，领导者另附加一台除湿机作为奖品。在这样的安排之下，某甲能不全力以赴吗?

激励的有效性，往往在于及时。当员工做得很好，或需要加倍努力才能完成时，给予一些激励是必要的。领导者不能为了自己高兴而随便给员工激励，应该是员工需要激励的时候，才提供出来。这样做，企业、领导者和员工三者都能受益，这才是一种正常合理的模式。

(2) 给得好，不如给得巧

太早的激励，会让员工忘了他的责任和他必须努力的目标，有时甚至会带来一种误解，以为这种激励是很随便很轻易即可获得的，员工不需要做太多的努力和花太多的时间。这不但破坏了激励员工的初衷，也会误导员工，是不可取的。

太晚的激励，会让员工受到伤害，对企业及领导者失去信心。他会想：这么努力工作，额外付出，竟然受不到上面的重视，得不到应有的奖励，为何还要再努力? 对领导者的公平、公正也失去了信心，于是在企业内部形成负面影响。最后激励虽然来了，但是负面的影响一时无法消除，对企业来说，既然是要激励，为何姗姗来迟? 这也是不明智的。

激励艺术恰到好处在于：首先，对激励因素的设定要明确，对完成工作的程度，要做适度的说明。其次，激励的时机要及时——只要员工一完成工作，马上给予实质激励。

(3) 公平激励，防范产生副作用

领导激励一位员工，是简单的事。要同时激励两位或两位以上员工，问题就复杂了。同时激励两位员工，他们一定会比较，比来比去，为两个桃子可以杀掉三位将军（二桃杀三士），为一个女人可以丢掉大片江山（吴三桂引清军入关）。身为领导者，岂可随随便便掉以轻心?

员工做比较的时候，他是以自己为中心的。当他发现自己的奖励比别人少时，第一反应是领导者偏心。为了证明他的假设是对的，便会千方百计寻找线索。不论是他以前曾听人说过的，或是他自己的联想，他会很容易地找到许多蛛丝马迹，来证明“领导者偏心”。最后在企业内造成的影响，已不只是这一次激励是否公平的问题了。所有人际关系的负面因素都全面爆发了：造谣、欺骗、背信、负义、济私……，如洪水猛兽莫之能御。

激励众多员工的方法，在实践上一般都趋向于效益挂钩制。所谓发放奖金，按大家平时业绩区分等级，千万不要在分发奖金的时候，再来一通额外的评考绩、分优劣，这容易造成纠纷和争执。发放奖金的一番美意，演变成员工分赃不均的内讧，这自然不是企业、领导者及员工三者所愿意的。

激励本是有风险的，不当的激励给企业及员工所带来的伤害，往往大于无任何激励。但若无任何激励，员工又会抱怨，认为没有激励的工作，做起来没有激情和动力。因此，做好激励工作需要深思熟虑，三思而后行。

> 激励是基于企业、领导者及员工三方面的需要，不可草率行之或受某些因素的影响临时决定。因此，任何激励行为，都需要经过深思熟虑，而非一时冲动，厚此薄彼。

7. 激发“冲突”：让企业在斗争中新生

(1) 企业需要“冲突”，否则就会缺乏生气

激发冲突这一概念常常很难被人们接受。在绝大多数人心中“冲突”一词带有明显的消极含义，有意制造冲突似乎正好与优秀的领导背道而驰。**几乎没有人愿意让自己处于冲突情境之中**。但是，有证据表明，在一些情境中增加冲突是具有建设性的，事实上在功能正常与功能失调的冲突之间很难明确划清界限。尽管没有一个明确的方法来评估是否需要增加冲突，但如果作为一个领导者对下列一个或多个问题能回答肯定时，便表明需要激发冲突。

- 是否被“点头称是的人们”所包围。

- 下属害怕向你承认自己的无知与疑问吗？
- 是否过于偏重折中方案以至于忽略了价值观、长远目标或企业福利？
- 是否认为最大乐趣是不惜代价维持企业部门中的和平与合作效果？
- 是否过于注重不伤害感情？
- 是否认为在奖励方面，取得众望比有能力和高绩效更重要？
- 是否过分注重获得决策意见的一致？
- 员工是否对变革表现出异乎寻常的抵制？
- 是否缺乏新思想？
- 员工的离职率是否异常低？

肯定地回答其中一些或全部问题表明需要激发冲突。

人们对解决冲突的了解比对激发冲突的了解多得多，这很自然，人们对减少冲突这一主题的关注已有几百年或上千年的历史了，而对激发冲突却缺乏深入思考，然而在当今的变革时代人们开始对该主题感兴趣。

（2）领导者激发“冲突”的手段与艺术

下面一些建议可能会对领导者的领导艺术有些作用。

①改变企业文化。激发功能正常冲突的首要一步是，领导者应向下属传递这样的信息，冲突有其合法地位，并以自己的行动加以支持，应该对那些敢于向现状挑战、倡议革新观念、提出不同看法和进行独创思考的个体给予大力奖励，如晋升、加薪或采用其他强化手段。

②引进外人。改变企业或部门停滞迟钝状态所普遍使用的方法是：通过从外界招聘或内部调动的方式引进背景、价值观、态度或管理风格与当前群体成员不相同的个体。在过去的10年中，美国很多大型企业采用这一技术来填补他们董事会的空缺。妇女、少数种族成员、消费者积极分子，以及其他在背景、兴趣方面与原董事会成员极不相同的人员被有意地选择进董事会，以增加新见解。

③重新构建企业部门。结构变量也是冲突源之一，因此把结构作为冲突激发机制是符合逻辑的。使决策集中化、重新组合工作群体、提高规范化和增加企业部门之间的相互依赖关系都是结构机制的变化，这样做打破

了现状并提高了冲突水平。

④任命一名吹毛求疵者。吹毛求疵者是指那些有意与大多数人的观点或做法背道而驰的人，他们扮演着批评家的角色，即使对那些自己实际上赞同的做法他们也会提出反对意见。

吹毛求疵者作为一个检查员可以阻止小团体思想和“我们这里从来都是如此”之类的自我辩护，如果其他人能认真倾听他们的意见，吹毛求疵者可提高小组决策的质量，但从另一方面来看，小组中的其他人常把其看作浪费时间者，因此对此人的任命几乎从不愿意持赞同态度。

冲突是一种力量，控制得好就是动力，控制得不好却是一种破坏力，因此，高明的领导者往往通过各种有效作法去激发有益的冲突，使之成为加速推动变革的力量，推动企业实现一次真正的嬗变。